F
G
H
I
J
1
2
3
4
5
6
7
8
9
10
DEUX-
SÈVRES
Régional
ais Poitevin,
vre et Vendée
rçon
N11
Surgères
Loulay
Aulnay
N I S
Tonnay-
Boutonne
St-Jean-
d'Angély
nnay-
arente
Boutonne
L'Aquitaine
N150
Charente
St-Savinien
A837
St-Hilaire-
de-Villefranche
Matha
D939
St-Porchaire
D731
Charente
Burie
Saintes
N141
Cognac
CHARENTE
N150
Charente
N141
ANGOULÊME
N137
A10
D732
S A I N T O N G E
Cozes
Gémozac
Pons
D700
D731
N10
Archiac
St-Genis-
de-Saintonge
Barbezieux
Jonzac
D730
D2
Mirambeau
IRONDE
Montendre
D674
Montlieu-
la-Garde
Montguyon
A10
N10
D730
DORDOGNE
GIRONDE
N137

Débarquement d'un chargement de morues dans le vieux port de La Rochelle ▲ *127*. Sitôt pêchées, en haute mer, les morues sont vidées, étêtées, ouvertes en deux et frottées de sel avant d'être mises à sécher. Appelées aussi «moulus», on les dégustait frites avec de l'ail, accompagnées de beurre et de pommes de terre.

POSTES
NORMANDIN ROY

Jusque dans les années 1960, le naissain d'huître ■ *42* était capté sur la pierre, les tuiles chaulées et divers objets métalliques. Le tri des huîtres et surtout le détroquage (séparation des huîtres collées les unes aux autres) nécessitait une main-d'œuvre très importante, essentiellement féminine. Aujourd'hui, les méthodes ont évolué : la culture se fait dans des poches de grillage plastique placées sur des tables en fer.

Dans l'île de Ré ▲ *175*, on utilisait l'âne pour se déplacer. Afin de lui éviter les blessures des herbes coupantes, une culotte protégeait les pattes et le ventre de l'animal. Munie de sa treille et de sa gourbeille ● *70*, cette femme rétaise va pêcher la crevette ■ *44*.

DE NOMBREUSES PERSONNALITÉS
UNIVERSITAIRES OU LOCALES ONT COLLABORÉ À CE GUIDE.
TOUTES LES INFORMATIONS CONTENUES DANS CET OUVRAGE
ONT ÉTÉ SOUMISES À LEUR APPROBATION.

GUIDES GALLIMARD
DIRECTION :
Pierre Marchand
Assisté de :
Hedwige Pasquet

COMITÉ DE RÉDACTION :
Marie-Noëlle Fustec
Nicole Jusserand
Séverine Mathorel (itinéraires)
Jean-Pierre Girard (partie pratique)
Élisabeth Cohat (graphisme)

DÉVELOPPEMENT ET PARTENARIATS :
Ghislain de Compreignac
Assisté de :
Jean-Paul Lacombe et
Philippe Rossat

COORDINATION :
ARCHITECTURE : Bruno Lenormand
CARTOGRAPHIE : Vincent Brunot
NATURE : Philippe J. Dubois, Frédéric Bony
PHOTOGRAPHIE : Éric Guillemot, Patrick Léger

FABRICATION :
Catherine Bourrabier

PRESSE ET PROMOTION :
Manuèle Destors

CHARENTE-MARITIME AUNIS
ÉDITION : Anne-Françoise Damecour,
Béatrice Méneux (littérature),
Odile Simon (nature), Sabine Rousselet
et Sybille d'Oiron (carnet de voyages)
MAQUETTE : Olivier Brunot,
Michelle Bisganbiglia (nature)
ICONOGRAPHIE : Anaïck Bourhis,
François-Yves Le Blanc, Sophie Le Tellier,
Fernando Valmachino
ARCHITECTURE : Claude Quiec

DES CLEFS POUR COMPRENDRE :
HISTOIRE : Françoise Giteau,
Olga de Saint-Affrique, Marcel Delafosse
NATURE : Jean-Jacques Blanchon,
René Chaboud, Jacques Pigeot, Pierre Yésou
ART DE VIVRE : Jacques Boucard,
Jean-Marie Chauvet-d'Arcizas,
Pierre-Henri Marin, Benoît Poitevin
ARCHITECTURE : Jeanne Bernard-Grit,
Frédéric Chasseboeuf, Françoise Doutreuwe,
Pierre Dubourg-Noves, Nicolas Faucherre,
Jacqueline Fortin
LE PAYS VU PAR LES PEINTRES :
Thierry Lefrançois
LE PAYS VU PAR LES ÉCRIVAINS :
Jean Pitié (+), François-Julien Labruyère

ITINÉRAIRES EN AUNIS :
LA ROCHELLE ET SES ENVIRONS :
Marie-France Chabaud, Jacques Convert,
Marcel Delafosse, Nicolas Faucherre,
Jean Flouret, Thierry Lefrançois,
Pierre-Henri Marin, Gilbert Maurel,
René Maurice
ILE DE RÉ : Jacques Boucard, Pierre Tardy
LE MARAIS POITEVIN : Eric Berbudeau,
Benoît Poitevin
SURGÈRES ET SES ENVIRONS :
Marie-Thérèse Camus, Benoît Poitevin
ROCHEFORT ET SES ENVIRONS :
Marie-Thérèse Camus, Marc Fardet,
François-Yves Le Blanc, Patrick Le Camus,
Pierre-Henri Marin, René Maurice,
Josette Portman, Marie-Pascale Prévost,
Bruno Vercier

CARNET DE VOYAGES :
Alpha Presse (Thomas Brosset),
Frédéric Chasseboeuf

ILLUSTRATIONS :
NATURE : Frédéric Bony, Jean Chevallier,
François Desbordes, Claire Felloni,
Nicolas Gilles, Stéphane Girel,
Gilbert Houbre, Alban Larousse,
Dominique Mansion, François Place,
Pascal Robin, Frédérique Schewbel
ARCHITECTURE : Philippe Candé, Hubert
Goger, Jean-Marie Guillou, Olivier Hubert,
Jean-Michel Kacédan, Jean-François Péneau,
Sylvain Rovery, Claude Quiec
ARTS ET TRADITIONS : Jean-Philippe Chabot
ITINÉRAIRES : Philippe Biard,
Antoine Brandière, Vincent Brunot,
Jean-Michel Cassédan, Jean-Marc Lanusse,
Alban Larousse, Laure Massin,
Catherine Totems, James Prunier
CARNET DE VOYAGE : Maurice Pommier,
Arthur Céria
CARTOGRAPHIE : Vincent Brunot, Dominique
Duplantier, Eric Gillion, Philippe Mérienne
Mise en couleurs : Philippe Biard,
Isabelle-Anne Chatellard, Claire Cormier
INFOGRAPHIE : Olivier Brunot, Paul Coulbois,
Nathalie Cottrel (AFDEC)

PHOTOGRAPHES : Éric Chauvet, Jean-Marie
Chauvet-d'Arcizas, Michel Garnier, François-
Yves Le Blanc, Yves Sacquépée

Nous remercions tout particulièrement pour
leur précieuse collaboration :
Jeanne Bernard-Grit , Marie-Thérèse Camus,
Frédéric Chasseboeuf, Marcel Delafosse,
Nathalie Fiquet (conservateur du site de
Brouage) et Jean Humbert.

Premier dépôt légal : juillet 1994.
Dépôt légal : juin 1996. Numéro d'édition : 70620 ISBN 2-7424-0165-2.
Photogravure : France Nova Gravure (Paris). Impression : Hérissey (Évreux)
Juin 1996.

FRANCE

CHARENTE-MARITIME
AUNIS

GUIDES GALLIMARD

Sommaire
Des clefs pour comprendre

Histoire, *17*

Nature, *31*

Arts et traditions, *53*

Architecture, *73*

Le pays vu par les peintres, *95*

Le pays vu par les écrivains, *105*

Sommaire
Itinéraires en Charente-Maritime Aunis

La Rochelle, *127*

Île de Ré, *175*

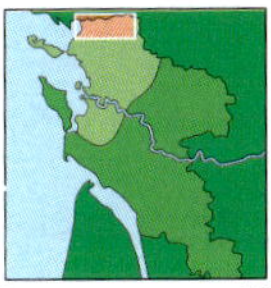

Marais poitevin, *189*

Surgères, *203*

Rochefort, *209*

Ile d'Aix, *242*

▲ Aunis

1 La Rochelle
2 Rochefort
3 Fouras
4 Île de Ré
5 Île d'Aix
6 Île Madame
7 Fort Boyard
8 Oléron

9 Marennes
10 Brouage
11 Saujon
12 Saintes
13 Saint-Jean-d'Angély
14 Surgères
15 Abbaye de Maillezais
16 Niort
17 Marans
18 Baie de l'Aiguillon
19 Nantes

▲ Identité de la Charente-Maritime

Un pays et des hommes
6 864 km², préfecture : La Rochelle
420 km de côtes
472 communes, 527 200 habitants :
La Rochelle : 102 300 habitants
Rochefort : 35 600 habitants
Royan : 29 200 habitants

Une économie tournée vers la mer
1er producteur européen d'huîtres, de moules, et de palourdes. La conchyliculture, activité phare du département, emploie 11 500 personnes. Le bassin Marennes-Oléron est le 1er en France pour la vente d'huîtres et de moules, et pour la production de naissains ● *42*, ▲ *255*. 1er pôle européen pour les industries nautiques. Deux grands ports de commerce : La Rochelle-Pallice et Rochefort-Tonnay-Charente.

Pêche
12 000 t de poissons sont débarquées chaque année. Principaux ports de pêche : La Rochelle, La Côtinière (Oléron), Royan ● *48*, ▲ *140, 169*.

Aquaculture
Une activité en pleine expansion (vénériculture, pisciculture marine, écloseries et nurseries de coquillages, élevage de la crevette japonaise) ● *48*.

Commerce maritime
Le port de la Rochelle-Pallice est au 1er rang en Europe pour les importations de bois tropicaux, au 1er rang en France pour les importations de pâte à papier, au 2e rang en France pour les exportations de céréales ▲ *169*.

Construction nautique
Une soixantaine d'entreprises du département représentent 54 % du chiffre d'affaires régional et 8 % du chiffre national ● *54*.

Plaisance
6 000 anneaux répartis dans les 16 ports du département. Avec 3 200 places, le port de plaisance des Minimes à La Rochelle est le 1er port de plaisance d'Europe ▲ *160*.

Industrie
Principaux secteurs : le bâtiment, la construction mécanique, la chimie, la métallurgie, les industries du bois et agro-alimentaires. Près de la moitié des salariés travaillent dans des P.M.E. de 10 à 200 personnes. 4 entreprises emploient plus de 500 personnes : Alsthom (matériel ferriviaire) à Aytré, S.O.C.E.A. (équipement aéronautique) à Rochefort, Triaxe (équipement automobile) à Périgny et Rhône-Poulenc-Chimie à La Rochelle.

1 La Rochelle
2 Île de Ré
3 Île d'Oléron
4 Rochefort
5 Royan
6 Saintes
7 St-Jean-d'Angély
8 Jonzac

Agriculture
Surface agricole utile : 450 000 ha, dont 75 % de céréales et d'oléagineux, 9 % de vignes, 16 % de surfaces en herbe.
Céréales
La production de blé tendre, d'orge et de maïs représente 33 % de la production de la région et 7 % de la production française.

Oléagineux
Le département est le 1er producteur de tournesol de la région Poitou-Charentes, elle-même 2e productrice française après la région centre.
Vigne
Les deux départements charentais (Charente-Maritime et Charente) fournissent l'essentiel des vins destinés à la fabrication de cognac, et autres dérivés du vignoble (Brandy, Pineau).
Production moyenne annuelle viticole : 7 millions d'hl dont 31 % est exporté dans le reste de l'Europe, 40 % exporté vers le sud-est asiatique et 22 % vers les États-Unis.

Tourisme
Été : 3e rang national (après le Var et l'Hérault) et 1er département du littoral atlantique.
Hiver : 8e rang national (mais 1re destination du littoral atlantique).

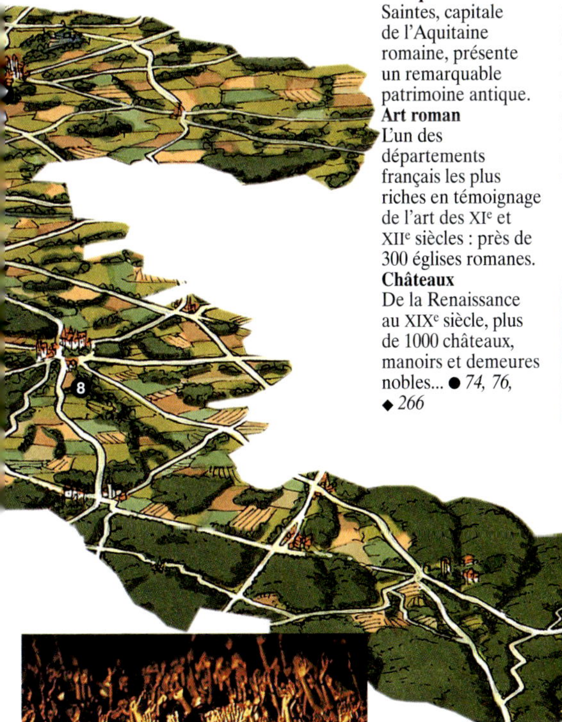

Patrimoine culturel
Antiquité
Saintes, capitale de l'Aquitaine romaine, présente un remarquable patrimoine antique.
Art roman
L'un des départements français les plus riches en témoignage de l'art des XIe et XIIe siècles : près de 300 églises romanes.
Châteaux
De la Renaissance au XIXe siècle, plus de 1000 châteaux, manoirs et demeures nobles... ● *74, 76,* ◆ *266*

Fortifications côtières
Forts, citadelles, remparts et *bunkers* s'égrènent sur le littoral et les îles du département et racontent, sur cinq siècles, l'évolution des systèmes défensifs ● *82.*

Principales manifestations
Francofolies, festival du cinéma de La Rochelle, nombreuses manifestations nautiques ● *56.*

Comment utiliser ce guide

(Page extraite du guide «Finistère Nord»)

En haut de page, les symboles annoncent les différentes parties du guide.

- ■ Nature
- ● Des clefs pour comprendre
- ▲ Itinéraires
- ◆ Informations pratiques

La carte-itinéraire présente les principaux points d'intérêt du parcours et permet de se reporter à une carte routière.

La mini-carte situe l'itinéraire à l'intérieur de la zone couverte par le guide.

♥ Le coup de cœur de l'éditeur pour un site dont la beauté, l'atmosphère ou l'intérêt culturel séduiront particulièrement le visiteur.

■ ● ▲ ◆
Les symboles, en titre ou à l'intérieur du texte, renvoient à un lieu ou à un thème traité ailleurs dans le guide.

Au début de chaque itinéraire, les modes de déplacement possibl le kilométrage et la dur sont signalés sous les cartes :

- En voiture
- En bateau
- A pied
- A bicyclette
- Durée

Le kilométrage indiqué ne tient pas compte des détours proposés.

La coiffe ● *64*
C'est un assemblage de quatre éléments. Sur le bonnet de toile, noire

Ouessant et les iles ♥ ■ *46*

Situées à l'extrême ouest du territoire français métropolitain, à la rencontre de l'océan Atlantique et de la Manche, sur l'un des passages maritimes les plus fréquentés du monde, les îles d'Ouessant, de Molène,de Béniguet, de Quéménès ● *78* ou

HISTOIRE

MARCEL DELAFOSSE
FRANÇOISE GITEAU
OLGA DE SAINT-AFFRIQUE

Histoire de l'Aunis et de la Saintonge

-5000	-1000	-500	-125	0	121	300
Civilisation mégalithique Menhirs de Carnac	Âge du bronze	Époque celtique Âge du fer	Conquête de la Gaule transalpine par les Romains		Voyage de l'empereur Hadrien en Gaule	

-16-13	21	fin IIIe siècle
Séjour de l'empereur Auguste en Gaule	Révoltes gauloises contre les Romains	Morcellement de la Grande Aquitaine

La préhistoire

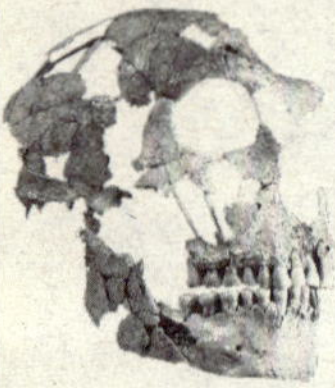

Sur ce territoire, dont les rivages sont restés mouvants jusqu'au terme de la transgression flandrienne, des traces de cabanes dans les alluvions de la Charente attestent une occupation humaine dès le paléolithique inférieur. L'homme de Neandertal a laissé des vestiges dans des abris-sous-roche comme à la Roche-Courbon. L'accroissement démographique et la sédentarisation donnent naissance aux civilisations du Néolithique moyen : à la civilisation des Matignons succède, vers 2800 av. J.-C., celle peu-richardienne, dont le site éponyme est le camp de Peu-Richard, à Thénac, au sud de Saintes, lequel a été fouillé à la fin du XIXe siècle. Les objets de l'âge des métaux révèlent des échanges avec le Midi languedocien, l'Armorique, les pays du Nord, les îles Britanniques, la péninsule Ibérique. À la fin de l'âge du fer, la technique atteint un haut niveau avec les Celtes.

Les Santons et la romanisation

Les Santons avant César.

Les Santons, peuple celte, s'établissent sans doute à la fin du IVe siècle avant J.-C. sur le territoire qui sera appelé Saintonge. De leur période d'indépendance subsistent peu de vestiges. Des sites à sel découverts en arrière de la côte

actuelle, entre les côteaux qui bordaient les anciens golfes et les marais, rendent compte d'une activité d'extraction du sel vers 200 avant J.-C., époque du niveau maximum atteint par la transgression flandrienne. Dans la campagne, de nombreux enclos funéraires ont été repérés. Pons, où un oppidum a été récemment fouillé, paraît avoir été le centre politique et économique du pays. Des amphores républicaines témoignent de relations commerciales avec Rome.

Les succès de la romanisation.

La sauvegarde du pays santon est à l'origine de la guerre des Gaules. Le projet de migration collective des Helvètes en

Saintonge détermine César, en 58 avant J.-C., à conquérir ce territoire encore indépendant. Les Santons n'opposent pas de résistance. En 52, cependant, ils répondent à l'appel de Vercingétorix, qui convoque douze mille Santons pour délivrer Alésia. Dans la cité des Santons, Civitas Santonum, Saintes est fondée vers 20 avant J.-C. sous le nom de Mediolanum. Durant quelque temps, elle est capitale de la province d'Aquitaine, créée par Auguste. Après trois siècles de féconde romanisation, la Saintonge, au sein de l'empire qui se désagrège sous les assauts des barbares, connaît, entre les milieux des IIIe et IVe siècles, une période mouvementée. Le littoral est exposé aux pirates francs et saxons. Saintes, délabrée, se replie derrière ses remparts. Le christianisme s'y développe discrètement. Eutrope en est le premier évêque ; Martin, évêque de Tours, visite la Saintonge. Jusqu'à la fin du IVe siècle, Saintes compte encore parmi les villes les plus brillantes d'Aquitaine. En 408, les Vandales dévastent les lieux.

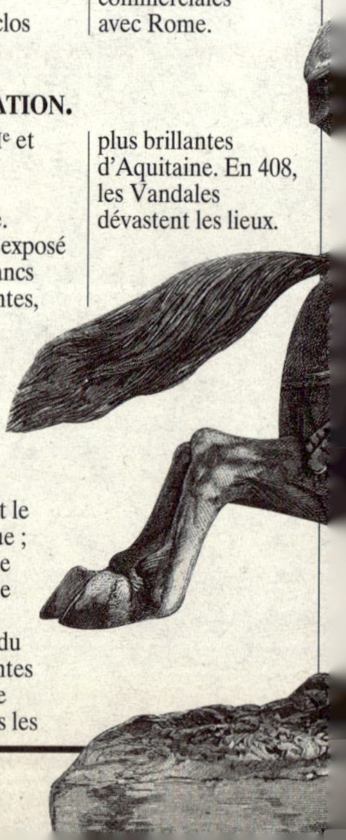

419 L'Aquitaine seconde est cédée aux Wisigoths

début VIIIe siècle Les Maures sétablissent en Espagne

910 Fondation de l'abbaye de Cluny

1099 1ère croisade et prise de Jérusalem

500 — 700 — 900 — 1100

373-397 Saint Martin évêque de Tours

778 Expédition de Charlemagne en Espagne : Ronceveaux

1098 Fondation de l'abbaye de Cîteaux

La Saintonge du Ve au IXe siècle

Une obscure survie.

En 418, les Wisigoths s'établissent à Saintes.
Le christianisme progresse sous la domination des Francs qui, vainqueurs des Wisigoths à Vouillé en 507, prennent Saintes en 508.
À la fin du VIIe siècle, la Saintonge fait partie de l'Aquitaine, principauté indépendante née de la destructuration du royaume mérovingien. Les Arabes incendient Saintes en 732, avant d'être battus à Poitiers par Charles Martel. Pépin, après avoir vaincu le dernier prince d'Aquitaine, s'installe à Saintes, en 768.
Dans le royaume d'Aquitaine, constitué en 781 par Charlemagne pour son fils Louis le Pieux, la Saintonge connaît quelques décennies de paix, qui permettent les premiers défrichements.
Pépin Ier fonde le monastère d'Angeriacum (Saint-Jean-d'Angély).
Après sa mort, en 838, la Saintonge est attribuée, en 845, à Charles le Chauve par la convention de Saint-Benoît-sur-Loire.
Au chaos politique s'ajoutent en 845, 863, 865 les raids vikings. Dans ce contexte de désagrégation, les comtes carolingiens se battent pour étendre leurs domaines. Landri, comte de Saintes, est tué en 866.

Il disparaît sans successeur, alors même que les comtes voisins, de Poitiers et d'Angoulême, affirment leur dynastie.

Aunis et Saintonge du Xe au XVe siècle

L'essor.

Dépourvue de chefs et de structure politique, la Saintonge aborde l'ère féodale amputée du «pays d'Aunis». Les deux provinces, que des atouts communs – sel, vin, rades accueillant les flottes marchandes – introduisent d'emblée dans le réseau d'échanges européen, auront souvent des destins séparés, conséquence de leur poids économique, qui leur donne valeur d'enjeux dans les conflits.
Leur histoire s'inscrit d'abord dans celle de la montée en puissance des comtes de Poitiers, ducs d'Aquitaine, qui détiennent, à la fin du Xe siècle, l'Aunis, le pays de Saintes et de Pons, la basse Saintonge, la haute Saintonge étant le fief du comte d'Angoulême.
En 1062, le duc Guillaume VIII reprend aux comtes d'Anjou, fondateurs de l'Abbaye-aux-Dames de Saintes, les domaines que son père leur avait concédés. Malgré les conflits, le réseau d'abbayes et de prieurés clunisiens implantés au XIe siècle en Aunis et en Saintonge affirme leur insertion dans l'Occident chrétien. L'abbaye de Saint-Jean-d'Angély, où le chef de saint Jean-Baptiste attire désormais les pèlerins, le prieuré de l'île d'Aix, qui sera à l'origine des paroisses rochelaises, Saint-Eutrope de Saintes, relais sur la route de Compostelle, sont parmi les établissements les plus importants.
Les nombreuses églises romanes du XIIe siècle témoignent de l'essor démographique dans les campagnes défrichées. La Rochelle naît en 1131 de la volonté de Guillaume X, qui vient d'anéantir Châtelaillon.

1118 Fondation de l'Ordre des Templiers

1137 Mariage de Louis VII, roi de France, et d'Aliénor, duchesse d'Aquitaine

1147 Louis VII et Aliénor participent à la deuxième croisade

1241 Alfonse, frère de Louis IX, investi du comté de Poitiers

1100 — 1150 — 1200 — 1250 — 1300

UNE FLORAISON D'ÉGLISES ● *92*
En Aunis, l'art roman s'épanouit au XIIe siècle : Échillais ▲ *250*, Esnandes ▲ *195*, Surgères ▲ *204*, Trizay ▲ *251*, Vandré ▲ *206*...

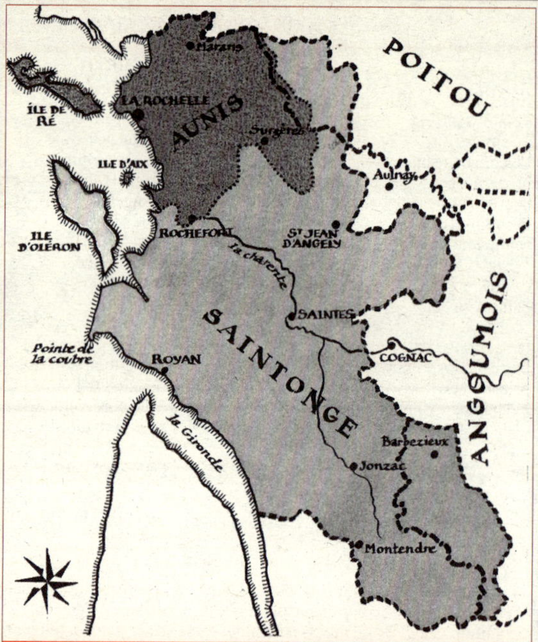

Avant que l'Aunis n'apparaisse dans les textes, au Xe siècle, avec des contours imprécis entre Sèvre, océan, Charente et Boutonne, la Saintonge correspondait au territoire de la civitas *romaine. Au XVIIIe siècle, l'Aunis, moins étendu qu'au Moyen Âge, se confondait avec l'élection de La Rochelle.*

DANS LA DOT D'ALIÉNOR.

Toutes les potentialités économiques de l'Aunis et de la Saintonge sont réunies lorsqu'Aliénor, duchesse d'Aquitaine séparée de Louis VII, épouse, en 1152, Henri Plantagenêt,

qui devient, en 1154, Henri II d'Angleterre. Les seigneurs acceptent mal l'autorité du roi-duc et prennent parti dans les dissensions de la famille royale ; en 1174, le roi et son fils Richard Cœur de Lion s'affrontent à Saintes. Seules les villes bénéficient encore de la confiance royale. En 1175, Henri II concède une commune à La Rochelle, tandis que Jean sans Terre accorde des privilèges à Saintes, à Oléron et à Saint-Jean-d'Angély en 1199.

LA RECONQUÊTE FRANÇAISE.

Mise en œuvre par Philippe Auguste en 1204, année de la mort d'Aliénor, elle n'aboutira qu'après quarante années de confusion où se mêlent faits de guerre et tractations avec les seigneurs, dont le plus puissant, Hugues de Lusignan, comte de la Marche, pratique, pour le prix de terres saintongeaises, une fidélité alternée entre les deux monarques. Après l'échec de la campagne de Philippe Auguste en 1204-1206, Louis VIII reprend La Rochelle en 1224 et soumet l'Aunis et la Saintonge. Mais rien n'est acquis. Le 19 juillet 1242, Louis IX, et l'armée française, et Henri III, et l'armée anglaise, se font face de part et d'autre de la Charente à Taillebourg ; le 22, les Anglais sont mis en déroute à Saintes ; le 1er août, le roi de France reçoit la soumission des barons à Pons. L'Aunis et la Saintonge, réunis dans la même unité administrative, la sénéchaussée de Saintonge, connaissent alors quatre décennies de calme et de cohérence.

1373
Charles V crée le «gouvernement de La Rochelle»

1400 — 1450 — 1500 — 1550 — 1600

1453
Bataille de Castillon

1542-1549
Révoltes de la gabelle

1598
Édit de Nantes

Les ravages de la guerre.

En 1286, conformément au traité de Paris de 1258, le roi de France remet au roi d'Angleterre la partie de la Saintonge sise au sud de la Charente. Désormais la Saintonge est pays de marches et Saintes ville frontière, situation qui savère désastreuse lorsqu'en 1337 commence la guerre – qui durera plus de cent ans – entre le roi de France et son vassal le roi d'Angleterre, duc de Guyenne. Cédés aux Anglais par le traité de Brétigny, en 1360, l'Aunis et la Saintonge font partie de la principauté d'Aquitaine, constituée par Édouard III pour son fils le Prince Noir. Les deux provinces sont reconquises par Bertrand du Guesclin en août 1372. Au calme relatif de la fin du siècle succède une période d'anarchie : exactions de seigneurs, pillages de brigands, coups de force. Dans la Saintonge méridionale, limitrophe de la Guyenne, places fortes anglaises et françaises sont enchevêtrées. Au terme des hostilités, en 1453, les campagnes sont dévastées, les villes n'ont pas été épargnées, à l'exception de La Rochelle, grand centre de commerce international qui sort indemne de la tourmente.

Les Temps modernes

Protestantisme et Nouveau Monde.

La Réforme est bien implantée au milieu du XVIe siècle : le consistoire de La Rochelle s'établit en 1558, des églises s'organisent à Saintes, à Saint-Jean-d'Angély, à Marennes et dans les îles. Pendant les guerres de Religion, La Rochelle affirme sa prééminence et les Huguenots sévissent dans tout le pays. En 1562, parmi d'autres déprédations, le sac de la prestigieuse abbaye de Saint-Jean-d'Angély (ci-dessous) marque la première guerre. Au cours de la deuxième guerre, 1568 est une année décisive. La Rochelle détruit ses églises et adhère au parti protestant, dont elle devient la capitale. Le synode national, réuni en 1571 sous la présidence de Théodore de Bèze, y adopte la confession de foi des églises réformées. En Saintonge, la guérilla est endémique. Protestants et catholiques se disputent les ports de Gironde, garants de l'accès à Bordeaux, où le parlement représente le pouvoir. Le siège de La Rochelle par l'armée royale, de décembre 1572 à juin 1573, est l'événement majeur de la quatrième guerre. Au début de la huitième guerre, déclenchée par l'édit de juillet 1585, qui révoque les concessions faites aux protestants, Condé et les Rochelais assiègent Brouage, place forte royale, et neutralisent son port. Lorsque, en 1598, l'édit de Nantes met fin à trente-six ans de guerre civile, les campagnes sont dévastées, mais La Rochelle reste dans l'opulence. Avant le milieu du siècle, Terre-Neuve fut, pour le littoral, la première étape de la route de l'Amérique. Les ports de la Seudre fournissent le sel aux flottes terre-neuvières, et La Rochelle les capitaux. Enrichis par le trafic morutier, les bourgeois huguenots risquent quelques navires vers les Indes occidentales, la Floride et le Brésil.

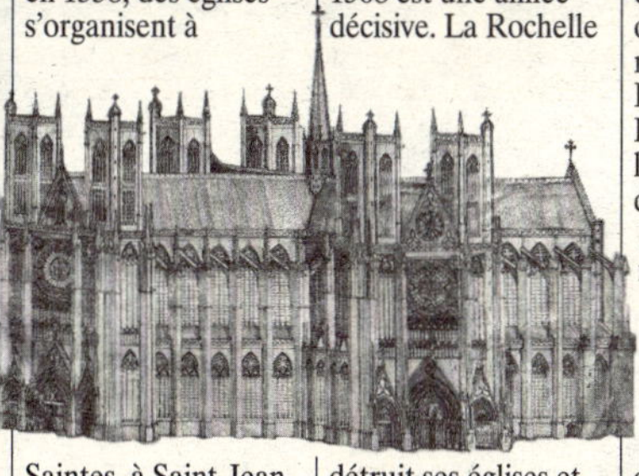

Brouage ▲ *258*
La ville de Brouage, jadis Jacopolis, port de mer, grand centre commercial du sel et forteresse militaire vue par Claude Chastillon, ingénieur du roi, vers 1604.

1629
Édit d'Alès ordonnant la destruction des châteaux fortifiés

1672-1678
Guerre de Hollande

1688-1697
Guerre de la Ligue d'Augsbourg

1600 — 1625 — 1650 — 1675

1685
Révocation de l'Édit de Nantes

1628 : LA SOUMISSION AU POUVOIR ROYAL.

Pour réduire les derniers foyers de rébellion protestants, Louis XIII assiège

Saint-Jean-d'Angély en 1621 et La Rochelle en 1627-1628. La capitulation de cette dernière met fin à la période multiséculaire pendant laquelle l'Aunis et la Saintonge avaient vécu hors de l'emprise de tout pouvoir fort et cohérent. Les privilèges sont abolis, mais les deux provinces vont tenir un grand rôle dans les actions maritimes et coloniales de l'État.

AU XVIIe SIÈCLE : UN NOUVEL ÉLAN.

Après l'hécatombe du siège, La Rochelle se repeuple, le trafic avec les Antilles et le Canada y prend son essor, tandis que le commerce avec l'intérieur, libre de tous droits entre

quatorze provinces, dont l'Aunis est la seule maritime, le complète. En 1666, Colbert crée l'arsenal de Rochefort, objectif stratégique majeur qui est menacé par la flotte hollandaise dès 1674 ; un réseau de forts se met en place sur le littoral, «frontière de mer» du royaume. L'Église catholique travaille à la reconquête des âmes ; l'évêché de La Rochelle est créé en 1648 par transfert de celui de Maillezais. Mais le protestantisme est toujours présent. La révocation de l'édit de Nantes, en 1685, précédée par des conversions collectives extorquées par les dragons, déclenche un ample mouvement d'émigration vers les pays huguenots, tandis que l'Église du Désert, célébration clandestine du culte interdit, rassemble les populations d'Arvert. En 1694, la création de la généralité de La Rochelle réunit l'Aunis et la Saintonge dans une même circonscription administrative ; jusqu'alors l'Aunis appartenait à la généralité de Poitiers, la Saintonge à celles de Limoges et de Bordeaux.

1700	1725	1750	1775	1800
1701-1713 Guerre de succession d'Espagne		**1756-1763** Guerre de Sept ans : perte du Canada	**1778-1783** Guerre d'indépendance des Etats-Unis	**1793** Soulèvement de la Vendée

Au XVIIIe siècle : la prospérité.

Ainsi, les règnes de Louis XIII et de Louis XIV ont été, pour les deux provinces, une période de solide reconstruction, qui leur permet, au XVIIIe siècle, de prendre leur part de richesses dans le développement du trafic colonial. La Rochelle est l'un des cinq ports autorisés, par les lettres patentes de 1716, à armer pour les «isles» et la côte d'Afrique.

Le Canada pour ses pelleteries, l'Afrique pour ses esclaves, Saint-Domingue pour ses plantations sucrières sont les principales directions du trafic rochelais, qui s'étendra bientôt jusqu'aux Indes orientales. Le port de Rochefort contribue à l'approvisionnement des colons et des soldats envoyés outre-mer. En temps de guerre, l'arsenal travaille activement et le littoral est menacé : en 1757, pendant la guerre de Sept Ans, les Anglais débarquent dans l'île d'Aix. Au cours d'un siècle rythmé par de grands conflits maritimes, l'Aunis et la Saintonge vivent entre faillites et gros profits, qui, finalement, laisseront la marque d'un temps de prospérité.

Un département pendant la Révolution et l'Empire.

CHARENTE INFERIEURE

Formé de l'Aunis et de la majeure partie de la Saintonge, le département de la Charente-Inférieure est créé en 1790, comme les autres départements. Son chef-lieu, fixé à Saintes, sera transféré à La Rochelle en 1810. La loi du 4 septembre 1941 le dénommera Charente-Maritime. Pendant les guerres révolutionnaires, Rochefort et son arsenal sont l'un des objectifs de la flotte anglaise. Limitrophe de la Vendée insurgée, le département est un lieu de passage pour les troupes républicaines. Frontière maritime et terrestre, il est soumis à une surveillance impitoyable. Un tribunal révolutionnaire fonctionne à Rochefort pendant la Terreur. Plus de huit cents prêtres réfractaires, condamnés à la déportation dans leur département d'origine, sont détenus sur des pontons ancrés en rade de l'île Madame. C'est dans l'île d'Aix que Napoléon se livre aux Anglais le 15 juillet 1815.

1806
Blocus continental

1902-1905
Émile Combes, président du Conseil

1800 — 1825 — 1850 — 1875 — 1900 — 1925 — 1950

1860
Traité de commerce avec l'Angleterre

1880-1900
Expansion coloniale en Afrique et en Indo-Chine

Agricole et maritime.

La paix revenue, le littoral est morne dans un royaume privé de colonies. La viticulture est l'activité dominante, jusqu'à l'apparition du phylloxéra en 1875-1876. La Saintonge reconstitue la majeure partie de son vignoble à la fin du siècle ; l'Aunis opte pour l'industrie laitière. Le chemin de fer, qui dessert le littoral à partir de 1857, ouvre des débouchés aux produits de la mer, et stimule le développement de stations balnéaires. En 1890, La Rochelle inaugure son nouveau port de commerce à La Pallice.

Le commerce maritime ▲ *169.* La création du port de La Pallice en 1890 a entraîné l'extension de La Rochelle vers l'ouest. De récents aménagements le maintiennent au premier rang en Europe pour l'importation de bois tropicaux.

Les Américains y installent une base en 1917. La Première Guerre mondiale provoque l'implantation d'industries, mais l'arsenal de Rochefort ferme ses portes en 1927. La Pallice, avec la construction d'un môle d'escale en 1939, devient un port en eau profonde, où, au lendemain de la guerre, les *liberty-ships* pourront accoster à pleine charge.

Dans la Seconde Guerre mondiale.

Pendant l'occupation allemande, la côte est incluse dans le Mur de l'Atlantique avec deux points forts : La Pallice, importante base sous-marine, et Royan, qui contrôle l'entrée de la Gironde. Tandis que les principales villes sont libérées à partir de la fin d'août 1944 et que le préfet s'installe à Saintes, les Allemands se maintiennent dans les poches de La Rochelle et de Royan. Royan est anéanti par un bombardement allié le 5 janvier 1945. La presqu'île d'Arvert est libérée du 13 au 17 avril, l'île d'Oléron le 30 avril, La Rochelle et Ré, le jour de la capitulation allemande, le 8 mai 1945.

Charente-Maritime

Terre et mer, les éléments de la réussite

Aujourd'hui.

«Terre et mer, les éléments de la réussite», telle est la devise du département, façade maritime de la région Poitou-Charentes, qui fait partie de l'«Arc atlantique». L'ère des loisirs a développé le tourisme nautique : on dénombre sept mille anneaux de Marans à Vitrezay. L'amélioration des voies de communication est une priorité : mise en service des ponts de l'île d'Oléron en 1966, de la Seudre en 1972, de l'île de Ré en 1988, du Martrou sur la Charente en 1991, de lautoroute A 10 en 1981, du TGV Atlantique en 1993. L'université de La Rochelle, créée en 1992, prévoit de recevoir, en l'an 2000, dix mille étudiants qu'elle préparera aux activités spécifiques du département.

Du Moyen Âge au XIXe siècle, l'Aunis tire une partie de sa propérité de l'exportation du vin et du sel, les deux produits essentiels de la région. Le sel est chargé à Marennes et à Brouage, les vins d'Aunis à La Rochelle, les vins de Saintonge à Tonnay-Charente ; le vin et le sel produits dans les îles sont exportés directement. Une intense activité de cabotage régnait sur tout le littoral et l'on disait du rivage d'Aunis et Saintonge au XVIe siècle : toute cette côte est comme un seul port.

UN COMMERCE EUROPÉEN
Au Moyen Âge, le sel, parvenait dans les provinces par voies fluviale et terrestre, mais on expédiait aussi annuellement par mer l'équivalent de 100 000 t métriques de sel. Le plus gros de ce trafic était destiné au pays du Nord. De même, le vin de la région était fort apprécié des Flamands, des Anglais, des Hollandais, des Allemands et même des Scandinaves et certains choisirent de s'installer dans la région.

L'EXPORTATION DU VIN
En 1198, le vin de La Rochelle est exporté pour la première fois en Flandre. Au XIVe siècle, le commerce des vins de la région est l'activité essentielle du port de La Rochelle : chaque année, 45 000 tonneaux en partent vers les ports du Nord. «Le besoin de vin a été à la base de la renaissance de la navigation sur la côte atlantique de L'Europe» (J. Craeybecky)

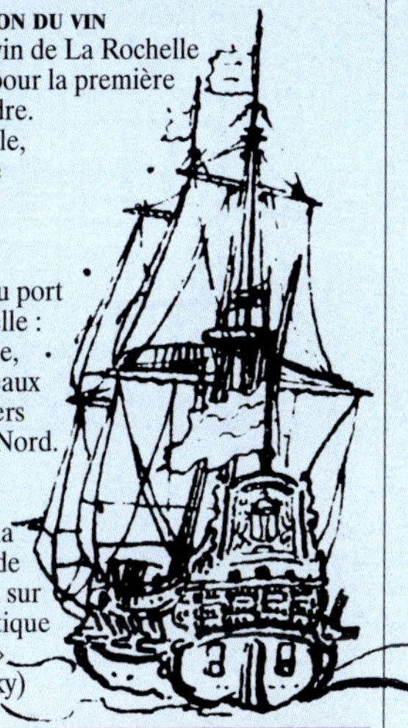

Le commerce du sel atlantique restera stable pendant des siècles, avant de s'effondrer, à partir de 1850, devant l'intérêt porté au sel gemme. Le vin d'Aunis, le chauché, chargé de droits et concurrencé par le vin de Bordeaux, sera transformé à la fin du XVIe siècle en eau-de-vie, le fameux cognac, ou folle blanche, et reste, aujourd'hui encore, un fleuron des exportations de la Charente-Maritime.

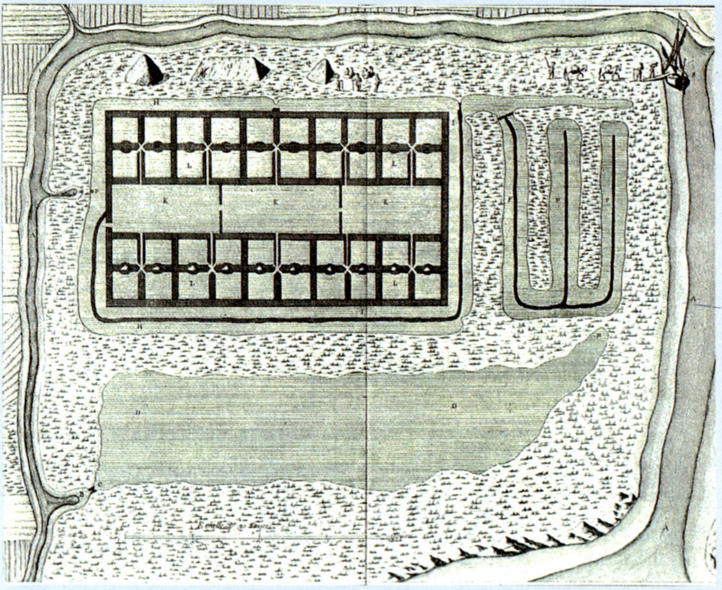

LE PORT DES GABELLES
Le sel vendu dans les provinces des gabelles était acheté à Brouage, citadelle créée au XVIe siècle, prospère au XVIIe siècle et envasée ensuite ▲ *258*. La flotte du Parti, c'est-à-dire des fermiers généraux, venait l'y chercher. Ci-dessus, plan d'un marais et travail du sel ● *68*.

L'OR BLANC
Sous l'Ancien Régime, le sel, dont la consommation était obligatoire, fut une matière imposable de choix. Le roi ne réussit pas à établir la gabelle dans les provinces productrices mais il taxa de plus en plus lourdement les ventes en gros. Ce fut une mine d'or pour les souverains et les grands seigneurs qui achetèrent partie des droits et récupérèrent leur mise au centuple, comme Mazarin et ses héritiers.

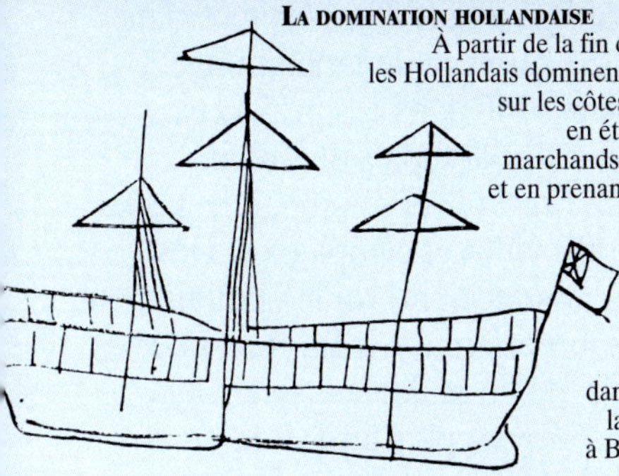

La domination hollandaise
À partir de la fin du XVIe siècle, les Hollandais dominent la navigation sur les côtes européennes en établissant leurs marchands dans les ports et en prenant le monopole des transports grâce à une organisation exemplaire. Ci-contre, navire gravé dans la pierre sur la porte Royale à Brouage ▲ *258*.

Le port de l'eau-de-vie
Au XVIIe siècle, Tonnay-Charente ▲ *247* (ci-dessus) devient le port du cognac. Les gabares de la Charente y rencontrent les navires de mer, et, jusqu'au XXe siècle, l'eau-de-vie chargée à Tonnay est gratifiée d'une sorte de label de qualité.

Le succès de l'eau-de-vie
Le premier envoi connu d'eau-de-vie vers l'Angleterre et l'Irlande date de 1559 et provient de La Rochelle. Les acheteurs préféreront très vite au vin de l'Aunis, le vin puis l'eau-de-vie de la Saintonge, produits dans les Petite et Grande Champagne, autour de Saint-Jean-d'Angély et de Cognac.

L'enlèvement du sel ● *68*
Le chargement du sel se fait dans le temps d'une marée. Des bossis, où le sel est entassé, jusqu'à la barque du chenal, qui mènera sa cargaison au navire arrimé dans la baie : le transport se fait à dos d'homme et à dos d'âne.

❝Lacet très compliqué de levées cultivées, de canaux, de champs enclavés dans les salines, horizon parfaitement plat. Au loin, on voit sur le revers labouré des bosses circuler des chevaux et des femmes, et des enfants.❞

Eugène Fromentin

La Réforme, qui a tant d'importance dans l'histoire de l'Aunis et de la Saintonge, apparaît vers 1540 dans ces provinces, prêchée par des disciples de Calvin. Malgré une sévère répression, elle gagne en vingt ans villes et campagnes. Dès 1542, on dénonçait au roi le «pullulement des damnées erreurs luthériennes» à La Rochelle, mais la ville ne semble avoir été en majorité gagnée à la Réforme qu'une vingtaine d'années plus tard. Ralliée à Condé en 1568, elle a joué un rôle capital au sein du parti protestant jusqu'au Grand Siège, qui peut être à certains égards considéré comme un des derniers épisodes des guerres de Religion. La chute de La Rochelle en octobre 1628 marque le déclin du protestantisme, mais la cité restera dans l'esprit des réformés un symbole de résistance et de lutte pour la liberté de conscience.

Les guerres de Religion

Provoquées par des antagonismes religieux mais aussi par des rivalités entre grandes familles nobles, dont un pouvoir royal affaibli développe les ambitions, les guerres dites de Religion ravagent l'Aunis et la Saintonge. Les premiers «troubles» ont lieu dès 1562, avec pillages d'églises et de monastères par ceux qu'on commence à appeler huguenots. Ils s'aggravent à partir de 1568, lorsque La Rochelle se rallie à Condé, chef du parti protestant. Les combats se succèdent : lors de la défaite des réformés à Jarnac (1569), Condé, blessé et fait prisonnier, est tué par un officier du duc d'Anjou qui commande les troupes royales. Saint-Jean-d'Angély, Pons, Saintes, Marennes, Brouage, d'autres encore, sont assiégées et prises tour à tour par les catholiques et les protestants.

Le rôle de La Rochelle ▲ *128*
Pendant une bonne partie des guerres de Religion, La Rochelle sera le véritable quartier général des grands chefs protestants. Après la Saint-Barthélemy, elle devient le refuge des populations avoisinantes. Le siège qu'elle soutient en 1572-1573 contre l'armée royale se termine par une paix de compromis qui lui laisse ses franchises et ses libertés. Devenu chef du parti protestant en 1576, Henri de Navarre (ci-contre) y fait de fréquents séjours quand les opérations militaires se déroulent en Poitou, en Aunis et en Saintonge.

Le rôle des imprimeurs rochelais
De 1562 à 1623, tous les imprimeurs de la ville sont protestants. Le premier, Barthélemy Berton, ne possède qu'un pauvre matériel typographique, mais joue un rôle considérable dans la diffusion des livres religieux, puis, à partir de 1568, dans la propagande politique du parti protestant. Il meurt en 1572, ayant conservé toute sa vie la même marque, avec la devise désabusée : «Povreté empêche les bons esprits de parvenir.» La renommée de Berton est éclipsée par celle de Pierre Haultin, fondateur d'une dynastie d'imprimeurs qui portera au loin le rayonnement intellectuel de La Rochelle.

Jeanne d'Albret
De 1568 à 1571, elle est le véritable chef du parti protestant de La Rochelle. Agrippa d'Aubigné admirait cette reine qui avait l'«âme entière aux choses viriles, invincible aux adversités».

Théodore de Bèze
Successeur de Calvin, il vient de Genève en 1571 pour présider le synode national de La Rochelle qui arrête le texte définitif de la «Confession de foi des Églises réformées du royaume de France».

LES DRAGONNADES «Missionnaires bottés», les dragons ou autres soldats étaient logés comme en pays conquis chez les protestants pour les contraindre par la violence à changer de religion. Les dragonnades provoquèrent des abjurations massives en 1681 à Marans, à Surgères, à Saint-Germain-de-Marencennes, en 1685 à La Rochelle et dans l'île de Ré.

LA RÉVOCATION DE L'ÉDIT DE NANTES En 1685, les dragonnades et la révocation de l'édit de Nantes semblent mettre fin au protestantisme rochelais. Mais il y a quelques irréductibles, et les abjurations massives n'ont été le plus souvent qu'apparentes. Malgré tous les risques, des religionnaires parviennent en grand nombre à s'enfuir vers la Hollande, l'Allemagne, l'Angleterre ou l'Amérique. Les autres restent pour la plupart fidèles à leur foi, même s'ils se montrent plus enclins aux concessions que les Saintongeais. Le protestantisme rochelais est essentiellement bourgeois, composé de négociants et d'armateurs qui forment l'élément dynamique de la société, à l'origine de la prospérité économique de la ville ; il finira par jouir d'une assez large tolérance de la part des autorités.

MÉREAU DE SAINTONGE Sorte de jeton dont le modèle variait selon les paroisses, le méreau servait de signe de reconnaissance entre les protestants qui participaient aux assemblées interdites. Le type «au berger» fut en usage dans tout le Sud-Ouest, de la Saintonge à l'Agenais.

NATURE

CLIMATOLOGIE

Pin parasol

En Charente-Maritime, le soleil est un élément important du climat. Les statistiques confirment cet ensoleillement exceptionnel – il dépasse en moyenne 2 250 heures par an sur les îles de Ré et d'Oléron. L'influence océanique contribue principalement à la douceur du climat : les hivers sont doux et les étés tempérés et ensoleillés. Ce qui se traduit également par des pluies assez régulières en toute saison, mais pas très abondantes. Sur les îles, on peut attribuer en partie cette douceur à la présence permanente d'air maritime. Deux vents venant de l'océan, le noroît et le suroît, soufflent sur les côtes de façon prépondérante.

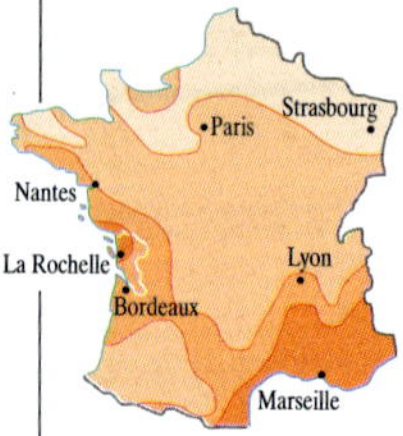

Nombre d'heures de soleil par an

- Moins de 1750
- 1750 à 2000
- 2000 à 2250
- Plus de 2250

Le nombre d'heures d'ensoleillement diminue rapidement au fur et à mesure que l'on s'éloigne de la côte.

Précipitations annuelles moyennes en mm

- Moins de 800
- 800 à 900
- 900 à 1000
- Plus de 1000

- Vents faibles
- Vents moyens
- Vents forts

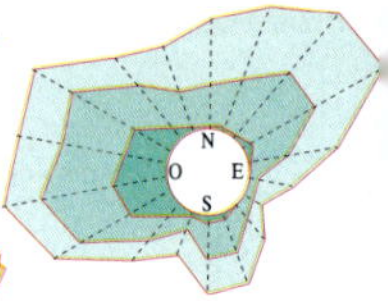

Sur la rose des vents de La Rochelle, on constate que les vents les plus forts et les plus fréquents viennent de l'océan.

Le ciel de traîne, où les cumulus se déplacent sur un fond de ciel d'un bleu éclatant et qui fait suite au passage de la pluie, offre une excellente visibilité.

Le régime des vents des côtes charentaises permet la pratique des sports nautiques en toute saison,. Ne pas oublier, toutefois, de consulter la météo marine avant toute sortie en mer.

Dans cette situation d'ensoleillement – en particulier sur les côtes et sur les îles – le département bénéficie d'un temps frais, sous un ciel où se mêlent larges éclaircies et cumulus de beau temps.

Nerprun alaterne

Mimosa

Plantées ou spontanées, certaines espèces botaniques originaires du bassin méditerranéen témoignent des conditions climatiques remarquables des côtes charentaises.

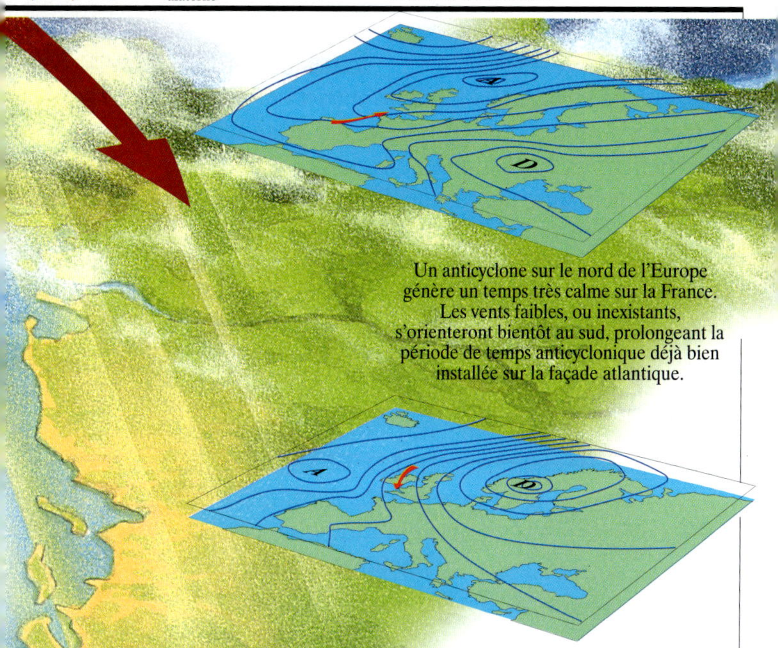

Un anticyclone sur le nord de l'Europe génère un temps très calme sur la France. Les vents faibles, ou inexistants, s'orienteront bientôt au sud, prolongeant la période de temps anticyclonique déjà bien installée sur la façade atlantique.

Dans le cas d'une dépression centrée sur les pays scandinaves, un courant de nord-ouest s'établit sur la France. Protégées par le Massif armoricain, les Charentes bénéficient d'un temps clément et ensoleillé.

Le noroît, vent de nord-ouest, offre une situation privilégiée aux côtes de la Charente. L'air perd en grande partie son humidité en Bretagne. La couche nuageuse devient plus mince et plus fragile. Sur les Charentes, elle n'est plus en mesure de résister aux percées du soleil.

Dès le début du siècle les stations balnéaires de la côte charentaise ont développé le tourisme en vantant la douceur et les bienfaits du climat.

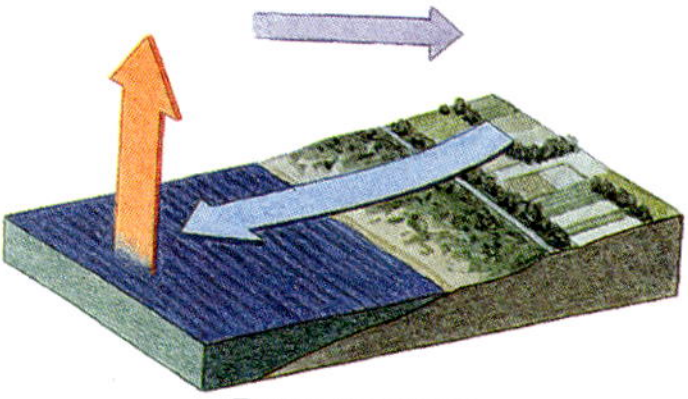

Brise de terre

Au cours de la nuit, l'air réchauffé par l'eau de mer s'élève en altitude. Il est remplacé par de l'air plus frais qui vient de la terre.

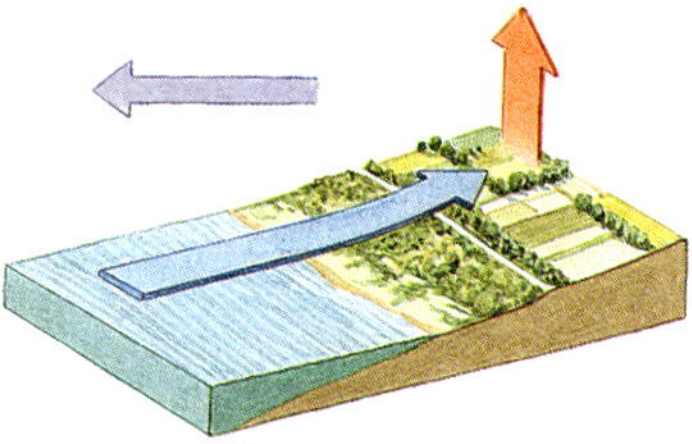

Brise de mer

Pendant la journée, l'air réchauffé par le sol s'élève. Il est remplacé par de l'air plus frais qui vient de la mer.

GÉOLOGIE

L'abbaye des chateliers dans l'île de Ré a été construite essentiellement en calcaire crétacé de Saintonge.

Région sédimentaire par excellence, au relief peu contrasté, la Charente-Maritime appartient en totalité au nord du Bassin aquitain. Les affleurements d'âge secondaire, essentiellement calcaro-marneux, se présentent au nord sous forme d'une plaine monotone, l'Aunis, et au sud sous celle de collines peu vallonnées, viticoles et céréalières, la Saintonge. La Charente, fleuve tranquille aux nombreux affluents, sépare ces deux entités. Des formations plus récentes argilo-sableuses de la fin du Quaternaire occupent à la fois le lit majeur des rivières (les *prées*) et les dépressions littorales. Là, des argiles ont comblé les baies, constituant, en fonction de l'importance de l'intervention humaine, des vasières, des marais saumâtres endigués ou des marais doux. Les sables sont colonisés par des forêts de pins maritimes et de chênes verts et peuvent former en bord de mer d'immenses plages.

AXES SYNCLINAUX ET ANTICLINAUX
Ces deux axes visibles sur la carte correspondent respectivement au creux et au sommet d'un pli mis en place pendant le tertiaire, lors de l'érection des Pyrénées.

CALCAIRE BIOCLASTIQUE ET FOSSILIFÈRE DU CRÉTACÉ SUPÉRIEUR
Essentiellement constitué à partir de débris de coquilles, ce calcaire doit sa couleur ocre à des oxydes ferriques. Il est utilisé sous la forme de mœllons dans la construction traditionnelle saintongeaise, à laquelle il confère une teinte chaude. En bord de mer, sa texture peu compacte nécessite un enduit.

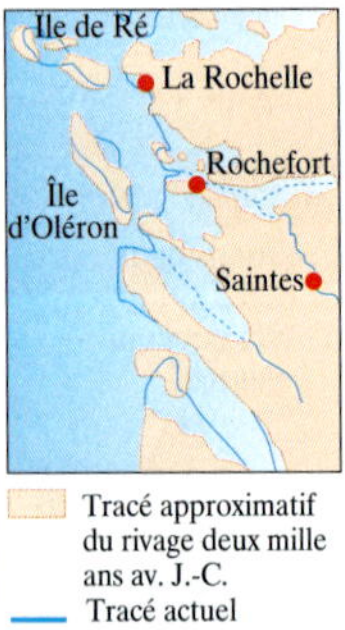

Il y a environ vingt mille ans, les eaux marines étaient piégées dans les calottes glaciaires, et le niveau de la mer était quelque 100 m plus bas qu'actuellement.

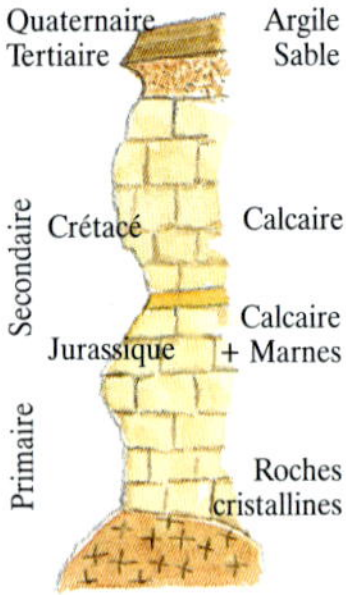

C'est sur un socle cristallin qui affleure en Vendée que les différentes couches calcaro-marneuses du Secondaire se sont déposées, suivies des sables tertiaires et enfin des sables et des argiles du Quaternaire.

La carrière de La Cognasse, près de Saint-Agnant, exploite des calcaires bioclastiques, utilisés pour l'empierrement des routes.

La falaise de la Repentie, au nord de La Rochelle, correspond à la zone de rencontre de la plaine d'Aunis avec la mer des Pertuis.

Huîtres fossiles du Crétacé

Ammonite «perisphinctes». Ce mollusque est l'ancêtre des nautiles actuels. Il a vécu du Jurassique supérieur à l'Oxfordien.

Fossiles. Dans les terrains du Crétacé, les principaux fossiles rencontrés sont des coraux, des huîtres et des rudistes. Ils témoignent tous de milieux de formation peu profonds, au niveau de la plate-forme littorale, et d'un climat tropical.

Ichtyosarciolites et sphaerulites (pied-de-cheval)
Ces fossiles sont des mollusques bivalves à coquille très épaisse. Ils ont vécu dans les eaux tropicales du Crétacé supérieur et se sont éteints à la fin du Secondaire, comme les dinosaures.

Les gisements d'argiles kaoliniques panachées de Saint-Jean-d'Angle sont exploités pour la fabrication des tommettes flammulées de Saintonge.

Au cœur du marais de Brouage, l'île d'Érablais témoigne des terrains crétacés qui occupaient autrefois cette dépression. Leurs calcaires et leurs sables ont été utilisés dans la construction du pont d'Oléron.

Bri ou argile à scrobiculaires
Roche principale des marais charentais, cette argile est constituée de très fines particules, qui agglutinées, piègent l'eau. En période de sécheresse, celle-ci s'évapore et la roche se rétracte et se brise.

Calcaire compact sublithographique
Ce calcaire grisâtre à grain très fin s'est formé en eau profonde. Il est utilisé dans la construction des maisons d'Aunis auxquelles il donne une couleur blanchâtre quand un mortier ne le cache pas.

La falaise des Heurtaux, dans l'île de Ré, présente une alternance de couches dures calcaires et de couches tendres marneuses. Des fossiles ressemblant à des mollusques bivalves pullulent dans les étages marneux.

Travail de la pierre calcaire

Le calcaire à grain fin se scie facilement à la main.

Frises et chanfreins peuvent être réalisés au ciseau.

Maillet et burin étaient aussi utilisés pour la sculpture.

Marais charentais

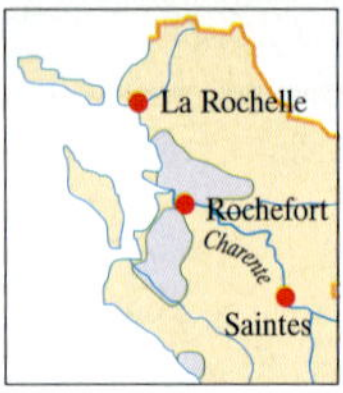

Les marais charentais couvrent 86 000 ha. Ces terres délaissées par la mer ont été, dès le Moyen Âge, façonnées par l'homme, qui en a chassé les eaux. Pour l'essentiel, «marais plats desséchés», dont les parcelles bordées de fossés ont une austère géométrie, et «marais gâts», où se récoltait autrefois le sel dans les bassins séparés de *bossis*, composent cette architecture de terre et d'eau. Ils constituent un témoignage unique de l'histoire des campagnes charentaises, tant les activités salicoles, ostréicoles et agricoles y ont marqué le paysage. Ils sont aussi, depuis peu, reconnus, pour l'originalité de leur flore et l'accueil des oiseaux migrateurs, comme espaces naturels européens de grande valeur biologique.

Les prairies, si vertes au printemps, se transforment l'été en steppe rase et jaunie, que l'on appelle paillason.

Héron pourpré
Prairies marécageuses, bords des fossés encombrés de roseaux et d'autres plantes aquatiques sont ses lieux de pêche favoris. Il construit son nid dans les arbres.

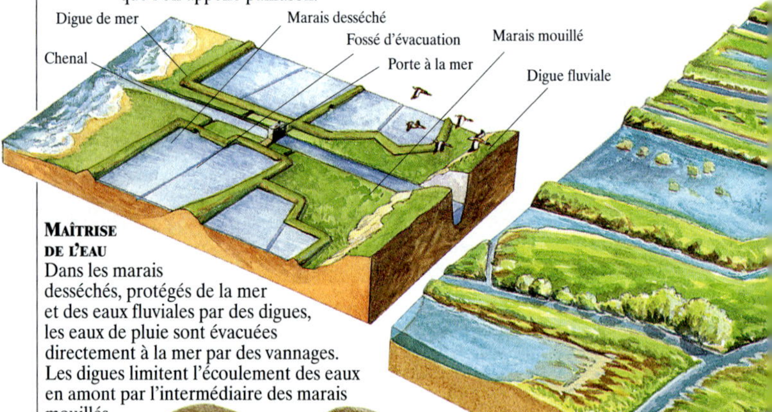

Maîtrise de l'eau
Dans les marais desséchés, protégés de la mer et des eaux fluviales par des digues, les eaux de pluie sont évacuées directement à la mer par des vannages. Les digues limitent l'écoulement des eaux en amont par l'intermédiaire des marais mouillés.

Loutre d'Europe
Ce mustélidé est très bien adapté au milieu aquatique et se nourrit de poissons. La nuit, il parcourt les marais, utilisant de nombreux gîtes et abris.

Vipère aspic
Elle vit sur les digues, les levée et les bordures bois

GUIMAUVE OFFICINALE
Elle est commune dans les prairies pâturées, où elle peut constituer des massifs.

IRIS BÂTARD
Il fleurit en mai sur les prairies rarement inondées et les bosses pâturées.

JONC FLEURI
Il arbore une inflorescence en ombrelle dans les fossés et les prairies des marais.

RAINETTE MÉRIDIONALE
Mimétique, elle vit suspendue aux hautes herbes et aux feuilles des arbustes. Elle ne rejoint l'eau que pour se reproduire.

BUSARD DES ROSEAUX. Son attitude en vol, lorsque, au ras de la végétation, ailes en V, il recherche ses proies, est caractéristique. La femelle a une coloration brun foncé et une calotte blanc jaunâtre sur la tête.

GUIFETTE NOIRE
Une trentaine de couples nichent sur les prairies humides de Charente.

PÉLODYTE PONCTUÉ
Il se reproduit en mars dans les dépressions inondées. Son chant ressemble au bruit de billes d'acier tournoyant dans un verre.

CIGOGNE BLANCHE
Elle niche à nouveau en Charente-Maritime depuis 1978. Une trentaine de couples y construisent leurs nids sur des plates-formes artificielles – 40 % des cigognes sauvages qui naissent en France sont issues de la région.

VAL DE CHARENTE

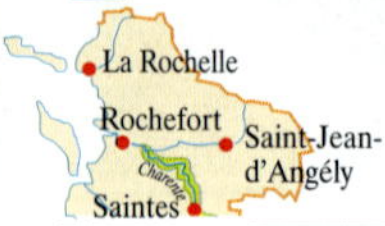

TARIER DES PRÉS
Ce passereau fréquente les prairies de fauche. Il émet de petits cris claquants, le corps secoué de tressaillements.

Il y a deux mille ans, le profil de la vallée s'est régularisé. En aval de Cognac, les méandres libres s'inscrivent dans la plaine alluviale, démesurément élargie. Elle forme un ruban naturel fortement individualisé par ses paysages, les *prées*, où la Charente, avec ses affluents, bras secondaires, rives boisées et marais riverains, s'étale. Les crues saisonnières redessinent la géographie des reliefs de la vallée. De nos jours, peupleraies de grande culture et céréales étouffent la flore originelle, alors qu'il est primordial de garder vivants ces paysages singuliers, indispensables à l'épuration naturelle des eaux et à la conservation d'une flore et d'une faune uniques en France.

COULEUVRE À COLLIER
Commune au bord des rivières et des marais, elle nage la tête dressée hors de l'eau. Effrayée, elle se contente de souffler mais peut aussi avoir recours à un simulacre de mort. Elle se nourrit d'amphibiens.

Les *prées*, prairies pâturées ou fauchées inondées en hiver, constituent, par la richesse de leur flore, les joyaux du patrimoine botanique régional.

VISON D'EUROPE. Ce petit carnassier semi-aquatique fréquente les berges à végétation dense. Il se nourrit de poissons, d'amphibiens, d'écrevisses et de petits mammifères.

LES CRUES
Véritable pouls du fleuve, les crues impriment, selon la durée du passage des eaux, la succession des franges végétales, aquatiques, amphibies ou terrestres.

En hiver, le fleuve navigable se transforme en un immense champ lacustre.

Vastes et sans clôture, les *prées* ont longtemps permis une exploitation à la fois individuelle et collective, le pacage étant autorisé après fenaison.

RÂLE DES GENÊTS
Cette espèce très menacée, liée aux prairies, est reconnaissable à son cri, «crex crex», qui s'apparente au frottement du doigt sur un peigne.

La flore caractéristique des prairies fauchées se développe sur les sols humides ou frais composés d'alluvions minérales ou alcalines.

BELETTE
Elle utilise le réseau sinueux des marais comme itinéraire de chasse.

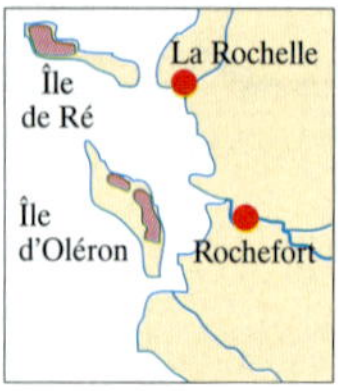

Dès la fin du Moyen Âge, les marais salants du Centre-Ouest (Brouage, Oléron, Ré) deviennent un des hauts lieux de production du sel de mer. Ensoleillement exceptionnel et forte ventilation estivale assurent une production élevée. Trente sauniers tentent aujourd'hui, avec la maison du Marais salant, d'assurer la conservation d'un savoir-faire irremplaçable. Cette mosaïque de terres ourlées d'eau, témoin de l'histoire des sociétés insulaires, abrite une flore et une faune d'une grande originalité. Ces terres abandonnées ou reconverties dès le début du siècle dans l'ostréiculture sont depuis peu aménagées et exploitées pour l'aquaculture.

Une fois récolté, le sel est tiré sur le *ballon* où il s'égoutte. Il sera ensuite roulé dans une brouette sur une bosse jusqu'au tasselier.

TAMARIS DE FRANCE
Il fait partie des rares arbustes à supporter les sols salés. Il fleurit en été.

SALICORNE RAMEUSE
Elle pousse sur les vases salées et se colore en rouge pourpre à l'automne.

HYDRAULIQUE DES SALINES. En période de saunaison, tous les quinze jours, le saunier admet l'eau par l'*essai* (**1**) dans le *vasais* (**2**), réservoir de décantation situé au-dessous du niveau moyen des hautes mers. Sous l'action du soleil et du vent, l'eau s'échauffe, s'évapore, et la teneur en sel augmente : elle devient saumure. Dans les *aires saunantes* (**3**), le sel cristallise.

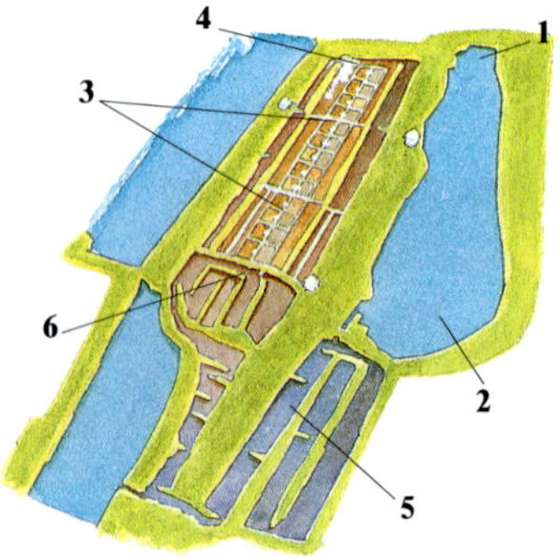

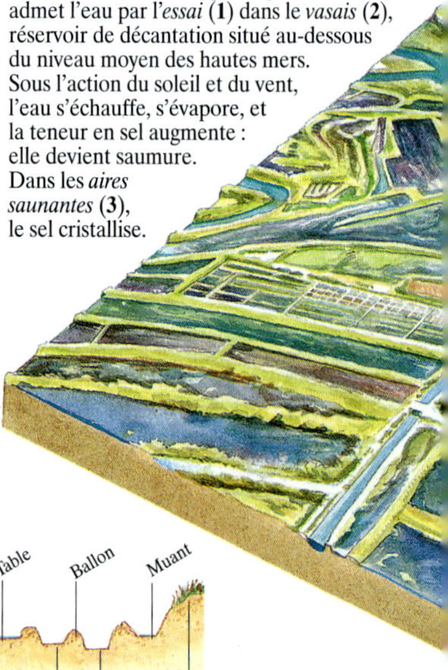

La mer irrigue le marais par le *russon* (**4**). Par une faible pente, l'eau de mer s'écoule dans la *métière* (**5**), premier réservoir de concentration, puis par l'*amissaunée* (**6**) dans une succession de bassins et de canaux façonnés dans le bri.

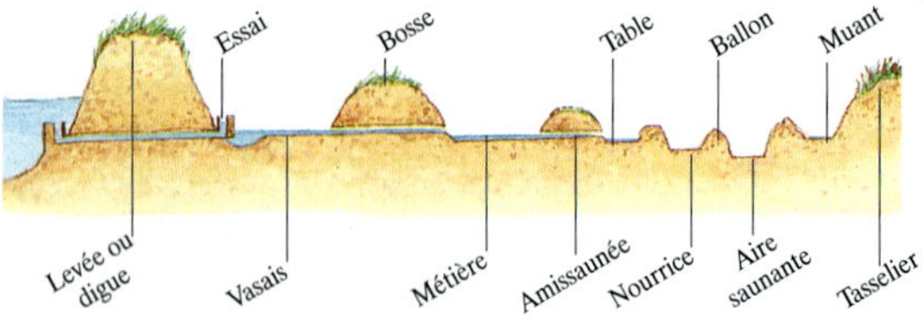

Chevalier gambette
Ce petit échassier migrateur est caractéristique des vasières, qu'il fréquente de mars à septembre.

Avocette
En cas d'alerte, ses poussins, au bec retroussé dès la naissance, s'enfuient en nageant comme des canetons.

Échasse blanche
Ce migrateur niche dans les métières. La femelle protège ses poussins des rapaces en poussant des cris répétés.

Courlis cendré
De son bec, long de 12 à 18 cm, il sonde la vase et le sable à la recherche de vers et de coquillages.

Gorgebleue à miroir. Ce passereau fréquente les marais salés atlantiques. On reconnaît le mâle à sa tache blanche, très visible.

Gravelot à collier interrompu
Il niche en petit nombre sur les vases dénudées au sol craquelé et blanchi par le sel, près des lagunes.

Aigrette garzette
Cet échassier méridional a colonisé depuis vingt ans les marais littoraux atlantiques.

À la différence des oies, les bernaches ne volent pas en formation régulière, mais en groupes lâches, comme les canards.

Bernache cravant
Elle est originaire de Sibérie. Chaque hiver, 40 000 d'entre elles séjournent dans les pertuis charentais, où elles se nourrissent de zostères.

- Ostréiculture (captage et élevage)
- Ostréiculture (affinage) et vénériculture
- Mytiliculture

ÉGLADE OU TERRÉE DE MOULES
Disposées sur une planche et recouvertes de sarments ou d'aiguilles de pins, les moules sont ainsi servies grillées.

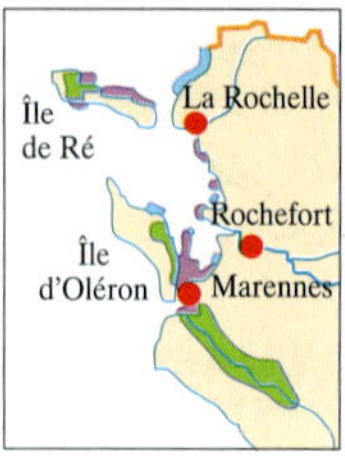

La Charente-Maritime détient au plan national les deux records de production conchylicole. La baie de l'Aiguillon, avec une production annuelle de 10 000 tonnes de moules, est le premier bassin national mytilicole. Marennes-Oléron, avec une production de 35 000 tonnes d'huîtres creuses par an, est le premier bassin ostréicole européen. Sa particularité est l'affinage de huîtres en «claires». À côté de ces deux coquillages, la palourde japonaise est élevée depuis une dizaine d'années.

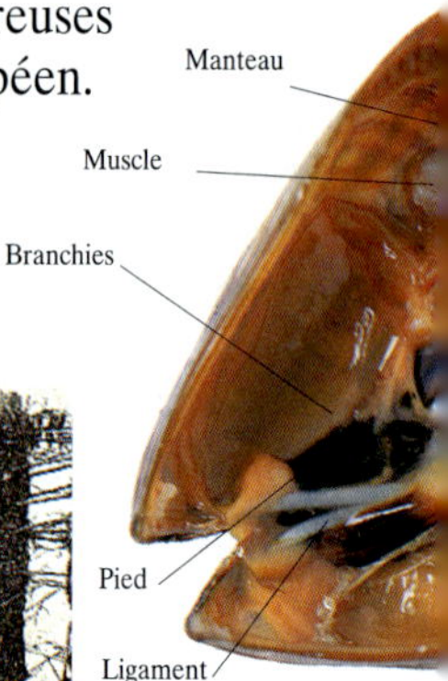

Vivant fixée, la moule crée un courant d'eau qui achemine vers ses branchies le plancton dont elle se nourrit.

L'élevage des moules sur bouchots, pieux de bois, plantés dans le sol sablo-vaseux des baies abritées, est pratiqué depuis le XVIIe siècle.

FILIÈRES DE SURFACE. Suspendues depuis la surface, les cordes sont en permanence dans l'eau : se nourrissant plus longtemps, les moules croissent plus vite que sur les bouchots.

NAISSAIN
La fécondation des moules se fait en mer au printemps. Après une vingtaine de jours, le naissain recherche un support pour se fixer.

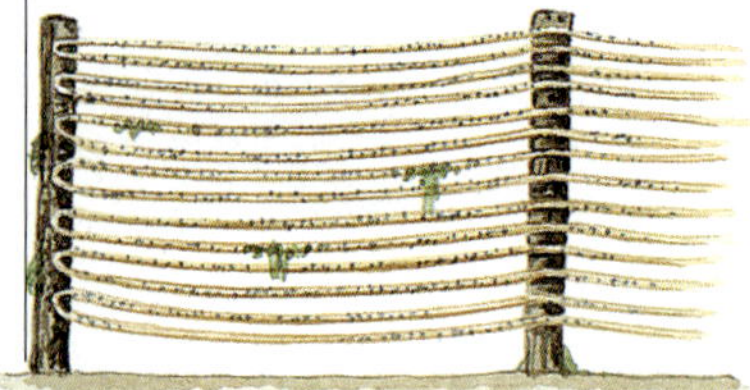

BOUCHOTS DE CAPTAGE
Le mytiliculteur installe, au large, des cordes tendues horizontalement entre des pieux où les naissains iront s'accrocher.

BOUDIN
Pour être installées sur les bouchots, les jeunes moules sont ensachées dans des sacs allongés et ajourés.

BOUCHOT D'ÉLEVAGE
Le boudin est enroulé sur un pieu de bois planté dans la zone de balancement des marées.

RÉCOLTE
Au bout d'un an, les moules sont récoltées, à marée haute, à partir d'un bateau.

BARGE OSTRÉICOLE Cette embarcation, en bois ou en aluminium, est apparue il y a une dizaine d'années. Grâce à sa faible hauteur au-dessus de l'eau, elle peut être chargée et déchargée avec facilité.

Larve d'huître

Jeunes huîtres fixées

Naissain d'huîtres

Les semences de la palourde, de la moule et de l'huître produisent une larve planctonique, qui se métamorphose et se fixe au bout de trois semaines environ.

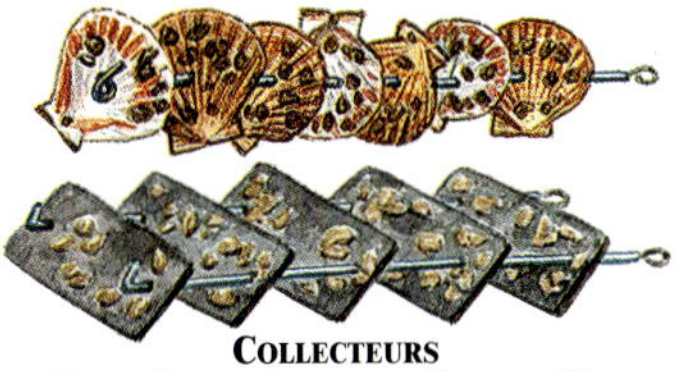

COLLECTEURS
Des collecteurs, souvent des coquilles Saint-Jacques ou des ardoises embrochées sur des tiges métalliques, sont disposés aux endroits propices pour que les jeunes huîtres s'y fixent.

Au bout d'environ deux années, les jeunes huîtres sont placées dans des poches et installées sur des tables métalliques. C'est l'élevage en surélévation.

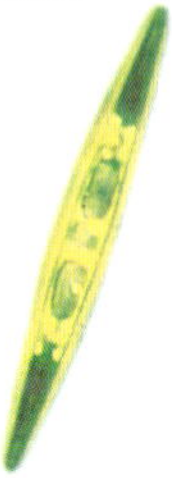

NAVICULE BLEUE
Cette algue unicellulaire microscopique vit dans les eaux littorales charentaises.

Les ostréiculteurs disposent de différents types de parcs : les uns permettent un stockage hivernal à l'abri des tempêtes ; d'autres plus exposés aux intempéries mais plus riches en phytoplancton ne sont utilisés qu'à la belle saison.

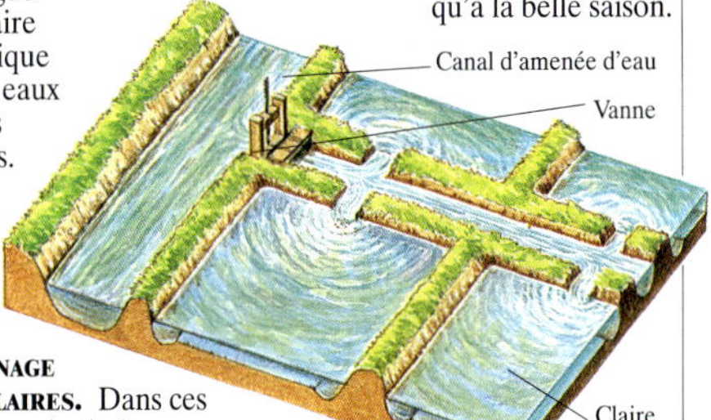

AFFINAGE EN CLAIRES. Dans ces bassins, les huîtres s'engraissent et leurs branchies verdissent. C'est le pigment de la navicule bleue dont les chlorophylles se dégradent qui leur donne cette coloration.

NURSERIE DE PALOURDES
Les naissains sont disposés dans des tamis traversés par un courant d'eau riche en phytoplancton. Ils sont ensuite semés dans le marais entre deux couches de filet pour les préserver des crabes verts.

ESTRAN ROCHEUX

Lors de chaque grande marée, les pêcheurs à pied envahissent l'estran découvert dans la perspective d'une pêche importante.

Paysages sous-marins des pointes rocheuses continentales et insulaires, les estrans rocheux découvrent deux fois par jour par le jeu des marées. L'estran rocheux présente trois étages caractérisés par des ceintures d'algues différentes. Les espèces végétales et animales qui n'ont pas la possibilité de se déplacer avec la mer doivent présenter des adaptations d'autant plus perfectionnées que leur temps d'exondation est important. Ce temps détermine l'installation d'un large éventail d'espèces sur les différents niveaux de cet écosystème. L'homme y pêche coquillages et crustacés.

Dans l'eau, le dessus des cailloux est normalement couvert d'algues variées. En revanche, faute de lumière, la face inférieure est dominée par la vie animale.

GOBIE
Ce prédateur vorace s'accroche au rocher au moyen de ses nageoires ventrales soudées qui forment des ventouses.

ÉTAGE INFRA-LITTORAL
Il commence avec les peuplements des grandes laminaires. Il se prolonge sous l'eau jusqu'à 20 ou 30 m selon la pénétration de la lumière et sa frange supérieure ne découvre que lors des grandes marées. Outre les laminaires, on y rencontre de nombreuses algues rouges qui constituent des herbiers où poissons et crabes se réfugient.

ÉTRILLE
Vive nageuse, elle se déplace très rapidement.

TOURTEAU
Il se cache dans les rochers ou s'enfonce dans le sable.

ÉTAGE SUPRA-LITTORAL
Cette zone battue par les embruns est colonisée par deux lichens : la xanthorie, jaune orangé, dans la partie supérieure, et la verrucaria noire en dessous.

BIGORNEAU ET LITTORINE
Ces petits escargots marins se déplacent lentement à la surface des algues ou des rochers grâce à un pied développé recouvert de mucus. Seul le bigorneau est comestible.

BALANE
Elle se nourrit de micro-organismes planctoniques qu'elle attrape avec ses pattes articulées.

PATELLE
Fortement fixée au rocher à marée basse, elle vit grâce à l'eau accumulée dans sa coquille.

ÉTAGE MÉDIO-LITTORAL
C'est le domaine des fucus, lesquels indiquent le niveau de mi-marée. Parfois des moules colonisent le sommet des rochers. Les mares accueillent algues, poissons et autres organismes issus de l'étage infra-littoral et mal adaptés à l'émersion.

ANÉMONE-DE-MER
Ce calme prédateur vit fixé. Il attend qu'une proie effleure ses tentacules pour s'en emparer.

CREVETTE BOUQUET
Présente dans les flaques, à l'abri des touffes d'algues, elle est fort appréciée des pêcheurs à pied.

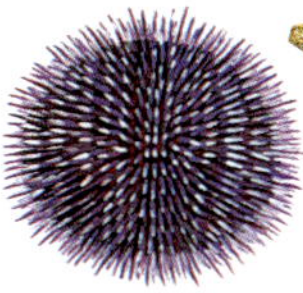

OURSIN VIOLET
Il se cache dans les infractuosités du rocher ou dans une cavité qu'il creuse à l'aide de ses piquants.

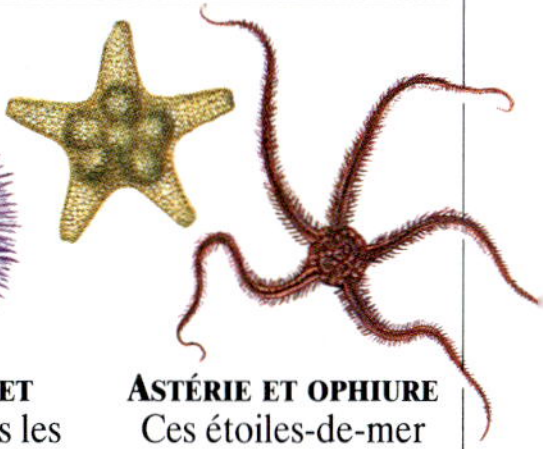

ASTÉRIE ET OPHIURE
Ces étoiles-de-mer se rencontrent surtout au niveau du bas étage médio-littoral.

ESTRAN SABLO-VASEUX

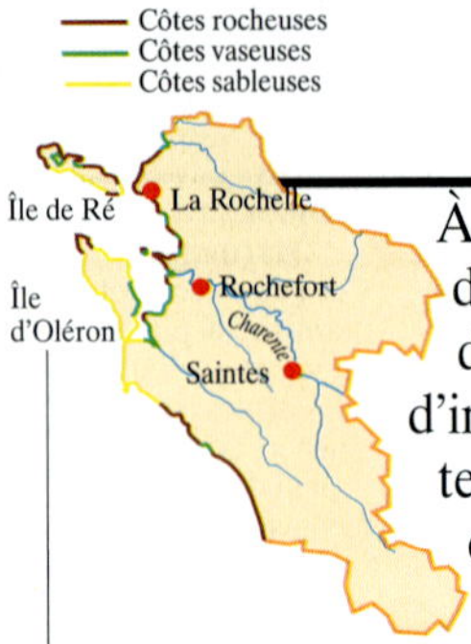

HERBIER DE ZOSTÈRES
Cette petite plante à fleurs colonise les vastes étendues de vase marine où s'abritent de nombreux micro-organismes.

À l'abri des îles, sur les littoraux de la mer des pertuis et dans les estuaires, se sont développées, depuis plus de 2 000 ans, d'immenses vasières. À marée haute, compte tenu de la turbidité des eaux et de la mobilité du substrat, la vie en surface est difficile et c'est dans l'épaisseur de la vase qu'habitent de nombreuses espèces fouisseuses. À marée basse, les vasières sont le paradis des oiseaux, lieux recherchés à la fois pour la nourriture et pour le repos par les grands migrateurs. Selon la marée, l'homme y prélève poissons et bivalves.

GOÉLAND LEUCOPHÉE
Il niche en petit nombre, mais de nombreux oiseaux méditerranéens remontent le long des côtes charentaises en été.

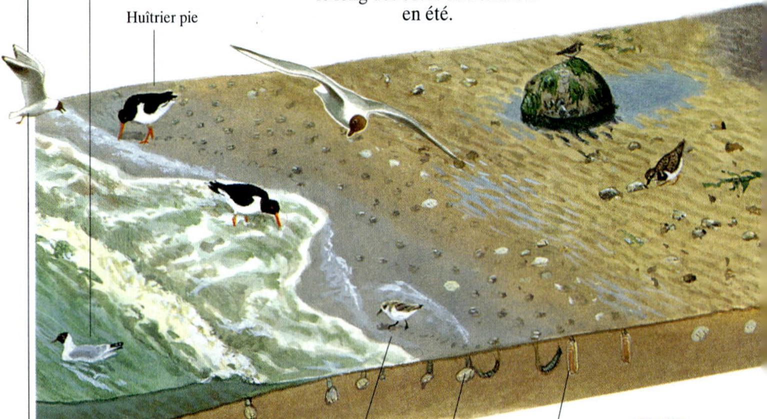

PALOURDE
Recherchée par les pêcheurs à pied, elle est repérée par les 2 petits trous plus ou moins éloignés que dessinent ses siphons en surface.

AVOCETTE ÉLÉGANTE
Elle est un des rares limicoles à pratiquer la nage. Elle se nourrit de vers et de crustacés.

BERNACHE CRAVANT
Espèce arctique, cette oie grégaire passe l'hiver sur les côtes charentaises.

BÉCASSEAU VARIABLE
Espèce dominante des vasières, il exploite tous les étages de l'estran.

COQUE
Enfouie peu profondément, les 2 trous de ses siphons sont plus rapprochés.

Goéland argenté
Omnivore vorace, il se nourrit de mollusques, de crustacés et de vers. C'est le goéland nicheur le plus commun des côtes charentaises.

Goéland brun
Nicheur récent en Charente-Maritime, les effectifs locaux sont renforcés en hiver par l'arrivée d'oiseaux nordiques.

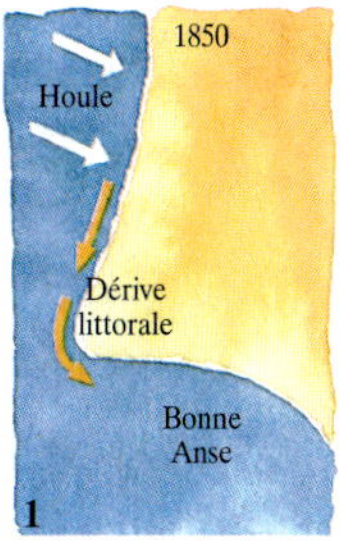

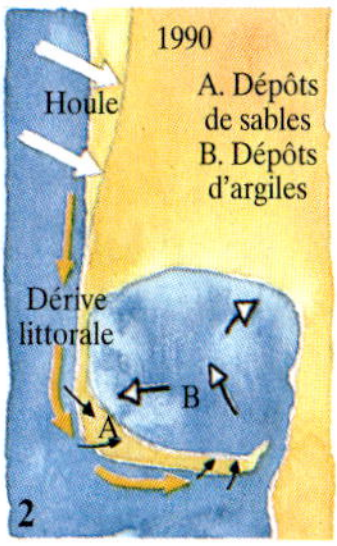

2. Le sable transporté vers le sud par la dérive littorale a formé une flèche, à l'abri de laquelle les eaux turbides de l'estuaire de Gironde viennent déposer leurs argiles.

Ensablement de la pointe de Bonne-Anse
1. Au début du siècle dernier, la pointe de Bonne-Anse formait un renflement de la côte. Les houles dominantes d'ouest ont érodé la côte d'Arvert en enlevant le sable.

Mulet
Ce poisson pélagique, grégaire, se déplace en petits bancs d'individus de même taille. Cinq espèces différentes, très tolérantes aux variations de salinité, peuvent se rencontrer sur les côtes charentaises.

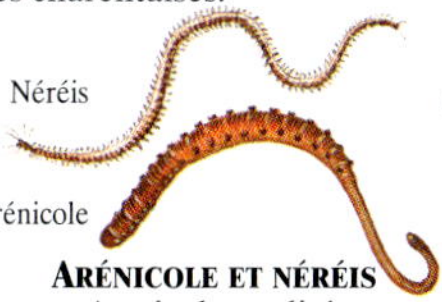

Crevette grise
Elle se distingue aisément du bouquet par une couleur plus terne.

Arénicole et néréis
Appât de qualité, ces vers vivent enfouis dans le substrat vaseux à marée basse.

Les vases molles de la slikke constituent un milieu peu propice à la vie en surface. Les deux principales espèces rencontrées sont la coque, peu enfouie, et le lavagnon (ou scrobiculaire), pourvu de longs siphons qui lui permettent de capter en surface le film de nourriture.

Pêche et poissons

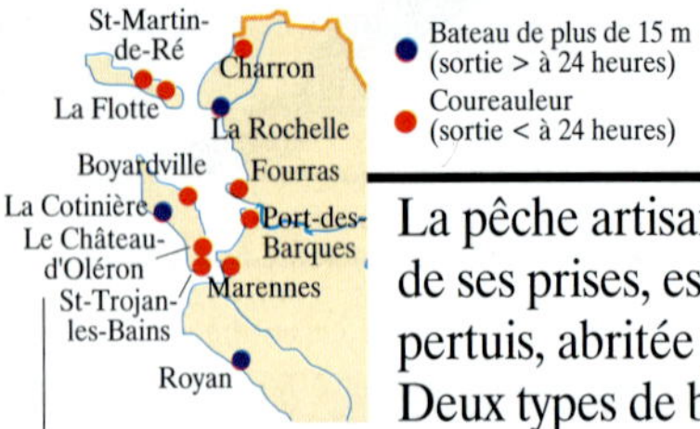

La pêche artisanale, surtout connue par la qualité de ses prises, est pratiquée dans la mer des pertuis, abritée par les îles, et dans la zone côtière. Deux types de bateaux sont utilisés : les navires de plus de 15 m et les coureauleurs, de petite taille, qui pratiquent aussi bien le chalutage de fond et le caseyage que la palangre ou le dragage des coquillages. Toutefois les apports de la pêche charentaise baissent, ce qui est dû, en partie, à une surexploitation des fonds. Ainsi depuis une dizaine d'année, compte tenu des potentialités écologiques des marais saumâtres endigués, une aquaculture de poissons de mer se développe.

Ligneur-caseyeur Ces bateaux travaillent sur les fonds rocheux entre 5 et 20 m de profondeur.

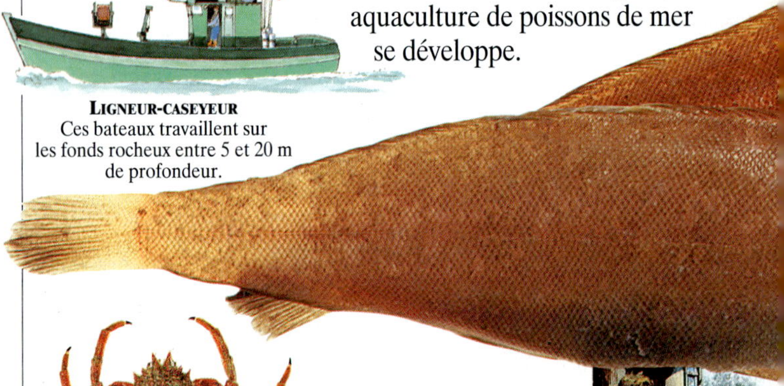

Araignée. Elle se pêche au printemps près des côtes où elle remonte pour se reproduire. Les jeunes, appelés *pioutes*, pullulent en mai sur les rochers qui découvrent.

Casiers à crustacés Ces nasses sont lestées et disposées en filière d'une trentaine au fond de l'eau. Attirés par l'appât, la *boette,* les crustacés y pénètrent. Mais la forme du casier les empêche d'en sortir.

À marée basse, les filières de casiers sont mises à l'eau. À la marée suivante, repérée par des pavillons, la filière est remontée à bord.

Chalutier Le chalutier pêche arrière est apparu il y a une dizaine d'années. Il se déplace suivant les saisons et les espèces à capturer en différents endroits du plateau continental.

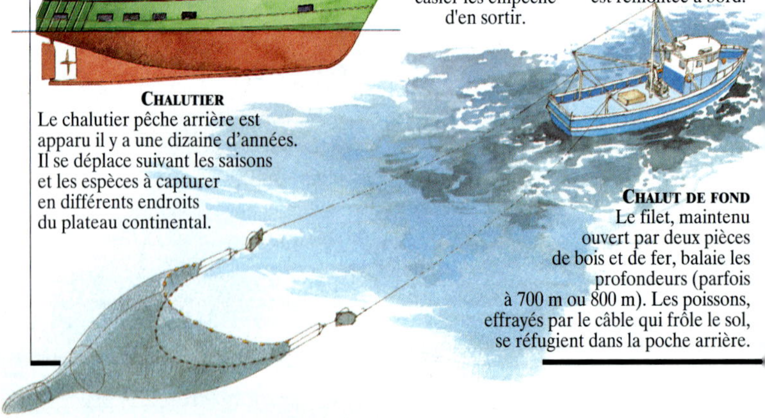

Chalut de fond Le filet, maintenu ouvert par deux pièces de bois et de fer, balaie les profondeurs (parfois à 700 m ou 800 m). Les poissons, effrayés par le câble qui frôle le sol, se réfugient dans la poche arrière.

Dorade
En aquaculture, elle a besoin d'eaux réchauffées artificiellement.

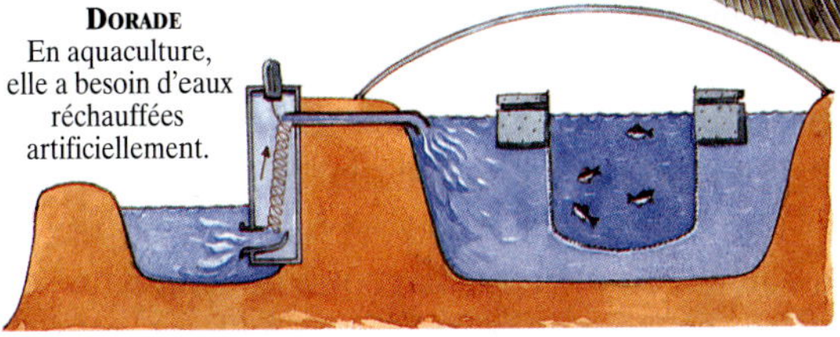

Turbot
Actuellement, l'aquaculture permet de produire des turbots de 2 kg en moins de 3 ans.

Bassins aquacoles. La production de poissons en marais saumâtres nécessite des aménagements importants : hauteur d'eau suffisante, apport d'eau contrôlé par un système de pompage et serres, car les principales espèces élevées – bar, dorade, turbot– ne supportent pas les températures hivernales.

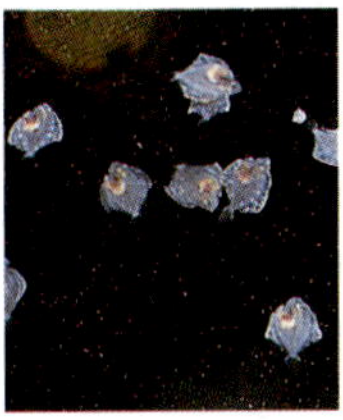

La métamorphose de la larve de turbot en alevin est une opération délicate.

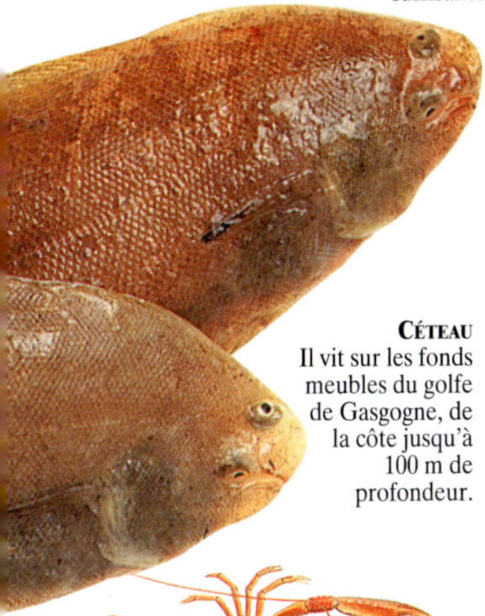

Céteau
Il vit sur les fonds meubles du golfe de Gasgogne, de la côte jusqu'à 100 m de profondeur.

Sole
On la trouve sur les fonds sableux ou vaseux mais on peut également la rencontrer jusque dans les estuaires, à la limite des eaux douces.

Langoustine
Ce crustacé vit à des profondeurs comprises entre 50 et 200 m sur des fonds de vases où il creuse de véritables galeries. Il est abondamment pêché au chalut.

Bar
Ce poisson côtier, qui recherche les eaux riches en oxygène, est pêché aux palangres de fond ou de surface.

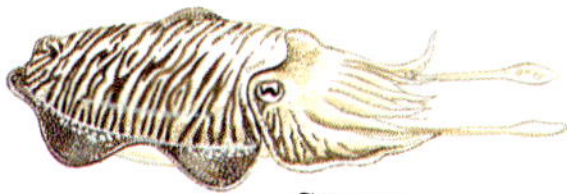

Seiche
Ce mollusque affectionne les fonds sableux où il peut s'enfouir et se cacher en se confondant avec le milieu.

Baudroie ou lotte
Prédateur vorace, elle s'enfouit dans les sols meubles. Elle est surtout pêchée au chalut de fond.

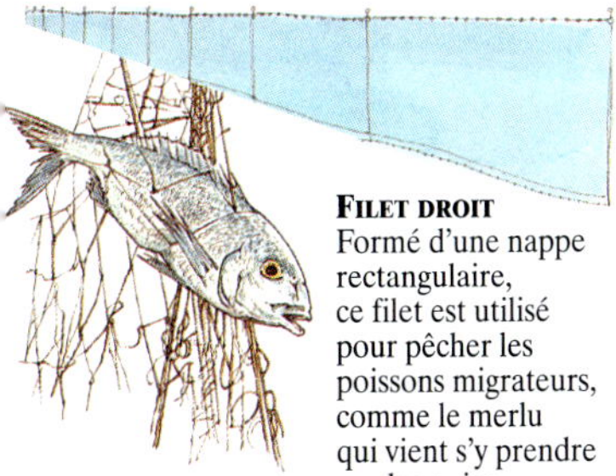

Filet droit
Formé d'une nappe rectangulaire, ce filet est utilisé pour pêcher les poissons migrateurs, comme le merlu qui vient s'y prendre par les ouies.

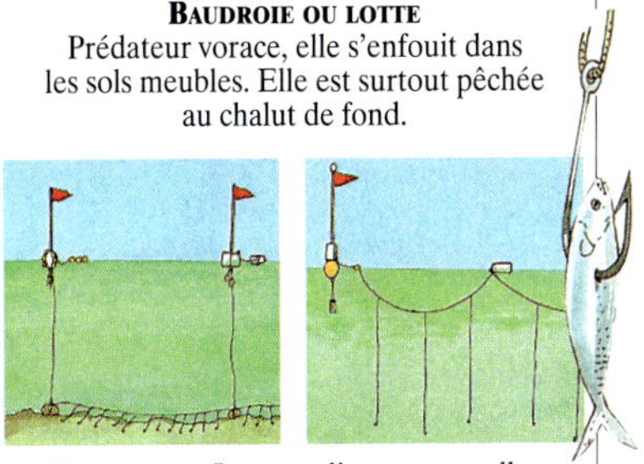

Palangres. Longues lignes auxquelles pendent des avançons garnis d'hameçons, les palangres permettent la capture des espèces benthiques (vivant sur les fonds) comme la roussette, la raie, le congre, le grondin.

Milieu pélagique

Océanite tempête
Guère plus grand qu'une hirondelle, les pêcheurs l'appellent «satanite» car sa présence annoncerait la tempête. Mais il se montre aussi par beau temps.

Au large, lorsque la côte a disparu à l'horizon, le navigateur reste en compagnie des oiseaux marins : puffins, fous, fulmars ou océanites, ils vivent l'essentiel de leur temps en pleine mer, ne retournant à terre que pour nicher. Ce sont généralement de grands migrateurs. Parfois un groupe de dauphins vient jouer devant l'étrave du bateau, ou bien une nageoire nonchalante dépasse de l'eau calme : requin ou poisson-lune ? Plus inattendue, mais bien possible, serait une rencontre avec une tortue luth nageant en surface. Certains de ces animaux nous viennent en effet régulièrement de Guyane, en suivant le Gulf Stream. Observés surtout devant les côtes charentaises, ils se nourrissent de grandes méduses blanches.

Poisson-lune
Pouvant atteindre 1 m de diamètre, il aime se laisser dériver en surface, battant l'eau de sa longue nagoire dorsale. Non comestible, il est parfois pêché pour l'huile de son foie.

Puffin de Méditerranée
Il niche aux Baléares et migre chaque année jusqu'aux côtes de Charente-Maritime. Il se nourrit sur les bancs de petits poissons, et en profitant du travail des chalutiers.

Méduse
Elle est la proie des tortues luths. Sa masse gélatineuse peut peser plus de 1 kg.

Tortue luth. Sa taille peut atteindre 2 m et son poids 600 kg. Sa carapace est faite d'un cuir très solide, et pas d'écailles comme celle des autres tortues. Très agile dans l'eau, elle remonte régulièrement en surface pour respirer.

Dauphin commun
Il vit en groupe de quelques animaux, se déplaçant constamment à la recherche des bancs de poissons dont il se nourrit. Il s'approche peu des côtes, mais quelques individus s'y échouent chaque année.

PUFFIN FULIGINEUX
Ce visiteur estival, régulier mais peu abondant, vient des îles de l'Atlantique Sud où il niche.

STERNE PIERREGARIN
Aussi appelée «hirondelle de mer» tout comme les autres espèces de sternes. Migratrice, elle est présente surtout d'avril à octobre.

FOU DE BASSAN
Volant à plusieurs mètres au-dessus de l'eau, il repère les poissons proches de la surface : il plonge alors ailes repliées et pénètre l'eau comme une flèche pour y prendre sa proie.

FULMAR BORÉAL
Nicheur septentrional, de l'Islande à la Bretagne, ce cousin des puffins visite en très petit nombre les eaux charentaises, surtout en hiver.

GRAND LABBE
Reconnaissable aux cocardes blanches de ses ailes, il vient d'Islande, d'Écosse et des Shetland. Il s'attaque aux autres oiseaux de mer pour leur faire recracher leurs proies et s'en saisir.

MOUETTE DE SABINE
Ayant niché au Groenland et dans l'Arctique canadien, ces mouettes font halte au large des côtes charentaises à la fin de l'été, en route vers leurs quartiers d'hiver sud-africains.

DAUPHIN BLEU-ET-BLANC
Beaucoup moins fréquent que le dauphin commun, il s'observe surtout vers le plateau de Rochebone et parfois plus au large.

REQUIN PEAU-BLEU
Plusieurs espèces de requins s'observent au large de Charente-Maritime, dont le grand requin pèlerin : elles sont toutes inoffensives pour l'homme.

Écluses à poissons

Patrimoine en voie de disparition, les écluses participent, en limitant l'érosion, à l'équilibre écologique de l'estran et à la protection des plages.

Les écluses sont des pièges à poissons constitués de murs en pierre de 500 m à 700 m de long. Depuis le Moyen Âge, elles contribuent à nourrir les gens de mer des îles de Ré et d'Oléron. Leur édification nécessitait dix mille à vingt mille heures de travail, ce qui supposait une réelle volonté communautaire. La propriété, les charges et les pêches étaient répertoriées avec soin. Construites sans chaux ni ciment, elles sont capables d'encaisser la puissance de la houle. Huîtres, moules, balanes fixées sur les pierres assemblées par la main de l'homme assurent leur résistance.

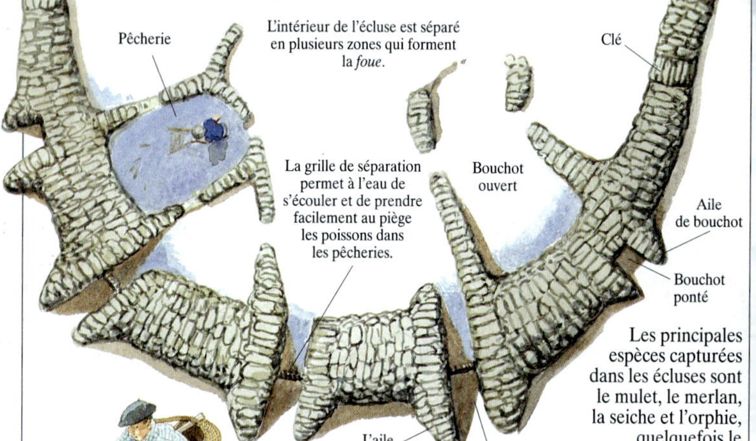

Les principales espèces capturées dans les écluses sont le mulet, le merlan, la seiche et l'orphie, quelquefois le congre, la raie, le bar ou la daurade.

«Treilla» ou «triolle»
Le pêcheur traque le poisson prisonnier de l'écluse à l'aide de ce petit filet tenu à deux mains.

Le poisson traqué est assommé à l'aide d'un sabre en fer plat non tranchant, puis il est rapporté dans un panier d'osier tenu en bandoulière, la *gourbeille*. La nuit, les pêcheurs s'équipent d'un fanal.

Mulet
Le menille ou muge vit en bancs. Sa pêche donne lieu à des prises parfois importantes. Elle se déplace en bancs et se capture au printemps.

Orphie
Appelée aussi *aiguille*, c'est une espèce commune des écluses. Pendant l'été, elle migre en eaux saumâtres et s'engage dans les eaux douces.

ART DE VIVRE

BENOÎT POITEVIN
PIERRE-HENRI MARIN
JACQUES BOUCARD

Si les grands chantiers Bénéteau et Jeanneau sont en Vendée, la filière nautique la plus complète du littoral se trouve, elle, en Charente-Maritime. Dans un rayon de 20 km autour de La Rochelle, près de cent cinquante industries jeunes et performantes, qui emploient près de deux mille personnes, font de la cité maritime le pôle européen pour la conception, l'équipement et les services à la plaisance.

Le CRAIN
Le Centre de recherche pour l'architecture et l'industrie nautique de Philippe Pallu de La Barrière est né en 1983, au lendemain de l'aventure de *Charente-Maritime*, premier bateau de course sponsorisé par un département. Le CRAIN est le laboratoire de l'industrie nautique tant pour les carènes que pour les matériaux composites.

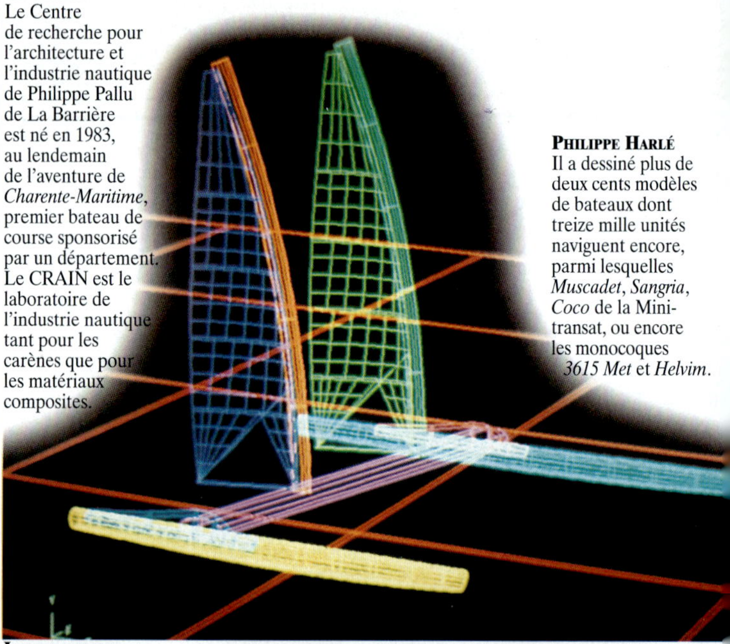

Philippe Harlé
Il a dessiné plus de deux cents modèles de bateaux dont treize mille unités naviguent encore, parmi lesquelles *Muscadet*, *Sangria*, *Coco* de la Mini-transat, ou encore les monocoques *3615 Met* et *Helvim*.

Les pionniers
Quelques hommes restent la mémoire de la plaisance des années 1950 : Henri Amel, qui a dirigé pendant quarante ans, et malgré sa cécité, son chantier de grands voiliers de croisière, tels les *Maramu*, avant de léguer son entreprise à ses ouvriers ; Philippe Harlé, l'architecte à la pipe légendaire (voir ci-dessus) ; Fernand Hervé, à la fois voilier, constructeur et régatier ; Jean-Claude Menu, armateur à la pêche et président de la SRR (Société des régates rochelaises), qui a mis la France sur les rangs de l'Admiral's Cup en 1959, une compétition qui était jusqu'alors une course anglo-américaine ; Michel Dufour (ci-dessus), qui, dans les années 1960, a industrialisé la construction navale avec l'*Arpège*.

«À La Rochelle, pour armer son bateau, il suffit d'un vélo»

Philippe Poupon

Accastillage et armement
Les plus grands façonniers, Harken, Lewmar, Frederiksen, Goiot, ont leur antenne nationale et parfois même européenne à La Rochelle ; il en est de même pour l'électronique ou la sécurité puisque annexes et radeaux de survie Zodiac naissent à Rochefort, à Jonzac et à Chevanceaux.

Mâts et voiles
Avec Jean-Pierre Maréchal, Sparcraft ou Z Spar, mâts en aluminium et en carbone, naissent dans le département. Jean-Pierre Maréchal s'est spécialisé dans les mâts extrêmes : le plus grand mât-aile jamais réalisé, pour *Jet Service*, les trois-mâts du *Ponant* télécommandés... Pour les voileries, Incidence, ex-Voiles-Systèmes, équipe les bateaux de grande croisière et les catamarans et joue la carte de l'innovation pour la compétition ; Bertrand Chéret travaille, lui, sur la monotypie et la petite croisière ; et TDM, à Marans, conserve une clientèle de particuliers.

Des chantiers spécialisés
À part Gibert Marine, à Marans, troisième constructeur généraliste français, les chantiers du département occupent des créneaux très ciblés : catamarans de croisière (Fountaine-Pajot), voiliers de grande croisière (Dufour & Sparks), maxi-yachts de luxe (Constructions industrielles et maritimes de Rochefort), pêche-promenade à moteur (60 % du marché, Ocqueteau ou Guymarine).

Bateaux et chantiers traditionnels
Le *Tofinou* (ci-contre), un dériveur de 7 m créé par Latitude 46, dans l'île de Ré, s'exporte jusqu'au Japon. Soubise Challengers produit l'*Alcyon*, un croiseur au pont en teck et acajou, doté d'un revêtement cuir dans la cabine, tandis que le chantier Moinard, à La Rochelle, continue à fabriquer ses *Requins*.

La matière grise
La matière grise reste la force de frappe de La Rochelle : le tandem Joubert-Nivelt (14 000 bateaux à voiles et à moteurs sur leurs plans et 22 000 planches) ; Philippe Briand, le père des *Corum* qui ont emporté pour la première fois l'Admiral's Cup en 1991, mais aussi de *Ville-de-Paris* pour la coupe America ; Marc Lombard, architecte de *Lada Poch*, de *Crédit-Agricole* ou de *Charente-Maritime* ; Jean Berret, qui, associé à Philippe Starck, a dessiné la série des *First S* de Bénéteau ou le dernier monocoque de la Rochelaise Isabelle Autissier ; Alain Mortain et Yannis Mavrikios, les successeurs de Philippe Harlé ; sans oublier le CRAIN.

Des manifestations nautiques réputées
Le Grand Pavois, (première quinzaine de septembre) premier salon à flot de France (360 exposants, 500 bateaux et 70 000 visiteurs) a fêté ses vingt ans en 1992, tandis que le Festival du film de voile réunit les amateurs d'images de mer et d'aventures océanes. La Semaine de La Rochelle connaît son temps fort dans le tour de l'île de Ré.

À l'abri des îles de Ré et d'Oléron, les pertuis – du latin *perthus* («porte») –, sorte de mers intérieures, ont favorisé le développement du bornage (transport par mer) et de la pêche. Avec le commerce du sel, des eaux-de-vie et des pierres de Saintonge, l'intense activité du port de La Rochelle et, à partir du XVIIe siècle, la création de l'arsenal de Rochefort, bricks, goélettes, sloop à hunier, gabares et dundees sillonnèrent les pertuis.

LES PILOTES
Ces bateaux, robustes et faciles à manier, devaient, par tous les temps, aider les navires de commerce à entrer au port. Le pilote ci-contre est caractéristique avec sa voilure ornée d'une encre peinte. Les lettres IR et le numéro peints sur la coque affichent son appartenance au quartier maritime de l'île de Ré.

BRICKS ET GOÉLETTES
Goélettes, bricks-goélettes de transport ou de pêche parcouraient le littoral atlantique. Puissants, ces bateaux assuraient des liaisons entre les grands ports et les îles, et partaient pour des campagnes de pêche sur les bancs de Terre-Neuve. Les diverses voiles d'avant et les voiles carrées participaient à l'élégance de leur silhouette qui a marqué bon nombre de générations de marins et de voyageurs...

DANS LE PORT DE LA ROCHELLE
Dans le bassin du vieux port, deux grands bateaux font escale. Au premier plan, un sloop à hunier de Charente, reconnaissable à ses grandes vergues dans la mâture, qui peuvent prendre le vent en hauteur dans la rivière. Au deuxième plan, une goélette de pêche.

Dans les pertuis, la conchyliculture (culture des coquillages) est particulièrement active : la mytiliculture (culture des moules) dans le pertuis Breton, notamment en baie de l'Aiguillon ; l'ostréiculture (culture des huîtres) entre Charente et Seudre, à l'abri de l'île d'Oléron. Ces diverses activités ont chacune engendré des bateaux spécifiques.

Les acons ■ *42*
Le mytiliculteur, qui utilise l'acon en complément de la plate ● *59*, le propulse sur la vase avec le pied. À flot, il grée une petite voile ou utilise une perche. Cette embarcation est aujourd'hui construite en polyester ou en aluminium.

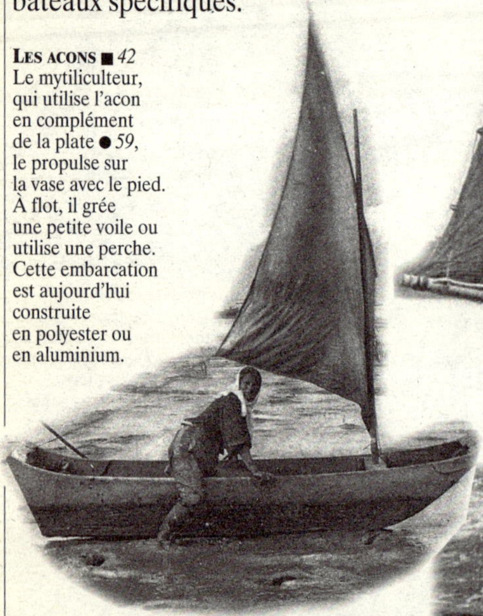

Les bateaux conchylicoles ■ *42*
Hier en bois, aujourd'hui en aluminium et polyester, les bateaux conchylicoles ont évolué jusqu'à devenir de véritables ateliers flottants, voire amphibies.

Les sloops
L'introduction de la dérive pivotante sur les sloops de pêche, à la fin du XIXe siècle, va accroître les zones d'exploitation de ces navires. Plus larges que ces derniers, les sloops ostréicoles possèdent parfois un pavois amovible, qui facilite le chargement des huîtres. Une embarcation annexe – yole, lasse ou couralin – l'accompagne sur les parcs. Ces bateaux fins et élégants sont agrémentés de détails soignés : avant à guibre ou bec de canne, arrière élancé en «cul de poule».

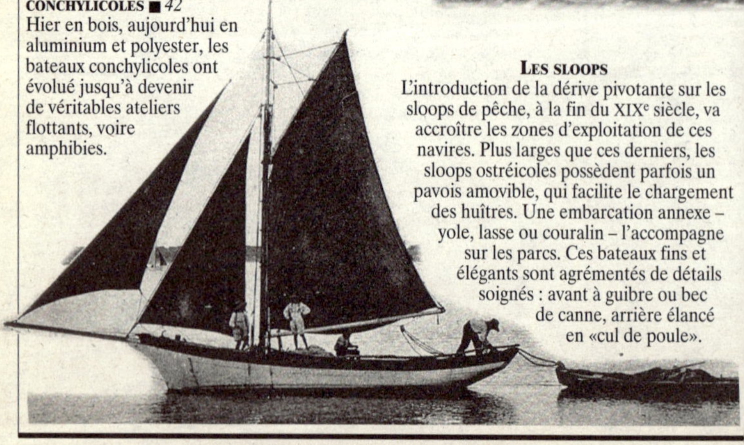

Régates
Comme l'attestent cette vue des régates de Saint-Trojan et ce petit sloop naviguant par bonne brise, les constructeurs s'affrontent régulièrement l'été dans des parcours où longueur, poids et surface de voilure sont bien définis.

La chaloupe
Armée au thon l'été et à la pêche au chalut l'hiver, la chaloupe est caractérisée par son arrière rond, ses formes très marquées et son gréement au tiers.

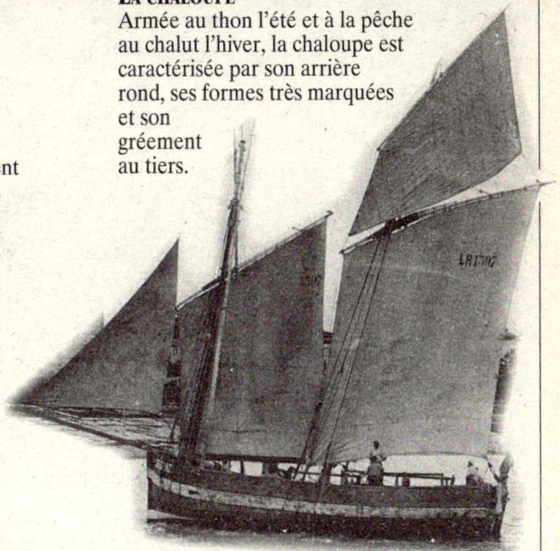

Barque de pêche ou de plaisance
Sur une coque construite dans la région peuvent s'adapter des voilures diverses selon que l'embarcation est destinée à naviguer ou à pêcher, dans les pertuis ou au large. Ainsi la voilure de ce petit bateau à voûte arrière est-elle divisée – foc et trinquette avant, grand voile surmontée d'une flèche et tape cul arrière – pour lui permettre de pêcher au large et de naviguer en sécurité avec un équipage réduit.

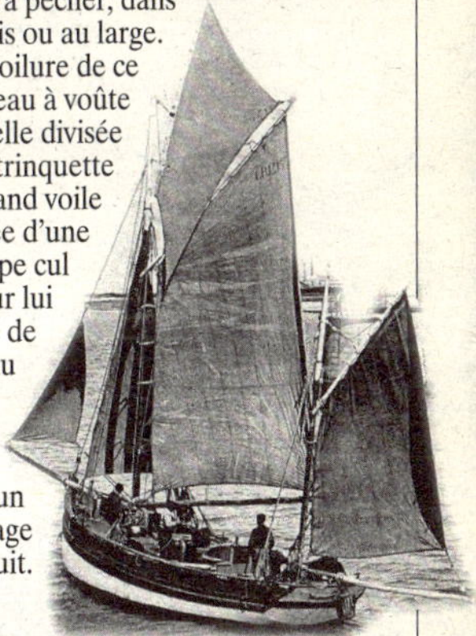

Plate à dérive, pinasse ou lasse
Ces dériveurs longs de 6 à 8 m présentent un arrière à tableau et sont fortement toilés.
Leur fond plat leur permet d'échouer droit et leur franc bord peu élevé facilite le chargement.
Des régates étaient régulièrement organisées ; le prix remporté profitait au chantier de construction.

FÈVES DE MARANS
Au printemps, sur tous les marchés charentais, on trouve de jeunes fèves vertes et tendres, que l'on déguste crues accompagnées de pain et de beurre. Les fèves contiennent beaucoup de vitamines ; les meilleures sont celles qui poussent dans les marais salants ou entre les claires de Seudre et d'Oléron.

PÉTONCLES
Ces coquillages qui ont la forme d'une petite coquille Saint-Jacques, se trouvent en abondance dans les pertuis d'Antioche et Breton.

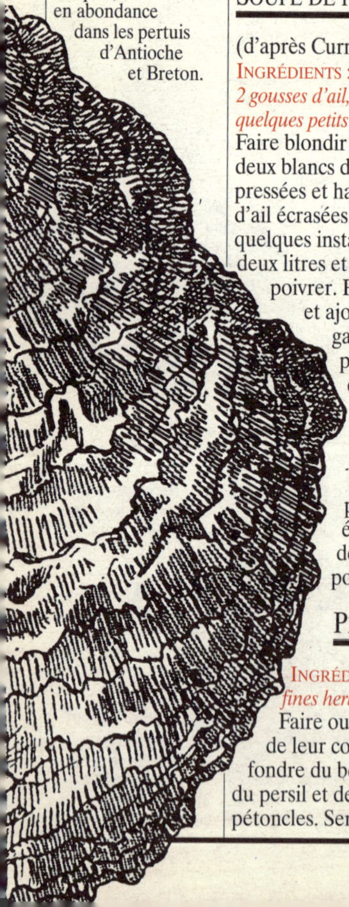

SOUPES AUX FÈVES

(recette du grand maître queux A. Colombié.)
INGRÉDIENTS *(pour six personnes) : 1,5 kg de fèves de marais, 10 g de cerfeuil, 40 g d'oseille, 50 g de beurre, 2 l d'eau filtrée.*
Mettre deux litres d'eau dans une casserole et porter à ébullition à feu doux. Écosser les fèves et les débarrasser de la peau qui les enveloppe. Les jeter dans l'eau bouillante avec 20 g de sel. Laisser cuire dix minutes. Tailler des tranches de pain dans une soupière, éplucher l'oseille et le cerfeuil, les couper fin sur les tailles de pain, ajouter le beurre, verser dessus le bouillon dans une passoire et presser les fèves avec un champignon de bois. Goûter pour le sel et servir de suite.

SOUPE DE POISSONS À LA ROCHELAISE

(d'après Curnonsky.)
INGRÉDIENTS : *1 gros oignon, 2 blancs de poireau, 4 tomates, 2 gousses d'ail, 1 kg de petits poissons, 1 queue de congre, quelques petits crabes, 15 moules, 175 g de gros vermicelle.*
Faire blondir à l'huile un gros oignon de Nieul-sur-Mer et les deux blancs de poireau émincés, ajouter les quatre tomates pressées et hachées et les deux gousses d'ail écrasées. Laisser fondre quelques instants. Mouiller de deux litres et demi d'eau, saler, poivrer. Porter à ébullition et ajouter un bouquet garni, 1 kg de petits poissons de l'Océan, quelques tronçons de queue de congre, quelques petits crabes et une quinzaine de moules. Laisser cuire très vivement pendant vingt minutes, puis passer au tamis en foulant légèrement les morceaux de poissons pour en obtenir tout le suc. Remettre à ébullition le bouillon ainsi obtenu, y verser 175 g de gros vermicelle par litre de bouillon et faire pocher doucement pendant vingt minutes.

PÉTONCLES AUX FINES HERBES

INGRÉDIENTS : *pétoncles, beurre, échalotes, persil, fines herbes.*
Faire ouvrir à feu doux les pétoncles et les sortir de leur coquilles. Dans une autre casserole, faire fondre du beurre avec des échalotes hachées très fin, du persil et des fines herbes. Bien mélanger avec les pétoncles. Servir très chaud.

«Fin bets de Paris, mais pour la goule, les Charentais creugnant peursoune»

Clams farcis

Ingrédients : *petits clams, vin blanc, bouquet garni, beurre, ail, persil.*

Les clams importés, après un séjour dans les eaux de la Seudre ou, mieux, en claire, prennent une qualité très supérieure : le mollusque grossit, verdit et acquiert un goût plus fin. Ils peuvent se déguster crus ou se préparer comme les palourdes. On les fera alors ouvrir à feu doux dans du vin blanc sec avec le bouquet garni. On enlevera ensuite une coquille et mettra une noix de beurre d'escargots dans l'autre (beurre manié avec persil et ail hachés très fins). On fera chauffer sur un plat à escargots et on servira très chaud.

Clams

Importés des États-Unis, ils ne se développent bien en France que dans les eaux de la Seudre.

Couteaux

Ingrédients : *couteaux, beurre, huile.*

Si les couteaux sont petits, on peut les faire griller et les servir avec du beurre des Charentes. S'ils sont très gros, on les fera gratiner (les ouvrir, les hacher fin et les passer à la poêle dans un mélange moitié beurre et moitié huile).

Pibales en friture

Ingrédients : *pibales, huile, persil, ail, sel, vinaigre.*

Faire tremper les pibales pendant quatre heures dans de l'eau salée, vinaigrée, en la changeant toutes les heures, pour débarrasser les coquillages de la bave dont ils se nourrissent. Égoutter ensuite soigneusement les pibales et les sécher sur un linge avant de les plonger dans l'huile fumante, dont on les sortira quand elles seront blondes. Les mettre alors dans une casserole en terre avec de l'ail et du persil haché. Puis les passer au four pendant dix minutes. Servir très chaud.

Huîtres farcies

Ingrédients : *grosses portugaises, beurre, ail et persil.*

Pour ouvrir ces huîtres, très difficiles à ouvrir de la manière traditionnelle, on les placera sur un gril ou sur une plaque posée ; on les y laissera chauffer avant d'y adjoindre du beurre manié avec ail (ou échalote) et persil hachés très fins. Servir très chaud, sans attendre.

Les huîtres

Ne jamais déguster les huîtres sortant de l'eau mais attendre quatre ou cinq jours : le jus de l'huître aura acquis une saveur plus fine. Ne pas servir les huîtres sur de la glace : cela leur enlève toute leur saveur. Avec ce coquillage servir des saucisses au vin blanc grillées et déguster de la manière suivante : gober une huître, manger une bouchée de pain beurré, puis une bouchée de saucisse, et une gorgée de vin blanc sec de sable.

Prime du diable

Ingrédients : *gros sel marin, pommes de terre nouvelles.*

Cette recette réthaise est tricentenaire. On trouve même encore à Saint-Martin d'authentiques pots de terre que l'on appelle diables. Y mettre une bonne couche de gros sel marin puis des pommes de terre nouvelles et les cuire sans eau. C'est délicieux.

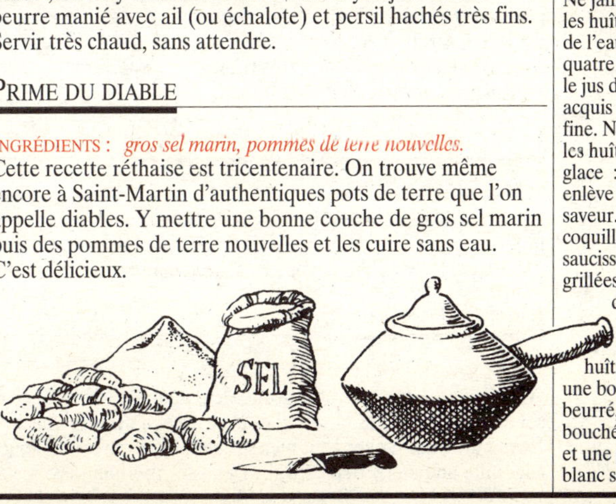

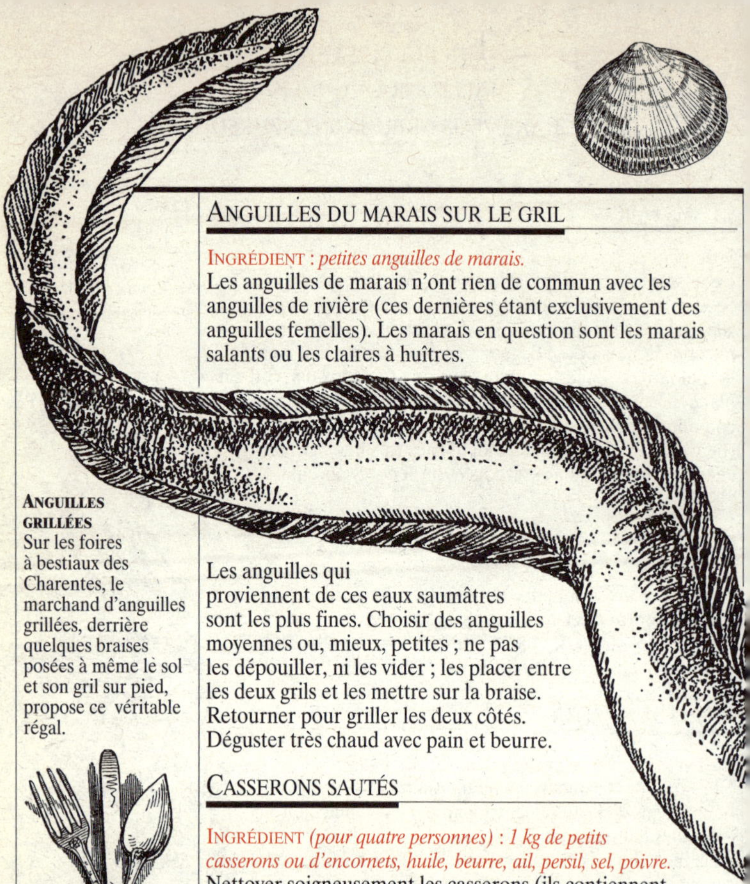

Anguilles du marais sur le gril

INGRÉDIENT : *petites anguilles de marais.*

Les anguilles de marais n'ont rien de commun avec les anguilles de rivière (ces dernières étant exclusivement des anguilles femelles). Les marais en question sont les marais salants ou les claires à huîtres. Les anguilles qui proviennent de ces eaux saumâtres sont les plus fines. Choisir des anguilles moyennes ou, mieux, petites ; ne pas les dépouiller, ni les vider ; les placer entre les deux grils et les mettre sur la braise. Retourner pour griller les deux côtés. Déguster très chaud avec pain et beurre.

Casserons sautés

INGRÉDIENT *(pour quatre personnes) : 1 kg de petits casserons ou d'encornets, huile, beurre, ail, persil, sel, poivre.*

Nettoyer soigneusement les casserons (ils contiennent souvent du sable). Mettre dans une poêle un mélange d'huile et de beurre ; faire sauter les poissons jusqu'à ce qu'ils soient blonds. Ils doivent cuire longtemps à feu doux. Dix minutes avant de retirer les poissons, ajouter un hachis de persil et d'ail, saler et poivrer. Quand le tout est bien doré, servir très chaud.

Céteaux

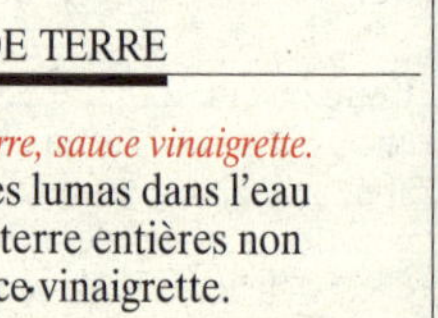

La consommation de cette spécialité charentaise est limitée aux ports de pêche de la région : leur conservation difficile interdit de les transporter. Ils doivent être consommés très frais. On les prépare frits ou en meunière.

Lumas bouillis aux pommes de terre

INGRÉDIENTS : *lumas, sel, pommes de terre, sauce vinaigrette.*

Après les avoir nettoyés, faire cuire les lumas dans l'eau bouillante salée avec des pommes de terre entières non épluchées. Servir chaud avec une sauce vinaigrette.

Cagouilles grillées

INGRÉDIENTS : *cagouilles, persil, beurre.*

Après avoir fait jeûner et dégorger les cagouilles dans du gros sel et du vinaigre, les faire griller avec un peu de persil haché finement. Quand elles sont bien grillées, ajouter dans chaque cagouille un peu de beurre frais. Déguster très chaudes.

ANGUILLES GRILLÉES
Sur les foires à bestiaux des Charentes, le marchand d'anguilles grillées, derrière quelques braises posées à même le sol et son gril sur pied, propose ce véritable régal.

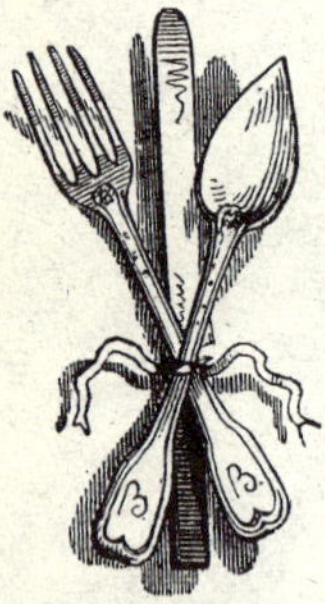

CASSERONS OU PETITES SEICHES
On appelle les gens d'Ars-en-Ré des casserons à cause de la quantité de ces petites seiches que l'on pêche dans la région. Autrefois, à Ars, on les faisait sécher sous la cendre et on les conservait bien «matrés», comme des jambons, c'est-à-dire bien pressés.

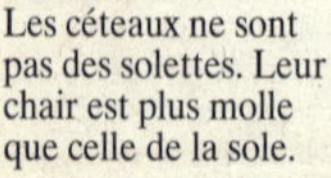

CÉTEAUX
Les céteaux ne sont pas des solettes. Leur chair est plus molle que celle de la sole.

PALOURDE
Ce délicieux coquillage, pêché sur presque toutes les côtes charentaises, se déguste cru ou farci avec beurre, ail et persil.

MONJHETTES PIATES À LA SAINTONGEAISE

INGRÉDIENTS : *monjhettes plates, beurre, oignons, ail, bouquet garni, carottes, sel.*
Si les monjhettes ne sont pas fraîches (en hiver, par exemple), les faire tremper pendant plusieurs heures dans l'eau froide. Égoutter. Mettre du beurre dans une casserole et faire revenir les monjhettes, sans eau, sur feu doux. Les couvrir à peine d'eau très chaude, et, à ébullition, ajouter quelques oignons, deux gousses d'ail, un bouquet garni, des carottes coupées en rondelles. Couvrir et faire cuire à feu doux durant trois heures. Saler seulement au milieu de la cuisson. Mouiller avec de l'eau bouillante au fur et à mesure que l'eau s'évapore.

❝O vous a-t-in
]bouquet qui fait
]d'au même cot
O vous fiate la narine
]ncore mé qu'le
j]habot
Et thieu là qui, avant
]d'se l'foutre dans
]l'avaloère
Se le saque pas sous
]l'nez, est pas digne
]d'en boère.❞
Jhavasse

MOULES À LA ROCHELAISE

INGRÉDIENTS : *moules, vin blanc, échalotes, ciboulette, céleri, champignons, beurre, poivre, muscade, mie de pain.*
Faire ouvrir de grosses moules dans du vin blanc accompagné d'échalotes, de ciboulette, de céleri et de champignons hachés, de beurre, de poivre et d'une pointe de muscade. Les ranger dans un plat en retirant une coquille à chaque moule. Faire réduire des trois quarts, lier le mélange avec de la mie de pain fraîche et en napper les moules. Faire gratiner.

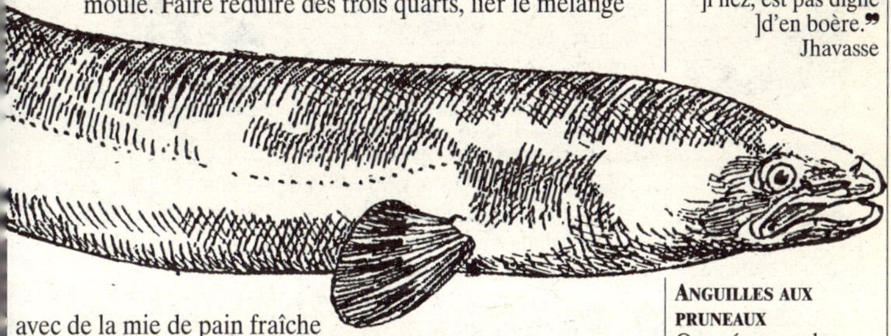

CHAUDRÉE CHARENTAISE

INGRÉDIENTS : *blancs de seiche, beurre, ail, oignons, vin blanc sec, raiteaux, anguilles, turbots, grosses soles, sel, poivre, croûtons frits.*
Après avoir lavé les blancs de seiche, les faire suer pendant une demi-heure à petit feu, en couvrant. Faire revenir à part, dans du beurre, une dizaine de gousses d'ail entières avec trois petits oignons coupés en tranches. Lorsque ce mélange est blond, ajouter les blancs de seiche et remuer pendant dix à quinze minutes. Ajouter deux verres de vin blanc sec et de l'eau. Laisser cuire le tout une heure à petit feu en couvrant. Ajouter ensuite le poisson, en commençant par les espèces demandant la plus longue cuisson. Saler et poivrer et servir dans le plat où vous aurez cuisiné, avec croûtons frits.

ANGUILLES AUX PRUNEAUX
On préparera des tronçons de grosses anguilles, vidées et dépouillées dans une sauce au vin rouge, légèrement liée avec un peu de farine, et des pruneaux.

LA CHAUDRÉE
La chaudrée est aux Charentes ce qu'est la bouillabaisse à la Provence. Les diverses recettes sont autant de variantes correspondant aux lieux où on les prépare. La base de la chaudrée est le blanc de seiche.

L'ESCLADE
Cette très ancienne recette est toujours pratiquée dans la presqu'île d'Arvert. C'est la meilleure façon de déguster et d'apprécier les moules sans aucune addition de condiments. Préparée directement sur une planche, c'est la «fumée». Si, pour faciliter le rangement des moules, on met sur la planche une couche de terre glaise ou d'argile, c'est la «térée».

LA MOULE
La légende attribue à un marin irlandais dénommé Walton la création, au Moyen Âge, des premiers bouchots. Échoué sur la côte, non loin de Charron, à la suite d'un naufrage, Walton installa, sur le rivage, des filets tendus sur des piquets de bois pour y attraper les oiseaux dont il se nourrissait. Il constata que les moules qui s'y fixaient se développaient rapidement. Avec ces premiers bouchots, la mytiliculture était née.

L'ESCLADE

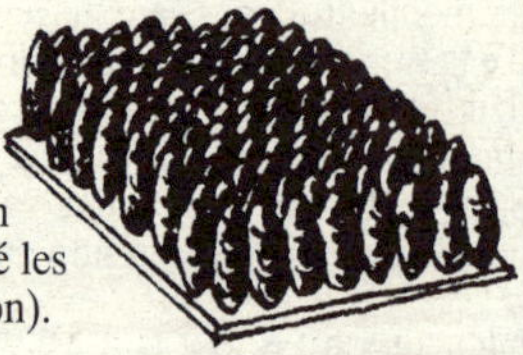

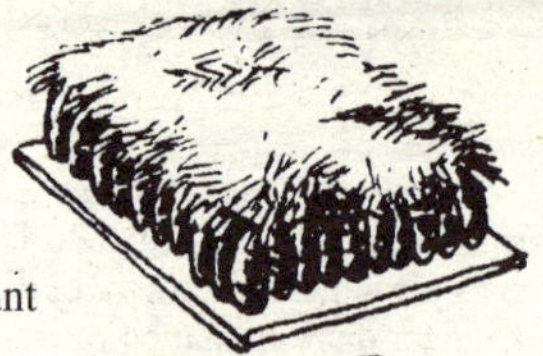

Le rangement des moules est assez délicat. Placer d'abord quatre moules en croix au milieu d'une planche, puis, en partant de ces quatre moules, déposer les suivantes en tournant. Pour que les moules ne puissent s'ouvrir, les placer la pointe en l'air, en serrant la disposition. Il faudra avoir, bien entendu, préalablement nettoyé les coquilles (le byssus est un poison). Sur cette préparation, on placera une couche épaisse de barbes (aiguilles) de pins, que l'on enflammmera. Quand toutes les barbes seront brûlées, chasser les cendres en éventant avec un papier ou un carton. Déguster très chaud avec pain et beurre. On ne peut préparer ce plat que dehors, souvent au cours d'un pique-nique sur la plage. Certains, pour éviter l'excès de cendres sur les moules, placent de belles feuilles vertes de figuier entre les coquyillages et les barbes de pins. Dans ce cas, il faut les cuire plus longtemps, en ajoutant des barbes au cours de la cuisson. Les feuilles de figuier donnent aussi une saveur différente.

PÉTONCLES SUR LE GRILL

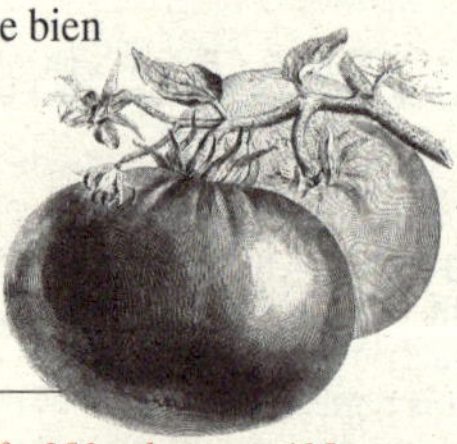

Placer les pétoncles sur une plaque bien chaude. Lorsqu'ils s'ouvrent, les retourner et les laisser bien cuire (ils ne doivent plus contenir d'eau en fin de cuisson). Les déguster avec pain, beurre et vin blanc.

GALETTE CHARENTAISE

INGRÉDIENTS : *500 g de farine, 4 œufs, 250 g de sucre, 125 g de beurre, sel, sucre vanillé, 1 paquet de levure.*

La galette charentaise est peut-être le plus célèbre des gâteaux charentais, parce qu'il a été commercialisé à grande échelle. On le déguste à toute heure, aussi bien à l'apéritif, avec le pineau, qu'avec le café, ou dans l'après-midi. Une vraie cuisinière charentaise la prépare en un quart d'heure. Battre longuement les œufs et le sucre. Ajouter la farine, puis le beurre légèrement ramolli. Bien travailler le tout. Mettre la pâte dans une tourtière pour que la galette soit mince. Saupoudrer de sucre cristallisé et mettre au four assez chaud.

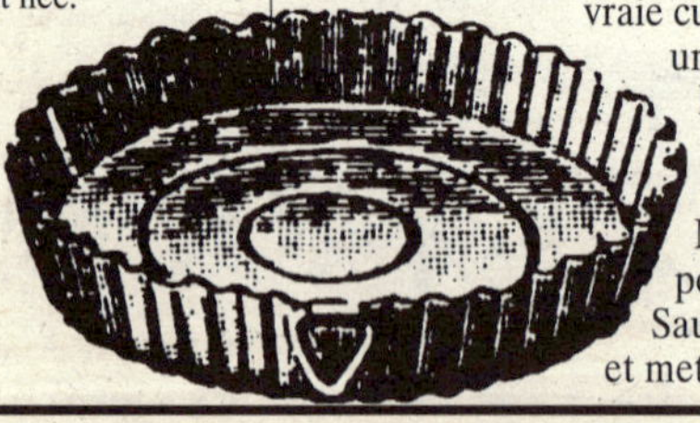

SEL DE L'ÎLE DE RÉ
Longtemps source de richesse pour l'Aunis ● *25*, *68*, le sel est encore récolté de manière traditionnelle dans les marais salants de l'île ▲ *175*.

POMMES DE TERRE PRIMEURS RÉTAISES
Elles sont à déguster cuites à l'eau, avec du sel et du beurre.

MOULES DE BOUCHOT
Elles sont cultivées sur les bouchots ■ *42*, pieux de bois plantés en mer, notamment dans la baie de l'Aiguillon ▲ *194*.

HUÎTRES DE MARENNES-OLÉRON
Le bassin Marennes-Oléron est le plus important lieu de production d'huîtres en France ■ *42*, ▲ *255*.

JONCHÉE
Le fromage frais sur joncs provient de la région de Rochefort.

CRÉPINETTE
Cette savoureuse saucisse est servie en alternance, avec des huîtres, du pain beurré et du vin blanc : le goût de chaque huître ressort ainsi avec subtilité.

GALETTE CHARENTAISE
Ce gâteau, qui se déguste sec ou moelleux selon les cuisinières et la durée de cuisson, est aujourd'hui largement commercialisé.

MONJHETTES
Une des spécialités du Marais poitevin ▲ *193*, les monjhettes, des haricots blancs, doivent être *piates* («plates») pour être de qualité.

VINS, PINEAU ET COGNAC
La région offre ses vins de l'île de Ré, son pineau (mélange de jus de raisin des Charentes et de cognac) blanc, rouge ou rosé, à déguster frais et son cognac vieilli en fûts de chêne...

La mouclade est une recette traditionnelle typiquement charentaise, particulièrement savoureuse. Les variantes sont nombreuses ; certains l'assaisonnent avec du curry, d'autres préfèrent le safran, d'autres encore ajoutent à la préparation un verre de pineau. Quoi qu'il en soit, la base de la recette reste la même.

1. Choisir de grosses moules. Les gratter (enlever le bissus) et les laver.

2. Les faire ouvrir très rapidement, sur feu vif, de préférence en plusieurs fois, avec bouquet garni et vin blanc. Filtrer et garder le jus.

5. Faire blondir les oignons, à feu très doux, et ajouter la farine.

6. Remuer jusqu'à obtenir une grosse boule au fond de la casserole.

9. Ajouter une gousse d'ail hachée, saupoudrer de safran.

10. Lier à feu très doux sans cesser de remuer, en évitant l'ébullition

USTENSILES :
1 grande casserole, 1 cocotte, 1 jatte, 1 cuillère en bois, 1 passoire fine.

INGRÉDIENTS POUR 4 PERSONNES :
2 kg de moules, 4 oignons, 1 cuillère à soupe de farine, 100 g de crème fraîche, 3 jaunes d'œuf, vin blanc, bouquet garni, beurre, poivre, ail, safran.
Facultatif : 1 verre de lait, 1 verre de pineau.

3. Enlever une coquille à chaque moule et placer les mollusques dans une cocotte à couvercle (une câline).

4. Éplucher les oignons et les couper très finement.

7. Mouiller le roux blanc avec le jus des moules et, au besoin, ajouter du lait.

8. Délayer dans une jatte la crème fraîche avec les jaunes d'œuf.

11. Verser soigneusement les moules dans la préparation et passer quelques minutes à four très chaud.

LE TRAVAIL DES SAUNIERS

Lentement, alluvionnement intense et abandon de l'entretien ont transformé en polders les milliers d'hectares gagnés sur la mer et utilisés en marais salants. En Charente-Maritime, seuls une trentaine de sauniers, sur l'île de Ré, exploitent encore, de façon traditionnelle, des installations qui trouvent leur origine au début du Moyen Âge.

LES OUTILS
L'exploitation des marais salants nécessite des instruments spécifiques, en bois, aux formes immuables depuis le Moyen Âge : simoussi, souvron, boguette...

STOCKER LE SEL
Dès 1910, les sauniers s'organisent en comités. La charrette permet de transporter le sel jusqu'aux hangars où il attendra d'être vendu.

TIRER LE SEL
Muni de son simoussi, instrument au long manche en frêne, le saunier tire le sel. Sa longue expérience lui permet de s'acquitter de cette opération délicate. Il lui faut d'abord abattre le voile de sel en surface (le viau), puis ramener les cristaux, sans accrocher l'argile du fond de l'aire saunante.

La fin de l'été approche et, sous un soleil ardent, hommes et femmes, nu-pieds, tirent le sel qu'un saunier charroie à dos d'homme, en des allers-retours incessants, jusqu'au tasselier.

Le transport par bateau
Jusqu'au milieu du XIXe siècle, le sel marin sera transporté par bateau. Les petites goélettes remontent les chenaux des marais, qui assèchent à marée basse. Le chargement s'effectue, alors, à l'aide de basses (récipients cylindriques) convoyées par de petits chevaux depuis le tasselier. Au point d'embarquement, on effectue le transbordement à la main, sous la surveillance d'un douanier qui vérifie le poids livré.

Un produit noble
Indispensable à la vie, riche en oligo-éléments, le sel marin reste pourtant un produit banalisé de consommation courante.

Égoutter le sel
C'est la femme qui forme de petits pilots, parfaitement alignés, pour que le sel s'égoutte avant son transport au tasselier.

Les droits du sel
Source de droits importants pour le roi, puis la République, le sel est particulièrement contrôlé et les contrevenants sévèrement sanctionnés. En 1819, Jeanne Massé, veuve et mendiante, est condamnée à 100 F d'amende (50 000 F actuels) pour vol d'une poignée de sel. De petites cabanes pour les douaniers, les loges (ci-dessus), facilitaient la surveillance.

Habituées depuis leur plus jeune âge à vivre avec et de l'Océan, les populations côtières avaient une connaissance intime de leur milieu. Véritables paysans de la mer, elles en exploitaient les ressources et assuraient leur subsistance, prenant soin de préserver les grands équilibres écologiques. Pendant des siècles, poissons et coquillages, capturés à l'aide de pièges ingénieux, parfois monumentaux (en pierres : les écluses, en bois : les bouchots, en filets : les verveux), ou simplement ramassés à marée basse, ont fourni la majeure partie de l'alimentation, évitant les famines si fréquentes jusqu'au XIXe siècle.

PARTIR À LA PÊCHE
Les vrais pêcheurs, surtout dans les îles, dès que les coefficients de marée le permettent, se rendent sur l'estran. La femme ramasse plutôt les coquillages (palourdes, coques, huîtres...), pêche parfois les soles ; l'homme, les poissons plus gros, de jour comme de nuit.

Gourbeuille (panier à dos), épée (ou sabre) et treilla (filet à manches indépendants) restent les instruments traditionnels du pêcheur à pied. La nuit, un fanal à carbure (de calcium) permet, par tout temps, de repérer le poisson : un coup d'épée bien porté derrière la tête arrêtera sa nage.

❝Des demoiselles troussées jusqu'à mi-cuisses et même plus haut [...] pêchant des boucs.❞

Sainton, douanier, 1840.

LA PÊCHE À PIED
La nuit, à marée basse, le poisson vient plus facilement chasser près du rivage. Aussi les pêches nocturnes étaient-elles particulièrement nombreuses : dans les écluses – ces grands pièges en pierres de plusieurs centaines de mètres ● *52* –, à la pigouille (sorte de trident) pour la sole, à l'épée pour le meuille (le mulet) ou la loubine (le bar) et, bien sûr, avec l'aide de filets fixes (les rets) ou non (les seines). Si l'on y ajoute le ramassage du varechet et les inévitables quêtes de toute épave dérivante, il y avait toujours quelqu'un la nuit sur les grèves.

LE CONGRE
La pêche au congre se fait par marées de forts coefficients. Blotti au fond de son trou, il faut le travailler longuement avec une pigouille avant d'espérer le sortir.

LA CREVETTE
Munie de sa treille (ou haveneau), cette jeune femme va pêcher la petite crevette (le bouc), à marée basse, l'été, sur les larges platins de sable fin, plus rarement sur les rochers plats. Les marées de début de nuit, en septembre, permettent souvent des pêches spectaculaires. Pour la crevette rose (le bouquet), plus cotée, qui vit sous les rochers, on utilise un filet circulaire appelé balance.

Introduit en Europe en 1860, le phylloxéra ravage les vignobles de Charente-Inférieure à partir de 1877. En Aunis, les exploitants se tournent alors vers la culture fourragère, l'élevage bovin et la production laitière. En un peu plus d'un siècle, de la première laiterie coopérative en 1888, qui comptait douze adhérents, au milliard de litres de lait traités par an aujourd'hui, l'industrie laitière a donné une nouvelle identité à la région.

Le ramasseur de lait, parti à l'aube sur sa charrette pour faire le tour des producteurs, devait livrer sa cargaison avant midi, pour éviter que le lait ne tournât...

EUGÈNE BIRAUD
Ce cultivateur de Chaillé (près de Surgères) a créé, en 1888, la première laiterie coopérative.

L'appellation d'origine contrôlée «beurre de Charentes-Poitou», mise en place en 1980, est la première AOC en France pour le beurre.

LE PHYLLOXÉRA DE LA VIGNE
Ce minuscule puceron est orignaire d'Amérique du Nord, où il se développait sur des vignes sauvages.

DE CHAILLÉ À PARIS EN 1888
Le transport du beurre jusqu'à la gare voisine se fait en brouette... La première expédition pour Paris compte trois mottes de beurre !

Architecture

Jeanne Bernard-Grit
Frédéric Chasseboeuf
Françoise Doutreuwe
Pierre Dubourg-Noves
Nicolas Faucherre
Jacqueline Fortin

En Aunis, l'érection de fortifications est liée à la protection des ports et des estuaires, tandis que les communautés proches du littoral fortifient leurs églises pour se garder des pilleurs venus de la mer. Les forteresses privées évoluent entre le XIIe et le XIIIe siècles, depuis les donjons romans à contreforts caractéristiques de l'occupation anglaise, jusqu'aux châteaux de plan circulaire sans donjon. L'adaptation à l'artillerie, après 1475, se manifeste surtout par le percement de canonnières, tandis que les préoccupations de confort deviennent prépondérantes.

UNE ÉGLISE FORTIFIÉE ▲ *195*
Dans la baie de l'Aiguillon, près de la côte, l'église d'Esnandes a été fortifiée par ses habitants pendant la guerre de Cent Ans. Le portail roman est alors défendu par des mâchicoulis et deux échauguettes, les murs latéraux surélevés et crénelés, tandis que des bretèches sont placées sur les baies.

ÉLÉMENTS DE DÉFENSE
L'épaisseur des murs (3, 85 m) assure la protection passive de la base de l'église, tandis qu'une tour carrée, placée dans l'angle de la façade, permet de voir au loin et de libérer des espaces de silos. Les bretèches sont percées de meurtrières en croix pour l'arbalète.

SURGÈRES ▲ *204*
Les parties ocrées restituent les fortifications disparues.

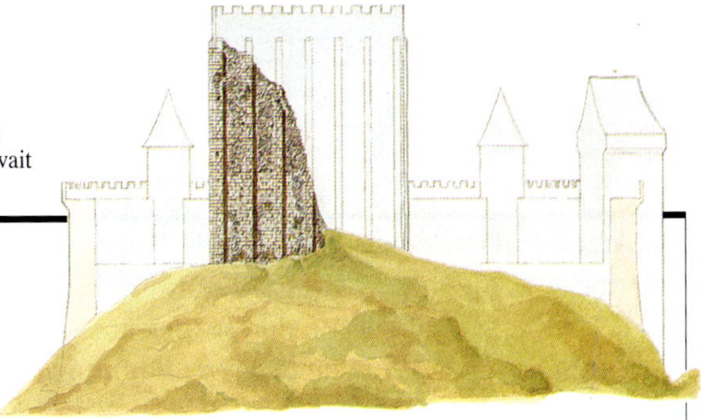

Les éléments en clair restituent la silhouette du château tel qu'il devait se présenter.

Les derniers vestiges d'un château fort
Sur un promontoire jadis baigné par la mer, la tour de Broue ▲ *252* est le donjon d'un ancien château sur motte dont subsistent des portions de l'enceinte et le fossé. La tour, ruinée par Duguesclin en 1372, formait un rectangle de 16 m par 20 m aux murs épais de 2, 50 m raidis par des contreforts plats.

La qualité des aménagements aux étages (latrines isolées, fenêtres et cheminées à colonnettes) désigne la résidence palatiale d'un grand seigneur du XVIe siècle, qui tenait sa richesse des revenus du sel.

À Saint-Jean-d'Angles, une guérite latrine défend le fossé en eau.

Un château fortifié
Château de plaine, en limite de la «mer de Brouage», Saint-Jean-d'Angles ▲ *252* forme une enceinte polygonale sur plan centré, flanquée de tours rondes. Le château entouré d'eau n'a qu'une unique porte piétonne couverte par une tour.

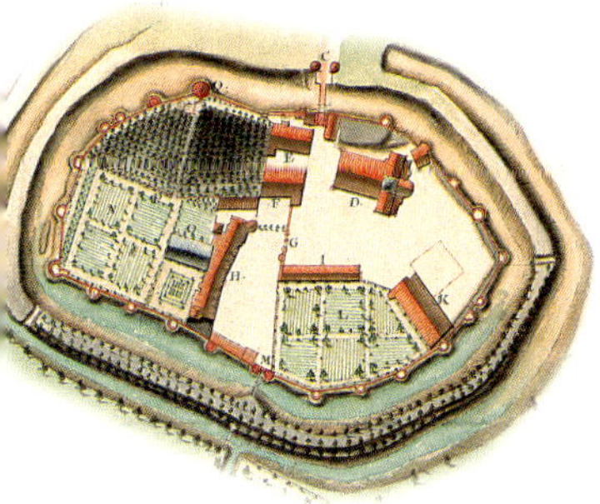

Une ville fortifiée
L'enceinte polygonale de Surgères ▲ *204* (600 m de périmètre) est mise en place au XIVe siècle autour de la motte du château primitif et de l'église romane placée dans la basse cour.
Les murs, réparés vers 1500, sont épais de 4 m ; ils sont précédés d'une vaste douve en eau et flanqués de tours rondes couronnées de mâchicoulis, percés de deux tours-portes carrées avec un pont-levis piétons et charretiers.

En Aunis et dans le pays rochefortais, les reconstructions presque systématiques ont fait disparaître la plupart des hôtels nobles de la seconde moitié du XVe siècle et les témoignages de la Renaissance. En revanche, de nombreux édifices représentent encore les XVIIe et XVIIIe siècles. Après le siège de La Rochelle (1628), la maison noble aunisienne reprend le modèle de la fin du XVIe siècle. De profonds changements marquent l'architecture de la seconde moitié du siècle suivant : les privilèges nobiliaires (tours, pavillons) s'effacent pour faire place à d'élégantes maisons de campagne.

INFLUENCE URBAINE ROCHELAISE
L'hôtel de Clerjotte ▲ *182* fut remanié vers 1600 : deux ailes en retour furent ajoutées, ainsi qu'une tour polygonale contenant un escalier. La porte, encadrée de piliers surmontés de pinacles, avec arc en accolade et profondes moulures, est le principal élément de décor. Les motifs très fouillés tirent leur inspiration de l'art religieux.

Situé autrefois à la sortie de Saint-Martin-de-Ré, l'hôtel de Clerjotte illustre les hôtels nobles de la fin du XVe siècle : simple corps de logis en fond de cour avec tour polygonale d'escalier dans un angle desservant l'étage et haute toiture d'ardoise à deux versants.

DEMEURES FORTIFIÉES
Édifié en pays rochefortais, le logis de la Massonne évoque les maisons nobles élevées pendant les guerres de Religion. Il s'organise de façon dissymétrique à partir d'un angle marqué par un pavillon. Les éléments de fortification (trous de tirs de l'échauguette et bretèches du pavillon) sont plus symboliques qu'efficaces.

Les privilèges de la noblesse
Construit à la fin du XVIe siècle, le château de Lafon ◆ *265* fut modifié après le siège de 1628, lorsqu'on y ajouta la cage d'escalier central. Par la suite, pour des raisons d'économie, on dérasa les toitures des tours et le pavillon central, au profit d'une toiture uniforme de tuiles creuses.

Vers la maison de campagne ◆ *266*
Rebâti à partir de 1753, le château de Cramahé marque une génération d'édifices où le confort l'emporte sur les privilèges de la noblesse comme tours ou pavillons coiffés d'ardoises.

Plans en double profondeur
À gauche, celui du château de Cramahé ; ci-dessous, celui du château de Buzay.

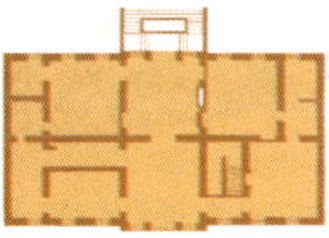

Retour au monumentalisme
Élevé à la périphérie de La Rochelle, entre 1771 et 1775, le château de Buzay ▲ *170*, ◆ *266* évoque la réaction nobiliaire précédant la Révolution : le jeu de volumes des toitures d'ardoise et le monumental pavillon central à toiture à combles brisés avec péristyle à pilastres et colonnes ioniques supportant un fronton triangulaire contribuent à la réhabilitation de l'image du château. Le parc de Buzay est bordé au sud d'un bois destiné à préserver la fraîcheur du site, en été.

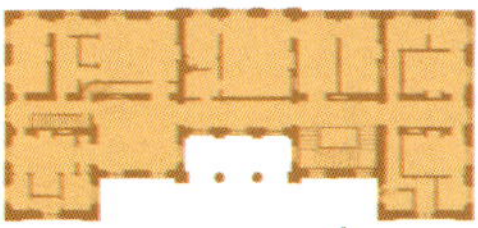

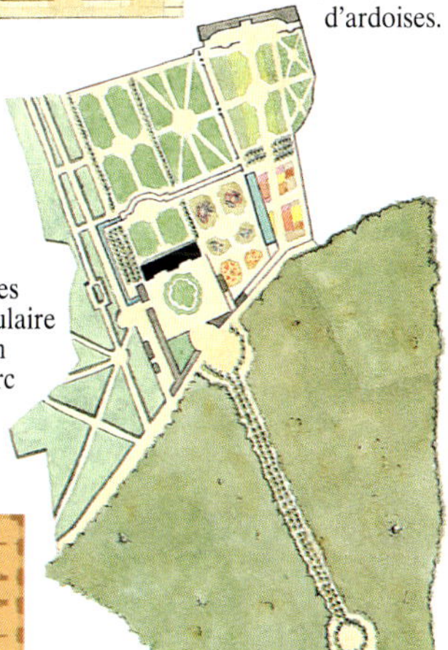

Si un site portuaire a précédé la création de la Rochelle, Rochefort et son arsenal ont été créés *ex nihilo* dans les marais. À partir du XIVe siècle, avec le souci de la défense côtière, les ingénieurs de l'époque se font souvent urbanistes et architectes. L'urbanisme rationalisé du XVIIIe siècle se fait ici peu sentir. L'habitat, étroit et haut à La Rochelle, étendu et bas à Rochefort, caractérise deux types de développement urbain.

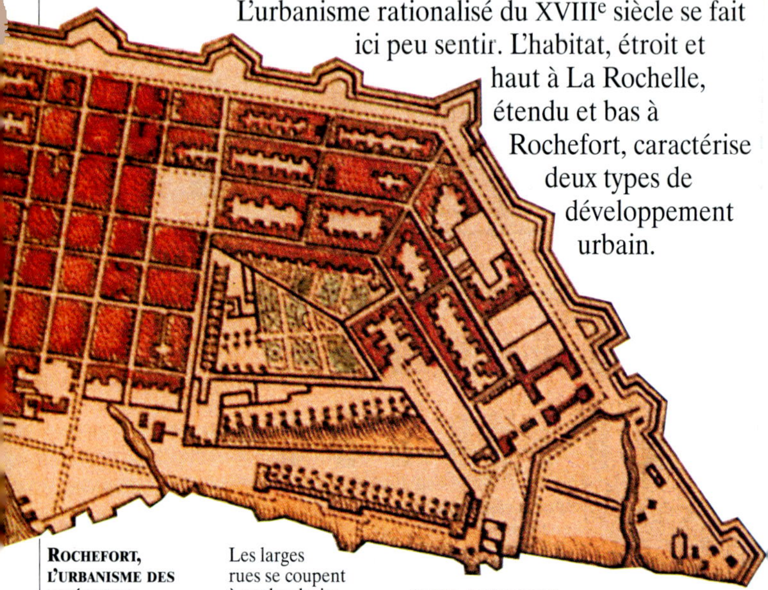

ROCHEFORT, L'URBANISME DES INGÉNIEURS
Fondée en 1666 ▲ *209*, la ville tracée dans le marais devient rapidement un immense chantier. Les larges rues se coupent à angles droits, délimitant des îlots réguliers. Toutes les rues nord-sud mènent à l'arsenal. Vers 1720, les jardins du Roi, au centre, sont ouverts au public. L'obligation de construire en pierre dans l'enceinte de la ville provoque la création d'un vaste faubourg, habité par les moins fortunés.

Le parcellaire initial de Rochefort a été conservé : l'habitation sur rue occupe 7 à 10 m de large pour 30 m de profondeur avec les dépendances en fond de parcelles.

L'IMMEUBLE ROCHEFORTAIS
Sa distribution est spécifique : trois fenêtres sur deux ou trois niveaux ; le couloir dessert une pièce sur rue et parfois sur cour ; l'appentis sur cour est réservé à la cuisine et le bâtiment du fond aux chais.

LES CASERNES
Regroupées aux extrémités de la ville, à proximité de l'arsenal, les casernes sont toutes bâties sur la même trame répétitive, avec quelques variantes.

Les balcons rochefortais
L'exubérance de la ferronnerie caractérise les balcons de Rochefort ; ils enrichissent une modénature assez simple.

Sobriété
La façade en pierre de taille au sobre décor de bandeaux horizontaux et de corniches caractérise la maison rochefortaise, coiffée d'un toit de tuiles canal.

L'urbanisme rochefortais
Sur ordre de l'intendant Bégon ▲ *222*, les immeubles de la nouvelle ville de Rochefort devaient être en pierre de taille et les bâtiments d'angle avoir un étage supplémentaire.

La maison du riche commerçant rochelais
Les riches commerçants ajoutent parfois une ou deux ouvertures de part et d'autre de l'unique fenêtre centrale. La lucarne servait au passage des marchandises stockées dans les combles et des meubles de l'habitation.

La maison type du commerçant rochelais
Au Moyen Âge, la maison se compose, d'une boutique au rez-de-chaussée, surmontée d'une chambre, souvent unique, dotée d'une seule fenêtre, et de combles sous le toit.

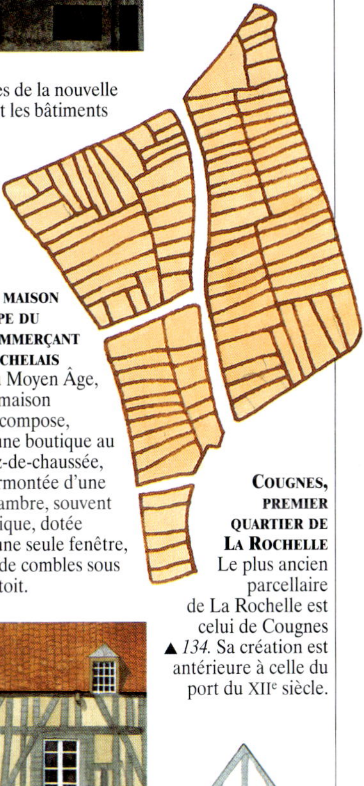

Cougnes, premier quartier de La Rochelle
Le plus ancien parcellaire de La Rochelle est celui de Cougnes ▲ *134*. Sa création est antérieure à celle du port du XIIe siècle.

La maison à pignon du commerçant rochelais
La maison ci-contre (3, rue Pas-du-Minage ▲ *151*), bel exemple de demeure médiévale à trame étroite, possède un pignon sur rue, un signe de prestige recherché par tous les marchands.

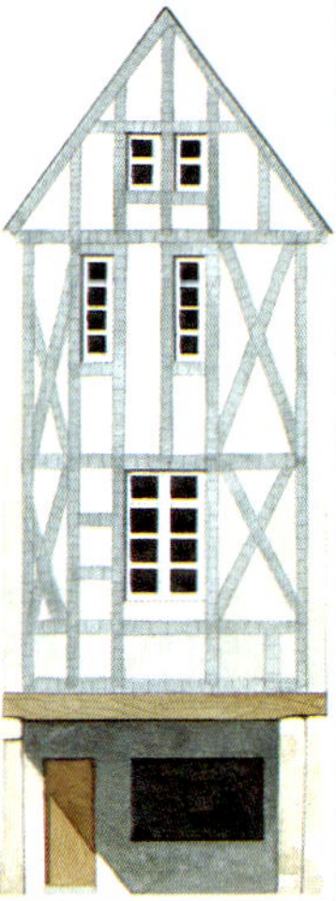

● Architecture urbaine
La Rochelle

Dès le XVIe siècle, le centre médiéval de La Rochell éclate et s'étend avec l'apparition de nouvelles fortifications. Le style initial des maisons de marchands évolue en continuité avec le passé. À partir du XVIIIe siècle, la prospérité économique, liée à l'activité portuairc, va permettre d'apporter d nombreux embellissements (création de places et de promenades et d'engager des travaux de salubrité (déménagement des cimetières, établissement de fontaines), cependant que les plus fortunés des habitants se font construire des hôtels particuliers entre cour et jardin.

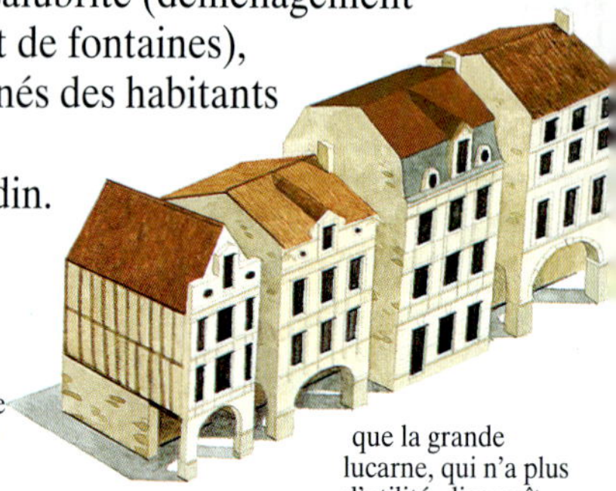

Trois siècles d'évolution
(Ci-contre, de gauche à droite)
Au XVIe-XVIIe siècle, la façade principale en pierre remplace les anciens pans de bois chez les riches bourgeois. Le reste de l'immeuble est encore en bois et torchis. Au XVIIe-XVIIIe siècle, toute la maison est en pierre. Le pignon sur rue disparaît, remplacé par la lucarne centrale. Le rythme ternaire des ouvertures est plus fréquent. L'arcade sur rue, parfois avec entresol, se généralise. À partir du XVIIIe siècle, apparaissent les toits mansardés. La structure du décor, soulignée par un jeu de lignes horizontales, est conservée. Peu à peu, la mansarde est remplacée par un étage attique, tandis que la grande lucarne, qui n'a plus d'utilité, disparaît. Le décor devient plus sobre.

Façade rochelaise
La façade des immeubles rochelais est rythmée par un jeu de bandeaux horizontaux soulignant les appuis et les linteaux des ouvertures. Les encadrements des fenêtres sont en léger relief.

Tourelles et cabinets d'angle
Si l'on rencontre des cabinets d'angle et des tourelles sur certains immeubles rochelais antérieurs au XIXe siècle, on ne peut cependant les considérer comme des éléments typologiques. Ils sont plutôt des fantaisies ajoutant une note pittoresque à la régularité tramée des rues à arcades. Ci-contre, tourelle de la maison au Chien ▲ *146*, à l'angle de la rue Fromentin et de la rue Chaudrier.

Décor de façade
La maison Lechêne (8, rue des Merciers ▲ *150),* datée de 1620, avec ses lucarnes ornées et ses mascarons, est caractéristique des façades très décorées des XVIe et XVIIe siècles.

Hôtel de la Bourse ▲ *146*
Érigé par la communauté des négociants, cet édifice sévère est desservi par deux rues. Son originalité réside dans l'articulation des espaces publics. En effet, la cour intérieure bordée de galeries mène à deux passages dont l'un débouchait rue Admirault, colonnade d'arbres régulièrement disposés, avec en contrepoint les colonnades de pierre du porche sur la rue du Palais.

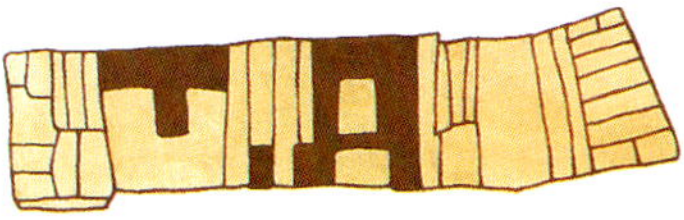

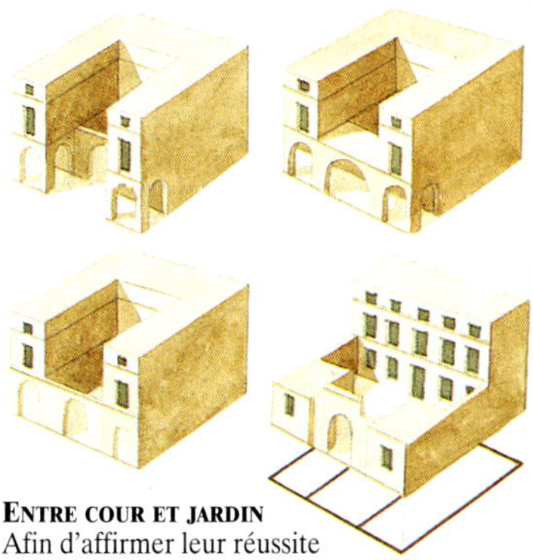

Entre cour et jardin
Afin d'affirmer leur réussite sociale, certains propriétaires acquièrent plusieurs parcelles contiguës et édifient des hôtels entre cour et jardin, particulièrement dans la seconde moitié du XVIIIe siècle.

Pour surveiller La Rochelle, et protéger un arsenal essentiel à la monarchie (Brouage d'abord, puis Rochefort, après 1666), des forts sont érigés à l'entrée de la Charente. Encadrant l'estuaire, les îles de Ré et d'Oléron, qui pourraient facilement être occupées par l'ennemi et lui servir de base contre le continent, sont fortifiées à outrance ; sur tous les points de débarquement possibles, redoutes et retranchements apparaissent pour verrouiller le meilleur port de chaque île. Des citadelles imprenables sont ainsi constituées, associées à une enceinte urbaine surdimensionnée, susceptible d'accueillir la population de l'île en cas de débarquement ennemi.

ÉCORCHÉ DU SABORD
Le canon de 36 (livres, soit 16 t) est ramené en position de tir devant le sabord après son chargement par la bouche ; il est servi par quatorze hommes.

VAISSEAU DE 74 CANONS
Ce navire de combat effilé (56 m de long, 14 m de large et 11 m de haut, 3 000 m^2 de voilure, 750 hommes), à deux ponts, tirant uniquement sur les côtés, sera standardisé dès la fin du XVIIe siècle. L'artillerie embarquée sert de lest au navire. Il est par excellence le vaisseau de la guerre navale du XVIIIe siècle. C'est contre son énorme puissance de feu que doivent se prémunir les fortifications côtières.

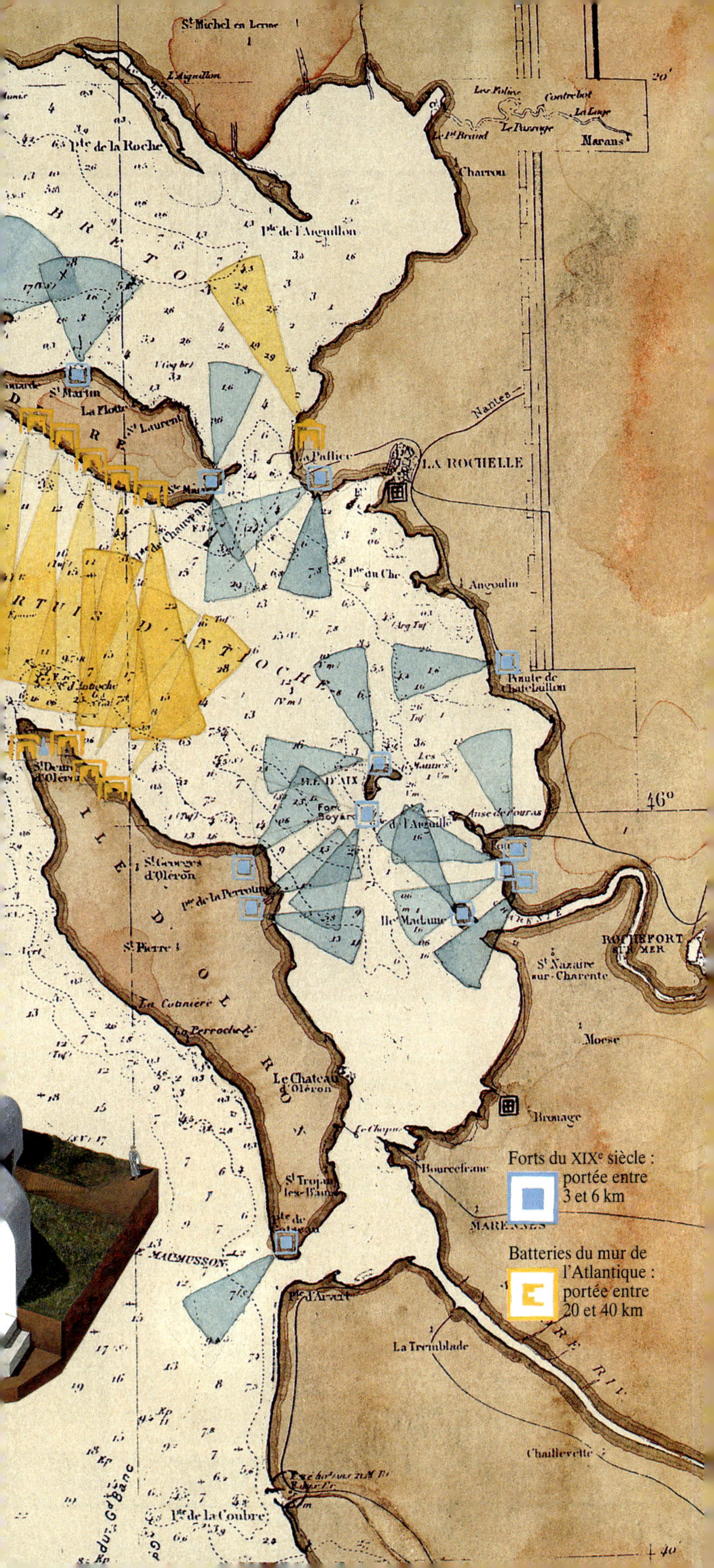
Forts du XIXe siècle : portée entre 3 et 6 km
Batteries du mur de l'Atlantique : portée entre 20 et 40 km
St Michel en Lerme
L'Aiguillon
Pte de la Roche
Pte de l'Aiguillon
Charron
Marans
Nantes
La Pallice
LA ROCHELLE
St Martin
La Flotte
St Laurent
Pte du Chef
Angoulin
Pointe de Chatelaillon
ILE D'AIX
Fort Boyard
Les Mannes
Anse de Fouras
Ile Madame
St Georges d'Oléron
Pte de la Perrotine
St Pierre
La Cotinière
La Perroche
Le Chateau d'Oléron
ROCHEFORT SUR MER
St Nazaire sur Charente
Moese
Brouage
Bourcefranc
MARENNES
St Trojan les Bains
MAUMUSSON
Pte d'Arvert
La Tremblade
Chaillevette
Pte de la Coubre
46°
20'
40'

À partir de 1850, avec la nouvelle mode des bains de mer, des stations balnéaires se développent sur le littoral. Elles proposent un véritable défilé de mode architecturale, témoignant d'époques diverses, mais aussi d'une société reproduisant en vacances, avec encore plus d'éclat, ses différences de classes. Les constructions sont d'inspiration éclectique, à l'image du XIXᵉ siècle, et se parent d'accessoires colorés. Chalets, castels, cottages, maisons basques, normandes ou plus exotiques, voire modestes bungalows..., tous ont un air de fête et de défoulement, et semblent exprimer les rêves secrets de leurs propriétaires.

LES CHALETS
Bien qu'amputé de son belvédère initial, le chalet des Dunes, à Châtelaillon ▲ *172*, témoigne bien des premiers petits chalets construits sur la côte : l'architecture est précaire mais le décor de bois découpé aux couleurs vives est très soigné.

LE CHALET DU MAIL ▲ *145*
Sur ce chalet de La Rochelle se côtoient tous les accessoires de l'architecture balnéaire : bow-windows, bois découpé, jeu de céramiques (en haut), belvédère (ci-dessus).

LES COTTAGES
À l'image de la villa Émeraude, à Fouras ▲ *241*, le cottage fut sans doute le type le plus construit de la fin du XIXᵉ siècle au début du XXᵉ siècle : architecture rationnelle, hygiéniste dans son jardinet, retour de pignon et toit débordant laissant apparaître une charpente colorée. La villa Émeraude est appareillée de briques et de pierres en un savant jeu de polychromie.

LES VILLAS-CHÂTEAUX
Flanquée de quatre maigres tourelles d'angle et hérissée de créneaux, la villa les Tourelles ▲ *249* fait penser à un Moyen Âge anglo-saxon d'opérette.

Les répliques de châteaux gothiques ou Renaissance ont été très en vogue, notamment grâce à Mérimée et à Viollet-le-Duc. La villa la Jetée ▲ *241*, qui domine le port nord de Fouras, en est une illustration.

LES VILLAS RÉGIONALISTES
Dans l'entre-deux-guerres, dans un contexte d'exacerbation nationaliste, se développent les copies d'architecture régionale, telle la Maison du chat ▲ *145*, à La Rochelle, qui évoque les maisons normandes à pans de bois et torchis.

LES MATÉRIAUX
Sur les murs, briques et pierres se côtoient en d'élégants dessins, tandis que les corniches et les ouvertures sont rehaussées de céramiques aux entrelacs polychromes (haut de page).

BELVÉDÈRES ET BOW-WINDOWS
Tourelle ronde ou carrée, coiffée parfois d'un lanternon et souvent d'un toit très pentu, comme celui de la villa Alsace, à La Rochelle ▲ *145*, le belvédère permet de contempler la mer. Il ajoute beaucoup au chic de la villa. Le bow-window, caractéristique des cottages, donne l'impression de vivre dehors en offrant le confort d'une structure fermée de vitres.

QUÊTE DU DÉPAYSEMENT
Le XIXe siècle est le temps des expositions internationales où sont découvertes d'autres cultures. Le chalet scandinave Kristiana fut acheté à une exposition qui se tint à Rochefort et remonté à Châtelaillon ▲ *172*.

Projet d'élévation classique pour la cathédrale de La Rochelle ▲ *156*. Les tours n'ont jamais été achevées.

L'art roman de l'Aunis, de type saintongeais ou poitevin, s'épanouit au XIIe siècle alors que le gothique engendre les ogives à chevrons d'Ars-en-Ré et, au XIIIe siècle, la triple nef des Templiers de La Rochelle. Mais c'est le style flamboyant qui donne au XVe siècle les œuvres les plus affirmées. Au milieu du XVIe siècle, la croix hozannière de Moëze est bâtie comme un temple antique mais se resitue dans son temps par ses architraves à décor de médaillons et de cuirs. L'art classique, synonyme de sobriété comme à la cathédrale de La Rochelle, montre sa sève baroque sur la façade de Saint-Sauveur de la même cité.

PLAN ET CLOCHER ROMAN
En Aunis, et notamment à Surgères ▲ *205*, le plan se rattache à l'art roman du Poitou : nef haute avec collatéraux, transept et chœur largement développés. À la croisée du transept, le clocher repose sur une souche carrée surmontée d'une tour octogonale dont chaque pan est percé de deux baies élancées et encadrées de colonnes.

CLOCHER-PORCHE GOTHIQUE FLAMBOYANT
Au XVe siècle, les églises de style gothique flamboyant d'Aunis se caractérisent le plus souvent par un chevet plat percé d'amples fenêtres à remplage. Bien qu'exceptionnel par son plan polygonal d'influence normande, le clocher-porche inachevé de l'église de Saint-Just-Luzac ▲ *254* reflète la nouvelle disposition des clochers gothiques, édifiés en avant de la façade, ou latéralement, et non plus à la croisée du transept.

FAÇADE ROMANE
La façade de l'église d'Échillais ▲ *248* se divise en plusieurs registres (niveaux) séparés par de fortes moulurations ou corniches à modillons et rythmés par des arcatures aveugles. Ici, les grands thèmes de l'ornementation romane sont représentés : scènes bibliques, vie quotidienne, bestiaire, motifs floraux.

CLOCHER GOTHIQUE
Le haut clocher de Marennes ▲ *255*, de style gothique flamboyant, porte aux angles des contreforts avec pinacles et crochets. Neuf cordons horizontaux enfreinent la ligne ascensionnelle. Deux baies élancées par face et une flèche octogonale à crochets reposant sur une terrasse à rambarde ajourée le couronnent. Le clocher de Marennes, comme celui de Moëze ▲ *250*, ont longtemps servit d'amer aux bateaux.

LA CROIX HOZANNIÈRE DE MOËZE ▲ *250*
Bâtie au centre du cimetière de Moëze, elle adopte, sur un emmarchement, la forme d'un petit temple carré. Son entablement corinthien, à colonnes et à chapiteaux raffinés, supporte la croix proprement dite, qui surprend au-dessus de ce monument d'inspiration antique et païenne.

LA RENAISSANCE
Peu représentée en Aunis, la Renaissance se signale surtout dans les éléments décoratifs comme le clocher de Saint-Jean-d'Angle ▲ *252*. La croix hozannière de Moëze en présente aussi les caractéristiques : goût pour l'antique, pour les ordres (corinthien, ionique ou dorique) et pour l'ornementation (guirlandes de végétaux, médaillons).

UN CLASSICISME TOURMENTÉ ▲ *258*
En retrait de l'ancienne façade, un nouveau frontispice résolument baroque combine la formule palladienne d'un arc central entre deux linteaux, porté par quatre colonnes corinthiennes, et un entablement inspiré de l'art hellènique d'Asie. Un *oculus* domine la porte au vigoureux tympan cintré.

SALOCHE
Grenier à sel, courant dans les marais (ci-dessus).

Simplicité et rusticité caractérisent l'architecture rurale aunisienne. Regroupées en village, dans la plaine aunisienne et dans les îles, ou dispersées, dans les marais, les maisons en pierre de taille ou blanchies à la chaux, basses et couvertes de tuiles canal roussies, reflètent l'environnement naturel, le climat et le mode de vie de ses habitants, pêcheurs, agriculteurs ou maraîchins.

MAISON DU MARAIS
À Damvix, au bord de la Sèvre niortaise ▲ *189*, cette longue maison est composée de plusieurs cellules à vivre accolées. Les toits à pans réguliers assez plat sont couverts de tuiles canal roussies, obtenues à partir d'un mélange de sable et de terre argileuse cuit au bois dans un four de pierre calcaire. Un nappage de roseau, sous le toit, protège du froid comme de la chaleur. Portes et volets, colorés de bleu ou de vert sur le littoral et dans les îles, prennent une teinte grise dans l'arrière pays.

MAISON DES ÎLES ▲ *175, 242*
Murs blanchis à la chaux, volets de couleurs (restes de peinture destinées aux bateaux) caractérisent cette maison de plain-pieds.

FERME DU PAYS ROCHEFORTAIS
La ferme de Broue ▲ *248* présente deux cellules identiques accolées, encadrées par la grange à haute porte charretière avec son écurie et son four en cul-levé et par le petit bâtiment chai, plus bas. Les linteaux sont en pierre de taille, ou en bois pour la grange. Les murs de moellons sont enduits d'un mélange de chaux grasse et de sable doré.

MAISON DU PAYS ROCHEFORTAIS ▲ *238*
D'une simple cellule d'habitation à un étage (**1**), la ferme rochefortaise se développe, selon ses besoins. Les chais sont aménagés sur le côté (**2**), tandis que les animaux, source de chaleur, seront logés, au nord, sur l'arrière (**3**). Le toit est alors plus bas pour offrir moins de prise aux vents.

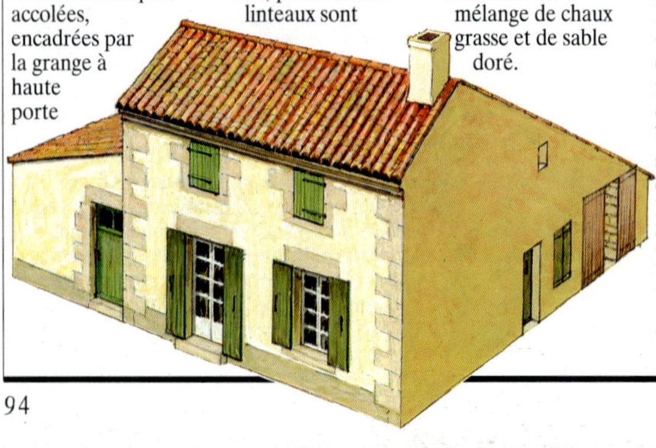

Le pays vu par les peintres

Thierry Lefrançois

Paul Signac

Le port de La Rochelle ▲ *140*, avec ses deux tours médiévales de la Chaîne et Saint-Nicolas, a inspiré de nombreux artistes. Beaucoup se sont attachés à ce motif essentiel, tel PAUL SIGNAC (1863-1935), qui abandonne en 1930, dans cette brillante aquarelle (**1**), la touche divisionniste de Seurat au profit d'une facture plus fondue dont le dessin, très libre, exalte la gaieté des bateaux de pêche ancrés à l'entrée du bassin. Son ami ALBERT MARQUET (1875-1947), alors qu'il logeait chez lui quelques années auparavant, avait préféré les eaux plus calmes de l'intérieur du Vieux Port (**2**). Sa vision synthétique héritée du fauvisme se plaît à traduire, au moyen d'aplats subtilement colorés et d'un rendu très délicat, une atmosphère paisible dans laquelle les silhouettes des personnages évoluent avec plaisir. L'activité humaine est en revanche absente de l'*Entrée du port d'échouage* (**3**), peinte à proximité, en 1851, par CAMILLE COROT (1796-1875). Avec une palette monochrome, digne des austérités de Van Goyen, le grand maître naturaliste a réalisé une composition équilibrée où le rythme modulé des mâtures engendre une rêverie océane.

1	
3	2

L'ARSENAL DE ROCHEFORT

La *Vue du port de Rochefort* (**1**), peinte par JOSEPH VERNET (1717-1789) à partir de novembre 1761 à Rochefort et à La Rochelle, puis achevée à Paris après juillet 1762, est l'une des dernières toiles de la fameuse série des *Vues des ports de France* (1753-1765). Le marquis de Marigny, surintendant des Bâtiments du roi, attendait de lui non seulement des tableaux didactiques à la topographie assurée, mais également des chefs-d'œuvre du paysage susceptibles de promouvoir la peinture «sérieuse». En dépit du site assez ingrat de Rochefort, Vernet a su réaliser une composition rigoureuse et dépouillée, animée par un jet de flamme et par une colonne de fumée se détachant sur un immense ciel matinal. L'activité du récent arsenal ▲ *210* y est évoquée en un raccourci saisissant de la Corderie royale à l'armement des navires et à leur réparation. Les petits groupes du premier plan sont particulièrement savoureux : un officier et sa suite examinent des pièces d'étoffe (**2**) ; des portefaix jouent aux cartes, manipulent des ballots, des barriques, toutes sortes de chaudrons, sans doute descendus à Rochefort de Port-Berteau (**3**).

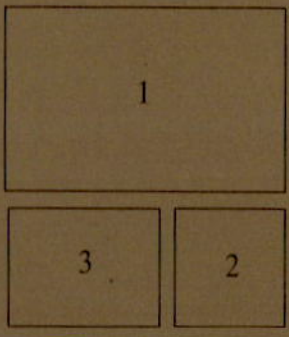

«Le désir de Sa Majesté est que l'établissement de Rochefort soit le plus grand et le plus beau au monde»
Colbert

«PEU DE TERRE ET BEAUCOUP DE CIEL, ET PARTOUT CETTE HUMIDE LUMIÈRE BLANCHE QUI MET DES OMBRES SI LÉGÈRES, VERTES ET BLEUES, SUR LES MURAILLES ROSÉES»

DENIS DE ROUGEMONT

De nombreux peintres régionaux furent inspirés par les immenses plages de sable et le ciel lumineux de l'île de Ré ▲ *175*, tel LOUIS GIRAUDEAU (1852-1937), né à Ars-en-Ré, à qui nous devons ces *Dunes rétaises au crépuscule* (**1**), dont la touche vibrante et la vigueur roussâtre de la palette sont très révélatrices, au tournant du siècle, d'un art proche de celui de Lévy-Dhurmer. D'autres furent davantage sensibles au charme intime des petits villages de l'île, avec leurs rues avenantes, leurs maisons basses aux toitures de tuiles canal peu pentues et aux volets pimpants. Les *Maisons de l'île de Ré* (**2**) témoignent de la solide réputation dans ce domaine de LOUIS SUIRE (1899-1987), très connu également pour ses illustrations. Mais les artistes parisiens aussi se sont plu à traiter de ces sujets : FRÉDÉRIC DESHAYES (1883-1970) notamment nous a laissé une vue du *Port de la Flotte-en-Ré* (**3**), peinte vers 1930, qui traduit avec une rare sensibilité l'atmosphère si particulière d'une région où la rudesse maritime de la Bretagne semble se mêler à une douceur déjà méridionale.

Né à Saujon, près de La Rochelle, Gaston Balande (1880-1971) consacra à sa région, dans les genres les plus divers, une part importante de sa production. Les activités du terroir l'ont intéressé tout particulièrement ; c'est ainsi qu'il a traité avec une facture large et colorée ces *Femmes d'Aunis* (**1**) en costume local, occupées à des travaux domestiques sur le pas de leur porte. Les activités liées à la mer eurent également sa faveur. Dans *Le Départ pour la pêche* (**2**), œuvre de jeunesse, il a transmis, avec un réalisme presque dramatique, l'atmosphère du départ dans les premiers rayons du soleil levant éclairant avec peine les efforts conjugués des pêcheurs pour mettre à l'eau leur petite embarcation. Le peintre, sculpteur et graveur William Barbotin (1861-1931), originaire d'Ars-en-Ré, nous a pour sa part restitué, un peu dans l'esprit de Millet, d'humbles scènes rétaises comme *La Récolte du varech* (**3**) ou *La Moisson dans l'île de Ré* (**4**), grandes peintures de la fin du XIXe siècle destinées à la décoration de la mairie de sa ville natale.

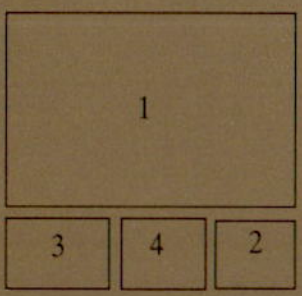

LE MARAIS POITEVIN

La symbiose entre les eaux du marais ▲ 189 et les reflets d'une végétation très dense est admirablement traduite dans cette *Venise verte à Mazières* de FRANÇOIS BÉRAUD (1914-1953), peinte avec une palette digne des fauves.

Le pays vu par les écrivains

Jean Pitié
François-Julien Labruyère

CE PAYS «DE SEL, DE TERRE ET D'EAU»

«Je dois pour vivre et ménager / Quelques plages de temps serein / Enseigner à des galopins / Des bribes de mathématiques.» Professeur et poète ou poète et professeur, Jean Humbert (né en 1933) se plaît à écrire sur ce «pays plat» qu'il a adopté voilà bientôt trente ans. Parmi les nombreux recueils de poèmes qu'il a publiés, De sel, de terre et d'eau *et* L'Étincelle volée *ont été couronnés par l'Académie française. Il est, depuis quelques années, vice-président de l'académie des belles-lettres de La Rochelle.*

C'est un pays de confusion où le ciel se prend pour la mer.
C'est un pays qui a de grands oiseaux pour ciel,
Les voiliers s'y gréent en ailes de mouettes
Et les mouettes y confondent leurs cris aux appels des bateaux.
Avec des îles plates et trop près du rivage
Pour qu'on puisse rêver de voyages.
Les rues de la ville ressemblent à des sentiers,
Les sentiers aux canaux et les canaux aux herbes.
La mer dévore les herbes, les canaux et la ville ;
À marée haute tout a le goût de l'algue, du sel et du goudron,
Les passants circulent comme des poissons
Grouillant en bancs pressés autour de l'appât des vitrines.
Quand la marée est basse
Les hommes gisent çà et là, disloqués, abîmés,
Abandonnés au sol par le flot.
L'âme aussi se vide ; ma vie est de morte-eau.
Le soir, furtivement, comme un vieillard qui vole des confitures
[dans la maison endormie,
La mer passe sa langue verte entre les dents ébréchées des murailles.

JEAN HUMBERT, *DE SEL, DE TERRE ET D'EAU*, ÉDITIONS QUARTIER LATIN, 1974

LUMIÈRES DES CHARENTES

«SI JE SONGE À L'ÎLE DE RÉ...»

«Tant que la lumière ne nous sera pas retirée [...]; tant que l'ombre ne sera que l'attente du jour.» Romancier de la pureté outragée – L'Ordre, *1929 –, Marcel Arland (1899-1986) guette, à travers les jeux d'ombre et de lumière, la lueur intermittente des êtres. Lorsque son travail de codirecteur de la NRF lui en laissait le temps, ce marcheur infatigable partait sur les routes à la recherche d'un apaisement que l'île de Ré semble lui avoir donné.*

« Il n'est pas toujours facile de comprendre ce qui nous attache à certains lieux, d'où vient qu'aux ingénus plaisirs de la découverte se substitue, d'une année à l'autre, un charme plus insidieux et plus tendre, comment enfin, d'une aventure ou d'une rencontre, c'est une fidèle alliance qui peut naître.

Si je songe à l'île de Ré, qui depuis vingt-cinq ans bientôt m'accueille l'été venu : je me souviens de sa lumière. Fine et douce lumière des Charentes, mais plus délicate encore, à la fois nuancée et radieuse, c'est un don pur. Qu'elle touche les landes ou les côtes, les villages, les marais, les buissons, il n'est rien qui n'en reçoive figure et vie. J'ai souvent guetté ces métamorphoses, qu'une déchirure du ciel annonce, un frémissement des feuilles, soudain pâles, au-dessus des toits un peu d'or, ou un sourire. – Allez maintenant au long des routes. »

MARCEL ARLAND,
PRÉFACE À JEAN HUMBERT, ÎLE DE RÉ, D'OMBRES ET DE LUMIÈRES,
ÉDITIONS MÉLUSINE, LA ROCHELLE, 1974

«Cette île de la Méditerranée égarée dans l'Atlantique»

François Caviglioli

«Par une claire journée de septembre…»

Géographe de formation, Julien Gracq (né en 1910) n'a de cesse de renouer, à travers son œuvre, avec sa propre géographie affective, celle où s'opère le mariage, inédit dans la littérature française, de cette discipline et de la poésie. «Légère» et «soyeuse», la lumière de l'île de Ré semble être la promesse tout à la fois d'un décloisonnement et d'un dévoilement de ces terres retranchées.

“*Île de Ré*. Protégée de l'industrie par son bac, et de la falaise bétonnée des ensembles côtiers par ses dunes, dont les Domaines ne se dessaisissent pas encore, elle est aujourd'hui comme une réserve sauvegardée de l'ancienne France rurale, un parc cultivé, élégant, harmonieux, modeste, consacré à la vigne, à la tuile, au figuier, à la soyeuse et pure lumière charentaise, la seule que je connaisse qui semble à la fois africaine et mouillée. Par une claire journée de septembre j'ai traversé ses bourgs petits et silencieux, blancs et roses. Sur la galette plate de l'île pointaient seulement les amers de ses clochers ; la lumière de midi, qui m'est d'habitude si hostile, ne pesait pas, mais dansait légère sur les vignes ; par intervalles, le cran figé d'une Méditerranée d'un bleu de lessive était en vue entre les pins.”

Julien Gracq, *Lettrines 2*, José Corti, 1974

Touristes contre autochtones à l'île de Ré

L'église qui change de place

Si l'homme de la côte, en croisant les bateaux de toute l'Europe, a développé une certaine aptitude à la tolérance, il n'en demeure pas moins qu'il continue de se disputer à sa porte. Il rit plus qu'il ne gronde… n'est-ce pas le meilleur moyen de se battre ? Ce conte satirique, raconté par un marin de Fouras, illustre les rivalités entre Rétais et Fourasins.

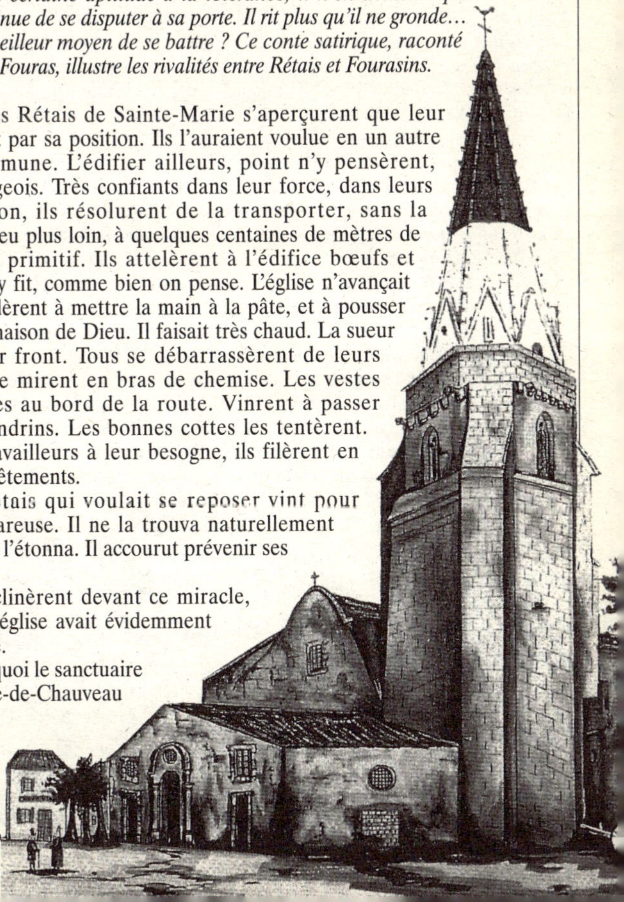

“Un jour, Les Rétais de Sainte-Marie s'aperçurent que leur église les gênait par sa position. Ils l'auraient voulue en un autre lieu de la commune. L'édifier ailleurs, point n'y pensèrent, ingénieux villageois. Très confiants dans leur force, dans leurs moyens d'action, ils résolurent de la transporter, sans la démonter, un peu plus loin, à quelques centaines de mètres de l'emplacement primitif. Ils attelèrent à l'édifice bœufs et mulets ; rien n'y fit, comme bien on pense. L'église n'avançait pas. Ils se décidèrent à mettre la main à la pâte, et à pousser eux-mêmes la maison de Dieu. Il faisait très chaud. La sueur perlait sur leur front. Tous se débarrassèrent de leurs vêtements et se mirent en bras de chemise. Les vestes furent déposées au bord de la route. Vinrent à passer quelques malandrins. Les bonnes cottes les tentèrent. Laissant les travailleurs à leur besogne, ils filèrent en emportant les vêtements.

L'un des Rétais qui voulait se reposer vint pour reprendre sa vareuse. Il ne la trouva naturellement pas. Ce prodige l'étonna. Il accourut prévenir ses concitoyens.

Et tous s'inclinèrent devant ce miracle, se disant que l'église avait évidemment changé de place.

Et voilà pourquoi le sanctuaire de Sainte-Marie-de-Chauveau est, depuis, illustre entre tous ceux de l'île de Ré.”

LES FATS SONT LAS SUR LE SOL DE RÉ

Journaliste à Combat, *à* Match, *au* Canard enchaîné, *aujourd'hui au* Nouvel Observateur, *François Caviglioli (né en 1937), armé d'une plume acérée et d'une casquette de reporter-ethnographe, entreprit* Un voyage en France *; l'étape de l'île de Ré semble l'avoir beaucoup amusé. Sur fond de discordes entre le touriste et l'autochtone, il nous livre les codes d'accès à ce qui est devenu à ses yeux une île dans une île : la «petite élite parisienne» est en effet une cour sans roi mais qui a conservé son étiquette...*

“Le sentier de la guerre

C'était au «Bar des Colonnes», à Saint-Martin, devant le port. Ça fait plouc d'être vu au «Colonnes». Un coup à vous griller, à vous interdire à jamais l'accès du bon monde. Les littérateurs de la NRF, qui ne s'aventurent à Saint-Martin qu'avec répulsion les jours où ils ont besoin d'aspirine, vous jettent des regards de mépris amusé. Vous êtes définitivement classé touriste boche, plaisancier anglais ou, pis encore, cadre supérieur, instituteur, PTT-Limoges ou EDF-Niort. Vous appartenez pour toujours à l'infréquentable populace qui va au café.

Si, pour votre malheur, on vous aperçoit le lendemain à «la Paix», vous risquez l'abominable déchéance, la mort sociale. Vous devenez bon pour Rivedoux. C'est la plus infamante des condamnations. Elle signifie que vous êtes un campeur.

Rivedoux, c'est en effet l'inqualifiable localité de toile où se vautre la populace qui débarque du bac, à la pointe de Sablanceaux, à un peu plus d'un mille du port de La Pallice, près de La Rochelle. Il ne vous restera plus alors qu'à descendre les derniers degrés de l'abjection : être confondu avec les hordes bêtes et disciplinées de Tourisme et Travail casernées entre La Flotte et Le Bois-Plage, fiché comme campeur-turfiste, comme une de ces créatures indignes du nom d'homme qui sortent une fois par jour de leur enclos (sauf le lundi) pour aller au PMU de Saint-Martin.

Vous pouvez tomber plus bas encore, sortir carrément de l'espèce humaine et être mis au rang des campeurs sauvages, la septième race après les pensionnaires du pénitencier. L'avilissement absolu. [...]

Sauvage ou sédentarisé, le touriste est encore l'estivant dont on rigole en douce, cet animal exotique qui a la curieuse manie de se mettre en caleçon pour se tremper dans l'eau et de ramasser des coquillages alors qu'il n'en a pas besoin pour se nourrir. Il reste un étranger. Il ne pénétrera jamais les secrets de cette île de la Méditerranée égarée dans l'Atlantique, couverte de vignes et de moissons du phare des Baleines à la pointe de Sablanceaux, et où les croisés, à leur retour d'Orient, avaient même planté l'olivier. «On naît rétais (ou rhétais), on ne le devient pas», écrivait, à la fin du siècle, M. Kammerer, historien de Ré, maire de Saint-Martin. Malgré son désir d'être admise à part entière dans cette communauté fermée et silencieuse de paysans, de marins, d'ostréiculteurs, de paludiers et de matons, la petite élite parisienne qui s'est emparée du nord-ouest de l'île reste un élément rapporté, une colonie de gens de lettres et d'artistes qui s'est entortillée de rites initiatiques pour oublier sa solitude et qui s'est retranchée dans un art subtil de s'ennuyer ensemble.”

FRANÇOIS CAVIGLIOLI,
UN VOYAGE EN FRANCE,
LE SEUIL, 1981

«OH ! L'ANGÉLUS D'ÉCHILLAIS,
ENTENDU DANS CE JARDIN,
PAR CES BEAUX SOIRS D'AUTREFOIS !»

PIERRE LOTI

L'«ÎLE» ET LE «CONTINENT»

Carnet de notes et appareil photo en main, Thierry Guinhut (né en 1956) a parcouru l'île de Ré pendant huit mois. Il fait partie de ces poètes qui transforment leur regard en aventure intérieure, qui se confrontent, qui se découvrent au rythme de leur pas. Né à Poitiers, vivant à Niort, il néglige les parcours touristiques pour «pratiquer le hors-itinéraire absolu, lors d'inhospitalières demi-saisons».

“J'essayais de pénétrer l'île par les entrées les plus diverses. Conversations avec les pêcheurs, celui par exemple de Loix, aux cheveux aussi touffus que son chalut embrouillé d'algues ; ceux qui, sur le banc du Bûcheron, posent avec le soin le plus maniaque les lignes pour le bar ; et même les marins du dimanche avec leur yacht de trois mètres et leur casquette de facteur. Je n'oubliais pas les vieux, celui assis au soleil sur une marche de La Couarde, ceux qui pouvaient encore parler du temps des tricycles, des ânes en culottes, du bac de La Flotte et des grandes marées coupant l'île en deux au Martray. Je consultais l'histoire, l'économie, visite au phare des Baleines, aux épaves du *Guipuzcoa* et du *Foucauld*, à la coopérative agricole et viticole du Bois.

Nanti de toutes ces informations, je n'étais pas loin de négliger ce qui pouvait m'être essentiel. Je parlais quelquefois comme un rétais, disant «l'île», «dans l'île», et rejetant dans le flou du mot «continent» le reste du monde. Plus aucune préoccupation des événements dont on se doit de parler, des flashes d'actualité, du dernier groupe à la mode, je n'étais plus ni «branché», ni «fun», ni «in». Mon actualité était là, je ne savais pas encore la saisir, ou plus exactement m'y fondre.”

THIERRY GUINHUT, *RÉ ENTRE TERRE ET MER*, GER/RUPELLA, 1988

TERRES D'AUNIS, CÔTES D'AUNIS

LA CAMPAGNE PRÈS DE LA ROCHELLE

Fils de La Rochelle, Eugène Fromentin (1820-1876) se plaisait à écrire : «Ma destinée tout entière était inscrite à ma naissance dans les lieux où je me trouve aujourd'hui.» Sensible au climat automnal du pays d'Aunis, comme le peintre le sera aux paysages d'Afrique du Nord, l'écrivain décèle les beautés singulières de ce «monotone et vaste paysage» et transpose dans le récit l'art pictural de «rendre l'atmosphère visible et de peindre un objet enveloppé d'air».

“Le soir venait. Le soleil n'avait plus que quelques minutes de trajet pour atteindre le bord tranchant de l'horizon. Il éclairait longuement, en y traçant des rayures d'ombre et de lumière, un grand pays plat, tristement coupé de vignobles, de guérets et de marécages, nullement boisé, à peine onduleux, et s'ouvrant de distance en distance, par une lointaine échappée de vue, sur la mer. Un ou deux villages blanchâtres, avec leurs églises à plates-formes et leurs clochers saxons, étaient posés sur un des renflements de la plaine, et quelques fermes, petites, isolées, accompagnées de maigres bouquets d'arbres et d'énormes meules de fourrages, animaient seules ce monotone et vaste paysage, dont l'indigence pittoresque eût paru complète sans la beauté singulière qui lui venait du climat, de l'heure et de la saison. [...] Un brouillard bleu qui s'élevait à travers les arbres indiquait qu'il y avait exceptionnellement dans ce bas-fond du pays quelque chose au moins comme un cours d'eau ; une longue avenue marécageuse, sorte de prairie mouillée bordée de saules, menait directement de la maison à la mer.”

EUGÈNE FROMENTIN, *DOMINIQUE*, 1863

Au pied de la falaise

Lyon, la continentale, Nieul-sur-Mer, l'océanique ; Lyon, la ville des études, Nieul-sur-Mer, celles des migrations estivales vers la famille paternelle. Née à Rambouillet en 1939, Nicole Avril continue de dire qu'elle est de La Rochelle, ville fétiche, ville de cœur et d'inspiration. Dans La Disgrâce *(1981), d'étranges correspondances se nouent entre le paysage austère des côtes d'Aunis et l'histoire de cette adolescente qui découvre subitement sa laideur.*

« [Elle] se faufila dans l'échancrure de la falaise et longea les vagues. La marée haute ne laissait qu'un étroit passage entre les eaux et le remblai qui prolongeait la falaise. Toutes décolorées par le sel, les petits baraques en planches des mareyeurs étaient fermées, elles ne reprendraient vie qu'au prochain reflux.

Isabelle s'arrêta devant une minuscule cabane enfoncée jusqu'aux fenêtres dans les galets. Chaque saison, l'océan gagnait un peu plus sur les terres. Bientôt, la bicoque serait avalée et seul le toit surnagerait un temps encore. […]

Isabelle avait su autrefois que tout ce paysage désolé pouvait devenir richesse et qu'à le sentir respirer au rythme lunaire des marées, on y pouvait apprendre la patience. Bientôt, les baraques s'ouvriraient de nouveau et les hommes et les femmes aux cuissardes grises immergeraient leurs corps jusqu'à la ceinture pour fouiller les eaux et les vases et en retirer les divines huîtres.

Même en été, même sous le ciel, bleu de l'aube au crépuscule, les eaux étaient grises et baveuses. À la crête des vagues, les goémons entrelaçaient leurs mille doigts spongieux, comme des épouvantails à vau-l'eau. »

Nicole Avril, *La Disgrâce*, Albin Michel, 1981

Si vous passez par Surgères...

Sous le personnage officiel qu'est Prosper Mérimée (1803-1870) se cache un écrivain pudique et avare de confidences, constamment effacé derrière une vie mondaine, politique et littéraire dont sont connus les moindres détails. Ses tableaux historiques (La Jacquerie, Chronique du règne de Charles IX) *sont marqués par un souci de véracité dans sa reconstitution du passé, passé dont il préservera les monuments avec zèle et compétence puisqu'en 1834 il est nommé inspecteur des Monuments historiques.*

« Si cette lettre vous trouve à Niort et partant pour Saintes, détournez-vous de quelques kilomètres pour voir la façade de Surgères. On peut la voir même en revenant d'Italie. C'est à mon avis ce qu'il y a de plus beau dans votre Saintonge où il y a tant de belles choses. Si le cœur vous en dit, faites-nous un petit devis des réparations, car il ne faut pas laisser périr cela. Au reste je m'en rapporte à vous. Quand vous l'aurez vu, vous en deviendrez fanatique. [...]

Adieu, mon cher Monsieur, je vous quitte pour cette occupation. Je désire bien que vous me donniez de bonnes nouvelles de votre santé et de vos recherches en Saintonge. N'oubliez pas Surgères, et dites-moi si vous avez trouvé en Italie de monuments qui lui soient supérieurs. »

Prosper Mérimée, Lettre à Segretain, 19 février 1841

Les énigmes du marais

Est-ce un hasard si la Charente-Maritime a vu naître Émile Gaboriau (1832-1873), l'inventeur du roman policier français, l'auteur des titres fameux que sont L'Affaire Lerouge *(1866),* Le Crime d'Orcival *et* Le Dossier n° 113 *(1867) ? Est-ce un hasard si Rochefort a vu naître Thomas Narcejac (né en 1908), l'historien du roman policier et celui qui devait former un célèbre couple littéraire avec Pierre Boileau ? Est-ce un hasard si le premier pseudonyme de Georges Simenon (1908-1989) fut M. Le Coq, le héros des romans d'Émile Gaboriau ? Simenon justement qui, au milieu de ses trente-trois déménagements, prit le temps d'habiter Marsilly et Nieul-sur-Mer et d'y écrire plus de dix romans. Fascination pour le climat des côtes d'Aunis, pour les hivers écrasés de grisaille et de pluie, amour intempéré de l'eau sous toutes ses formes..., la liste est longue. À vous de mener l'enquête !*

UNE MATINÉE PAS COMME LES AUTRES

« On débouchait comme dans des champs, sauf que c'étaient des champs d'huîtres d'une part, des champs de moules de l'autre et que tout à l'heure on ne verrait plus, là où maintenant s'arrêtaient les charrettes, que l'océan uni.

Dans la grisaille de l'aube, Jean reconnut le fichu rouge de Marthe, car elle était la seule à porter sur ses cheveux un foulard écarlate qu'on voyait de loin. Elle allait travailler à deux ou trois cents mètres de lui, à ramasser des huîtres, comme tante Hortense.

Il y eut bien un petit fait anormal, mais pas encore inquiétant : tandis que tous marchaient comme en rêve sans s'occuper les uns des autres, Marthe obliqua, vint à Jean et lui dit :

— Il faudra que je te parle.

Puis elle s'éloigna. Il avait semblé à Jean qu'elle avait un vilain visage sous son fichu rouge, mais personne n'était beau à cette heure, dans le froid, dans le gris, la peau pas nettoyée et les paupières mal décollées.

Il se mit au travail, maniant la masse pour enfoncer les pieux dont certains se fendaient.

Et, comme les autres jours, le soleil se leva sans qu'on y prît garde. On en avait tellement l'habitude, ainsi que du paysage, qu'on n'y faisait pas attention. C'était un soleil très clair, un ciel qui n'était pas bleu comme ailleurs et qui pourtant était d'une pureté extrême.

Il est vrai qu'on n'était pas dans le monde ordinaire ; on n'était ni sur terre, ni sur mer, et l'univers, très vaste, mais comme vide, ressemblait à une immense écaille d'huître, avec les mêmes tons irisés, les verts, les roses, les bleus qui se fondaient comme une nacre.

L'île de Ré, par exemple, ou plutôt sa mince ligne d'arbres, restait suspendue dans l'espace à la façon d'un mirage. […]

Point n'était besoin de regarder l'heure, ni de consulter l'annuaire des marées. Tout le monde chargeait les moules, tout le monde savait que la mer était là, à cent mètres encore, mais que ces cent mètres étaient ceux qu'elle parcourait le plus vite. [...]

Pendant un certain temps, [Jean] marcha près de sa charrette, avec la tante. Puis il s'arrêta, comme pour arranger ses bottes dont il avait fait tomber les cuissards. Il attendit Marthe, demanda sans trop de curiosité :

— Qu'est-ce que c'est ?

Cette fois, il fut inquiet de la voir si pâle, les yeux cernés, alors que le soleil était déjà haut. Elle avait une façon anxieuse de regarder autour d'elle, comme si elle allait révéler un terrible secret.

— Je ne t'ai pas vu hier... commença-t-elle.

— J'étais à Rochefort…

— Je sais… Je t'ai attendu… Je voulais t'annoncer…

Elle avait peur de lui ! À la manière dont elle l'épiait, on aurait pu penser qu'elle s'attendait à recevoir un coup.

— ... Je suis enceinte, Jean ! »

GEORGES SIMENON,
LE COUP DE VAGUE,
GALLIMARD, 1939

MAIGRET ENQUÊTE À L'AIGUILLON

« Maigret, les mains dans les poches, alla faire son petit tour, contemplant les boucholeurs qui rentraient, les paniers de moules, la mer d'un bleu verdâtre, au loin, le pont qu'il n'avait jamais franchi en entier et au-delà duquel il y avait une ébauche de station balnéaire, quelques villas pour bourses moyennes tapies dans les pins.

Un gendarme battait la semelle devant la maison du juge. Les contrevents étaient ouverts. Tout cela constituait un petit monde savoureux qui commençait à lui devenir familier. Des gens lui disaient bonjour, d'autres le suivaient des yeux avec méfiance. Il rencontra le maire, qui chargeait des moules dans un camion.

— Il y a déjà des télégrammes d'arrivés pour vous. Je les ai posés sur votre table, à la mairie… Je crois que le lieutenant de gendarmerie vous attend…

Il était tard. Maigret avait fait la grasse matinée. Il allait paisiblement à son bureau, comme jadis, pendant les périodes calmes, il se rendait au Quai des Orfèvres, à travers le quartier Saint-Antoine et l'île Saint-Louis.

La République de plâtre était à sa place. Le poêle ronflait. Le maire, sans doute, avait eu la délicate idée de placer une bouteille de vin blanc cacheté et des verres sur le bureau.

Le lieutenant de gendarmerie était entré avec Maigret. […]

— Je vous écoute… Marcel Airaud ?…

— On n'a pas encore pu le retrouver. Le marais est immense. Il faut visiter les cabanes les unes après les autres. Certains chemins, à cette saison, sont à peine praticables. Il y a des cabanes isolées qu'on ne peut atteindre qu'en barque…

— Rien du côté du juge ?

— Calme complet. Personne n'est sorti de la maison, personne n'y est entré, sinon, ce matin, les deux servantes.

— Albert Forlacroix ?

— Il a fait la marée ce matin comme d'habitude… Un de mes hommes ne le quitte pas de l'œil… Surtout qu'il passe pour un garçon violent qui prend des colères pour un oui ou pour un non…

N'était-ce pas une coquetterie de se chauffer, le dos au poêle, et d'allumer lentement sa pipe, alors qu'il y avait des télégrammes tout frais sur la table ? N'était-ce pas plutôt souci de ne rien embrouiller, de faire chaque chose en son temps, d'en finir d'abord avec l'Aiguillon avant de savoir ce qui s'était passé ailleurs ? »

GEORGES SIMENON, *LA MAISON DU JUGE*, GALLIMARD, 1942

Rochefort, La Rochelle : les grands ports au XVIIIe siècle

François de La Rochefoucauld (1765-1848) a dix-sept ans et de solides études pour tout bagage lorsqu'il entreprend en 1781 son tour de France. C'est sur le conseil de l'homme très en avance sur son temps qu'est le duc de Liancourt, son père, qu'il effectue ce voyage d'étude, et les notes qu'il rédige tous les soirs lui sont destinées. Il privilégie le sens de l'observation et la recherche de l'information, et l'intérêt qu'il porte à tout ce qui touche à l'armée et à la marine, à la défense des places et des ports en fait un témoin hors pair de La Rochelle et de Rochefor, version Ancien Régime.

La Rochelle, port de commerce

« Le port de La Rochelle est fort commode. Il est défendu par deux grosses tours, au-delà desquelles est l'avant-port entre une jetée et la côte. La jetée a plus d'un quart de lieue de long. C'est là où est le chantier en construction.

On voit encore, un peu plus loin que la tête de la jetée, la digue du cardinal de Richelieu. On est étonné, en la voyant de l'exécution de cet ouvrage : il faut lutter contre une mer très forte et la digue a plus d'une demi-lieue. Elle est détruite en plusieurs endroits pour le passage des vaisseaux ; on ne peut la voir qu'en marée basse. La Rochelle est fortifiée par un cordon de quinze bastions et de deux ouvrages avancés, mais l'avantage de la fortification, c'est que la mer entre dans les fossés et y dépose quinze pieds d'eau. Quand on veut qu'elle y reste, on ferme les portes qui communiquent au port, et, quand même l'ennemi se serait emparé du chemin couvert, il ne peut plus monter à l'assaut, et l'on peut encore se défendre pour peu qu'il reste du monde.

On travaille à présent à faire un bassin pour les vaisseaux qui doivent rester longtemps. Il communique au port et sera toujours plein d'eau par le moyen d'une écluse. Le commerce de La Rochelle est assez considérable avec l'Amérique, et même pour la traite des nègres ; mais c'est peu de chose pour ce dernier commerce. Le port est assez bien garni. J'y ai vu plus de cent bâtiments, dont quelques-uns assez forts. »

François de La Rochefoucauld, *Voyages en France*, 1783

Rochefort, port militaire

« L'établissement du Roi est tout ce qui fait vivre Rochefort et tout ce qui donne du débouché aux provinces adjacentes, qui sont au nombre de cinq, par la consommation des vivres pour les officiers, soldats et matelots et pour l'approvisionnement des colonies. En cela, il est très nécessaire, car, sans ce port, la Saintonge et l'Angoumois principalement, qui ne peuvent déboucher leurs denrées que par la Charente, se trouveraient sans communication, et dès lors point de richesses.

L'établissement du port royal est beaucoup plus grand qu'à Toulon et, comme il y a les mêmes choses, je n'en ferai pas le détail. J'ai vu des formes plus belles que celles de Toulon en ce qu'elles sont couvertes d'un toit fort élevé et dont la légèreté de la charpente est remarquable. Mais elles ont ici un grand inconvénient : elles sont fermées. Il y en a cinq, deux doubles et une simple. Les doubles sont incommodes en ce que les deux vaisseaux étant à la queue l'un de l'autre dans le chantier, celui de derrière ne peut sortir que quand le premier l'est totalement.

Le bagne est composé de trois cents galériens. Plus loin sont les magasins immenses d'un port de Roi.

Comme le terrain appartient au Roi, on ne l'a pas ménagé. En tout, les bâtiments sont vastes et grands, et tout cela sur la Charente qui, à cet endroit, est large à peu près comme le quart de la Seine à Paris. C'est tout au plus si un vaisseau pourrait s'y retourner. Cette rivière est comme une fosse ; quoique peu large, elle a beaucoup de profondeur. Ses bords sont toujours tapissés de prairies et, comme elle circule beaucoup, il semble, de loin, que les vaisseaux soient dans les prés. »

François de La Rochefoucauld, *Voyages en France*, 1783

ROCHEFORT, PAGES MÉMOIRE

FEMMES AU TEMPS DES COLONIES

Renonçant à travailler dans l'importante maison de cognac de son père Jacques Chardonne (1884-1968) entre en 1910 aux éditions Stock, don il partagera la direction avec son ami Maurice Delamain jusqu'en 1923 Son premier roman, L'Épithalame (1921), *lui vaut le prix Femina ; d'autre œuvres suivront, où la Charente est souvent présente, notamment dans* Le Bonheur de Barbezieux, *récit de son enfance heureuse. Jacques Chardonne relate dans le texte qu suit l'atmosphère très particulière qui régnait dans les maisons de Rochefort au temp des colonies.*

« Dès le printemps, à Rochefort, la porte des maisons restait ouverte, et o apercevait à l'extrémité d'un couloir, derrière une seconde porte ajourée, de jardins étroits, des murs couverts de glycines. Bientôt les jalousies s'abaissaient, le persiennes restaient closes jusqu'au soir, et, au bout des rues, les arbres de remparts se détachaient en festons opulents dans une lumière nuancée e transparence comme par les reflets d'un arc-en-ciel invisible.

À Rochefort, les habitants stables de la ville, les vieilles familles vivaient retirée dans de petites pièces encombrées de meubles désuets, auxquels s'ajoutaient de objets exotiques, soies brodées, faïences d'or, dentelles d'ivoire, rapportés par u officier ou un matelot. Les femmes dont les maris étaient absents, parfois de années, sortaient peu. On reconnaissait à leur allure plus libre, à leurs aigrette démesurées, celles qui étaient de la «colonie». Des Chinoises à larges pantalon noirs, des Annamites menues, promenaient des enfants maladifs. L'hiver, des bal rassemblaient les jeunes filles en longue robe pâle, gantées de peau de Suède. Elle glissaient et voltigeaient dans les bras d'officiers étincelants, agitaient leur éventails de gaze, rêvant d'épouser des marins. »

JACQUES CHARDONNE, *CHRONIQUE PRIVÉE DE L'AN 1940*, STOCK, 194

SOUVENIRS D'UN ÉLÈVE DE L'HÔPITAL MARITIME

Romancier, maître de conférence de littérature à l'université Paris-VIII, Miche Chaillou est né à Nantes en 1930, au bord des rêves que charrie la Loire De Jonathamour *(1968) au* Sentiment géographique *(1976), c'est encor à la descente de fleuves-songes qu'il invite ses lecteurs : «Je ne rêve que d'écrir des livres où l'on descend voir les morts pour les rendre vivants, pour réveiller tous le noms.» Paru pendant l'été 1992 dans* Le Figaro, *ce texte sur Rochefort est une nouvell rêverie de la mémoire.*

« Aux enseignements des professeurs tous fort compétents et fort galonnés, j préférais tellement la chimie de cette ville minutieuse. Le soleil y possède une porte la porte du Soleil, autrefois une entrée principale de l'Arsenal. À l'hôtel de Cheusses un musée abrite des maquettes de navires, figures de proue et cariatides, instrument de navigation et drapeaux, qui illustrent une certaine conduite guerrière de la mer d XVIIe siècle au XXe. Je m'écartais de ce tumulte, je rêvais surtout de mousse et d pierre. À l'époque, Rochefort déserte s'éloigne, la solitude cadastre la cité, du moin certains quartiers où l'herbe pousse sa tête entre les pavés. On y vit de mémoire entretenant avec l'ombre de subtils rapports, complexes mélanges où l'écho retent presque avant le pas qui le provoque. Une vitre ne vous reflète pas, elle s'étonne d vous refléter. Une souvenir de vous se mêle inextricablement à votre présence. Vou descendîtes déjà cet escalier monumental qui mène à l'ancienne Corderie royale. L Charente elle-même n'est-elle pas une corde liquide à moitié relâchée vers le large

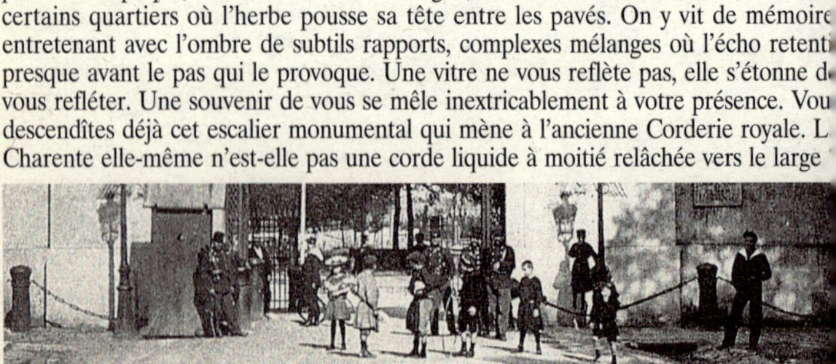

«DEPUIS LONGTEMPS IL AVAIT EMBARQUÉ ET NON PAS DÉBARQUÉ DE ROCHEFORT. IL SAVAIT LUI AUSSI QUE CETTE VILLE TRACÉE AU CORDEAU L'AVAIT ÉTÉ POUR EMPÊCHER QU'ELLE NE S'ÉCHAPPE, GAGNE LA HAUTE MER, LA HAUTE NOSTALGIE» MICHEL CHAILLOU

Sous les tilleuls du jardin de la Marine, la brume devient comme une patrie. Le soir dès le matin y promène ses épaules oisives. J'étais tombé amoureux fou de ces petites maisons charentaises, blanchies à la chaux, restes d'Arabie heureuse accrochés aux façades. Aussi mes condisciples me trouvaient-ils pâlot, distrait, préoccupé. Comment leur expliquer ? J'errais à travers cette ville le visage embarrassé par une haute voile. Ma pâleur sortait de sa couleur. Elle me tirait avec son équipage (qui êtes-vous, ô mes amis ?) vers l'horizon infini de ces ruelles, de ces cours, la mousse au faîte des murs y servait à calfater l'absolu.»

MICHEL CHAILLOU, *ROCHEFORT, LOTI ET ALENTOURS* ;
VOYAGE EN DOUCE FRANCE, ALBIN MICHEL, 1993

LA ROCHELLE, VILLE DES COMPLOTS

ATMOSPHÈRE ROCHELAISE

En dix ans, Guy de Maupassant (1850-1893) édifie une œuvre considérable : trois cents contes, deux cents chroniques, qui font de lui un des plus importants journalistes littéraires de son temps, six romans, sans compter les nouvelles et les journaux de voyage. Dans L'Épave, *Maupassant le réaliste cède le pas à l'écrivain fantastique. L'évocation de La Rochelle, cette «vieille cité huguenote» où rôdent encore les conspirateurs du passé, prépare le lent cheminement de l'angoisse. L'amour, la mer et la mort, trois des thèmes obsessionnels de Maupassant, font ici la ronde, la «mer d'eau stagnante» étant le plus insidieux et terrible des cimetières.*

«J'avais deux heures, avant de monter sur le bateau de Ré, le *Jean-Guiton*. Je fis un tour en ville. C'est vraiment une ville bizarre et de grand caractère que La Rochelle, avec ses rues mêlées comme un labyrinthe et dont les trottoirs courent sous des galeries sans fin, des galeries à arcades comme celles de la rue de Rivoli, mais basses, ces galeries et ces arcades écrasées, mystérieuses, qui semblent construites et demeurées comme un décor de conspirateurs, le décor antique et saisissant des guerres d'autrefois, des guerres de religion héroïques et sauvages. C'est la vieille cité huguenote, grave, discrète, sans aucun de ces admirables monuments qui font Rouen si magnifique, mais remarquable par toute sa physionomie sévère, un peu sournoise aussi, une cité de batailleurs obstinés, où doivent éclore les fanatismes, la ville où s'exalta la foi des calvinistes et où naquit le complot des quatre sergents.

Quand j'eus erré quelque temps par ces rues singulières, je montai sur un petit bateau à vapeur, noir et ventru, qui devait me conduire à l'île de Ré. Il partit en soufflant, d'un air de colère, passa entre les deux tours antiques qui gardent le port, traversa la rade, sortit de la digue construite par Richelieu, et dont on voit à fleur d'eau les pierres énormes, enfermant la ville comme un immense collier ; puis il obliqua vers la droite. C'était un des ces jours tristes qui oppressent, écrasent la pensée, compriment le cœur, éteignent en nous toute force et toute énergie ; un jour gris, glacial, sali par une brume lourde, humide comme de la pluie,

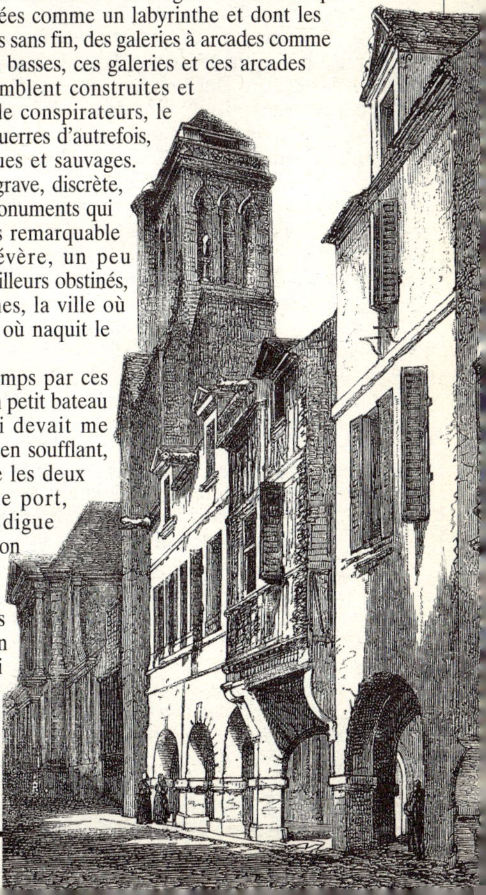

froide comme de la gelée, infecte à respirer comme une buée d'égout.

Sous ce plafond de brouillard bas et sinistre, la mer jaune, la mer peu profonde et sablonneuse de ces plages illimitées, restait sans une ride, sans un mouvement, sans vie, une mer d'eau trouble, d'eau grasse, d'eau stagnante. Le *Jean-Guiton* passait dessus en roulant un peu, par habitude, coupait cette masse opaque et lisse, puis laissait derrière lui quelques vagues, quelques clapots, quelques ondulations qui se calmaient bientôt.»

GUY DE MAUPASSANT, *L'ÉPAVE*, 1886

BROUAGE, MYTHES ET MÉTAMORPHOSES

ILLUSTRES DÉTRESSES

Dans Le Somnambule, *Pierre-Henri Simon (1903-1972), professeur et écrivain, membre de l'Académie française et longtemps critique au* Monde, *ouvre le premier volet d'une tétralogie intitulée* Figures à Cordouan. *Cordouan est une ville mythique de la côte atlantique (Pierre-Henri Simon est né à Saint-Fort-sur-Gironde) où l'auteur se propose de capter le reflet des grandes préoccupations sociales et morales de son temps. La promenade à Brouage de Laurent Seudre et de sa femme, Louise, dont la virilité a épuisé peu à peu la femme, la fixant sur un pôle de pensées religieuses, prend l'allure d'une mélodie douce-amère au regard de la fin d'un couple pétrifié dans une vie d'austère engagement.*

«Ce jour-là, nous retournâmes à Brouage, que nous connaissions bien, et dont Louise goûtait l'austérité noble : cet ancien port fortifié, émergeant d'un marais découvert par l'océan, n'est qu'un hameau misérable, remparé par un quadrilatère de hauts murs que Richelieu a bâtis pour défier les siècles et qui ne défient plus qu'un néant de vase. C'est là que l'enfant Samuel Champlain a rêvé d'empire, et là que la petite Mancini, séparée de son jeune amant royal, a vu les soleils se coucher sur sa désolation ; à quelques kilomètres, c'est l'île Madame où la Révolution a fait des prêtres-martyrs, et c'est le village de Soubise, l'auberge où Hugo, voyageant avec Juliette Drouet, apprit par hasard au bas d'un vieux journal la mort de sa fille chérie. Nous avions aimé le cadre et le climat de ces illustres détresses, Louise s'en émouvait encore, et nous y revenions. Après une messe dans l'église d'un baroque maladroit et croulant, où huit ou dix fidèles somnolents offraient l'image d'une religion à l'agonie, nous avions déjeuné, selon nos principes économes, sous un bouquet d'arbres, avec des sandwichs et des fruits, puis gagné les remparts pour en faire le tour sur le chemin de ronde.»

PIERRE-HENRI SIMON,
LE SOMNAMBULE, LE SEUIL, 1960

TROIS LIEUES DANS LES MARAIS

De retour d'Espagne, Victor Hugo (1802-1885) et Juliette Drouet traversent la Saintonge, dernière étape d'un voyage dramatiquement interrompu par la mort accidentelle de la fille de l'écrivain Léopoldine et de son mari en amont de Villequier (le 4 septembre 1843). «Et pour moi la nature entière / Sonne le glas», semble déjà murmurer l'auteur des Contemplations (1856) *à la vue des marais de Brouage. Les lettres envoyées par Victor Hugo à sa famille et les notes prises durant ce voyage figureront dans le livre posthume* Alpes et Pyrénées (1890).

“Trois lieues dans les marais salants. De vastes plaines où s'élèvent, comme deux obélisques dans un cimetière, les beaux clochers à aiguilles de pierre de Moëze et de Marennes ; tout le long de la route, des flaques d'eau verdissante ; à tous les champs, qui sont des marais, d'énormes clôtures, cadenassées ; aucun passant ; de temps en temps un douanier le fusil au poing, debout devant sa cahute de terre et de broussailles avec un visage blême et consterné ; pas d'arbres ; nul abri contre le vent et la pluie si c'est l'hiver, contre le soleil si c'est la canicule ; un froid glacial ou une chaleur de fournaise ; au milieu des marais, le village malsain de Brouage enfermé dans son carré de murailles avec ses ruines du temps des guerres de Religion, ses maisons basses, blanchies comme les sépulcres dont parle la Bible, et ses spectres qui grelottent devant les portes en plein midi.”

VICTOR HUGO, *ALPES ET PYRÉNÉES*, 1890

FLUX ET REFLUX

L'EMBOUCHURE DE LA CHARENTE

En 1627, alors que le roi installait son camp à Aytré, un nommé Jean Prasteau, fils de tonnelier, vivait là, à quelques kilomètres de La Rochelle. Trois siècles plus tard, Jean Prasteau (né en 1921), journaliste, membre de l'académie de Saintonge, continue à parler de sa région d'origine : Charentes et Merveilles (1989), La Rochelle et ses îles (1972). *Il dirige actuellement les Grandes Conférences du* Figaro.

“L'embouchure de la Charente se perd bientôt dans le flou des horizons et des larmes. Autant que dans le flot salé, elle se dilue dans l'amertume. Les souvenirs de souffrances et de mort sont ballottés comme fétus entre les épaves arrachées aux rives pendant son errance à travers le pays charentais. Avec la marée, les vaguelettes les éparpilleront sur les plages étroites, précédées d'étendues limoneuses sur lesquelles le ciel verse le contenu sans cesse changé de sa palette, bordées de galets blancs mêlés de coquilles d'huîtres amincies par l'usure, de tas de varech noir et sec, entourés d'essaims d'insectes et de grosses méduses attendant le flux. Belle aventure pour une douelle ou une douve pourrie qui a connu bien des vendanges, de finir abandonnée au pied de dunes basses, et parfumées d'immortelles des sables et d'œillets mauves.

La Charente achève de se fondre amoureusement dans le Pertuis. Elle accomplit rituellement la cérémonie sauvage, la métamorphose millénaire, disparaissant en beauté au cours de cette union primitive dont les gestes remuent les fonds obscurs, ébouriffée par les noroîts parfois fougueux qui soulèvent les eaux poussées par le fleuve vers leur domaine barbare, les font rouler sans fin dans un murmure irritant et apaisant à la fois, sur les platins verdis par les algues et les vasières infinies. À chaque seconde, la Charente disparaît et renaît.

La Charente, notre ligne de vie…

La Charente, notre ligne de cœur…”

JEAN PRASTEAU, *CHARENTE, FLEUVE ET SYMBOLE*, LE CROÎT VIF, 1992
(OUVRAGE COLLECTIF SOUS LA DIRECTION DE G. JOUANNET)

Objets naufragés

Né à Poitiers en 1956, Thierry Guinhut, après des études d'histoire de l'art, a choisi Niort comme point d'ancrage. Pour ce marcheur infatigable, le voyage ne devient jamais tourisme mais demeure quête de soi. Dans un va-et-vient incessant entre le paysage et lui-même, mimant le flux des marées, Thierry Guinhut s'épuise au point de «parler comme il voit» : «J'aimerais que ces pages soient lues au travers d'une vision cosmopolite, qu'elles soient lues comme en sortant d'un reportage sur Los Angeles ou Buenos Aires…»

“Cosmopolitisme des objets déposés sur la plage, cadavres de mouettes flétries, plumes tachées de sel, extrémité duveteuse et volatile encore, bois flotté, eucalyptus, chêne clair, cageots, casiers, caissettes, souvent démantelées, stylos sans forme, volets aux peintures rongées et adoucies, galets ronds blackboulés et ovales, boîtes de Coca-Cola made in US gonflées, gondolées, plastiques aux couleurs vives, jaunes et bleus, bouteilles, débris de boîte aux lettres reconnaissable à sa fente désormais ouverte sur l'espace, soutien-gorge empli à demi de sable humide, relief de seins amollis, pilulier translucide, tessons coupants ou émoussés à la limite du verre et du caillou, brindilles, puces de mer sautant comme dans une poêle à frire, tissus déteints chargés d'auréoles ou de cartes de France, bonnet de bain aux fleurs légèrement pustuleuses, chaîne, élastique rose, partie d'un vêtement du lieu trouble d'une anatomie, crabe mort, carapace de langoustine, veaux de mer, dépôt d'ordures lavé de sel et distribué sur quelques kilomètres de plage, flacons, *bebida refrescante*, carton made in Taiwan, nasses à poissons, seaux, planches pourries, manche de parapluie, sandale dépareillée, tennis trouée, dé de métal, pinceau sans poil, corde bleue, casquette Orangina, Agua Del Molino, appareil photo à l'objectif taché de sel…

Monter au phare des Baleines… Le spectateur dispose de l'île comme d'une carte et relie ces terres marines aux fluescences lumineuses, nageuses, azuréennes…”

Thierry Guinhut, *Voyages en archipel*, Noël Blandin, 1988

Les travaux et les jours

La Pierre-qui-vire de l'île de Ré

«Quelle chançarde, cette Julie !» s'écrient Louise et Adelina à la vue de la pêche de leur amie, qui comme de coutume est abondante. Mais Louise connaît le secret de cette «magayante» (femme pêcheuse de l'île de Ré) hors pair. Tout comme les dolmens et les menhirs, la Pierre-qui-vire est l'objet du respect de tous, surtout si elle peut être la promesse de pêches fructueuses pendant toute l'année. Ce mégalithe du Bois-en-Ré s'élevait non loin des Grenettes et de la plage sauvage, à l'intersection des deux voies romaines qui se coupaient entre Saint-Martin et Le Bois. Disparu à la suite d'un empierrement, il a laissé son nom, Pierre-qui-vire, au territoire sur lequel il s'érigeait.

“Écoute, lui dit-elle, je vais t'expliquer pourquoi Julie pêche mieux que nous. Tu sais que tous les ans, la veille de Noël, la pierre-qui-vire tourne sur elle-même trois fois lorsque sonne minuit. La mère Phelipotte me rappelait encore, il y a peu de temps, qu'un nommé Bernier, en revenant de l'écluse des Fontaines, un soir de messe de minuit, avait vu virer la pierre. Le pauvre homme avait eu si grand-peur qu'à peine ses jambes purent le porter jusqu'à son lit, où il resta malade plusieurs semaines. Personne, depuis, n'a eu l'occasion de voir ce qui avait tant effrayé Bernier. Et pourtant tous les ans, cette même veille de Noël, beaucoup de pêcheurs de chez nous ne manquent pas d'aller mettre, dans une cavité de la pierre qui vire, des miettes de

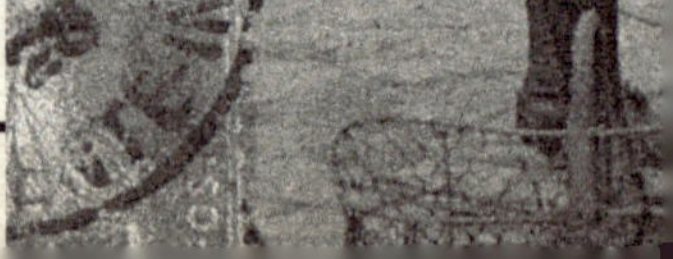

ɔain pour les oiseaux, espérant par cette légère offrande réaliser toute l'année des ɔêches fructueuses. Ma pauvre petite, nous sommes allées plusieurs fois ensemble ı la pierre qui vire, mais nos pêches n'en sont jamais meilleures. La raison ? Il n'y a ɔas si longtemps que je la connais ? N'as-tu pas remarqué que Julie ne nous a amais accompagnées à la pierre qui vire et qu'elle s'est toujours arrangée pour y ıller seule ? Julie a son secret, je l'ai surprise sans le vouloir, je te le jure, alors qu'elle faisait ses confidences à François. Julie sait qu'il ne suffit pas de déposer de a mie de pain dans le creux de la pierre du chemin des Grenettes ; elle sait qu'il 'aut crier à la pierre, par trois fois : Tourne ou vire, tourne ou vire, tourne ou vire, ɔour être sûr de pêcher abondamment toute l'année.

Voilà pourquoi Julie est meilleure magayante que nous.»

LA FÊTE DES VENDANGES EN AUNIS

Dominique, écrit en 1863 par Eugène Fromentin (1820-1876), compte parmi les plus grands romans psychologiques du XIXe siècle. Celui qui fut aussi un peintre talentueux raconte son amour malheureux pour une amie d'enfance, Jenny Chessé, qui en épousera un autre. Dans un passage du roman, Dominique assiste au travail de pressurage de la vendange et à la fête qui l'accompagne. Destiné à la production d'eau-de-vie mais concurrencé par la Saintonge et le Cognaçais, le vignoble d'Aunis disparaît à la fin du XIXe siècle, suite à la grande crise du phylloxéra.

«Il n'y avait guère, en fait de danseurs, que les vendangeurs de la maison, et peut-être un ou deux jeunes gens des environs que le signal de la cornemuse avait attirés. Je ne saurais dire si le musicien qui jouait du biniou s'en acquittait avec talent, mais il en jouait au moins avec une violence telle, il en tirait des sons si longuement prolongés, si perçants, et qui déchiraient avec tant d'aigreur l'air sonore et calme de la nuit, que je ne m'étonnais plus, en l'écoutant,

que le bruit d'un pareil instrument nous fût parvenu de si loin ; à une demi-lieue à la ronde, on pouvait l'entendre, et les jeunes filles de la plaine devaient, san contredit, rêver contredanse dans leur lit. Les garçons avaient seulement ôté leur vestes, les filles avaient changé de coiffes et relevé leurs tabliers de ratine ; mai tous avaient gardé leurs sabots, disons comme eux leurs bots, sans doute pour s donner plus d'aplomb et pour mieux marquer, avec ces lourds patins, la mesure d cette lourde et sautante pantomime appelée la bourrée. Pendant ce temps, dans l cour de la ferme, des servantes passaient une chandelle à la main, allant et venan de la cuisine au réfectoire, et quand l'instrument s'arrêtait pour reprendre haleine on distinguait les craquements du treuil où les hommes de corvée pressaient l vendange.»

EUGÈNE FROMENTIN, *DOMINIQUE*, 186

LE SEL

Née en 1946 en Charente-Maritime, Hortense Dufour est devenu aujourd'hui une romancière à succès. Après Le Bouchot (prix du Livr Inter 1983), La Fille du saulnier *renouvelle l'attachement de l'auteur à l région qui l'a vue naître. Le marais de Brouage est un haut lieu de l'aventure du sel, c «feu de la mer» inlassablement recueilli de père en fils.*

«[Il] possède les marais de Brouage dont la nature donne trois sortes de sel Le sel gris courant, aux nuances gris-blanc, appelé «beau commun». Près de bosses, le sel noir, chargé de terre, nommé «chaudière». Les marchands hollandai l'achètent aussi pour le raffiner. Le «chaudière» sert aussi à la poudre. Le saulnie lui réserve un traitement à part. Enfin, le sel vert, ou «terreneuvier», corrosif à l'extrême, propre aux salaisons, fort apprécié en Saintonge, poudre enflammée dans la bouche... [...]

Le sel lui donne beaucoup de mal. Quand il besogne au marais, plus de différence avec ses paludiers, presque misérables, qui gîtent dans des huttes en roseaux. Les enfants cuisent sous le soleil, gèlent sous la grêle. Le sel est la mémoire de leur histoire. De père en fils, ils se sont penchés et ont recueilli ce feu de la mer, amer dans leur bouche et leur gorge, rutilant sous le soleil... Ils endurent bien de la peine à son service. Sans parler des fièvres. Grelotter jour et nuit, le corps et la bouche emportés d'une soif intarissable. Ont-ils avalé des tonnes de sel, celu d'avant la Création ?»

HORTENSE DUFOUR, *LA FILLE DU SAULNIER*, GRASSET, 1992

ITINÉRAIRES
EN CHARENTE-MARITIME
AUNIS

▲ Marais à Nieulle-sur-Seudre.

▼ La Seudre.

▲ Pêche à pied à Châtelaillon.

▲ La Passe aux bœufs, à marée basse, entre le continent et l'île Madame.

▲ Bateaux échoués sur la vase .

▼ Les marais de la Seudre.

▲ Le fort du Chapus ou fort Louvois, à marée basse.

▼ Le fort de la Rade à l'île d'A

▼ La fontaine de Saint-Nazaire-sur-Charente .

▲ Bateau échoué et ponton pour la pêche au carrelet.

▲ Bateau au départ de l'île d'Aix.

▼ Bourcefranc-le-Chapus, chalutiers à quai.

▲ La Rochelle, tour de la Grosse Horloge.

▲ Les trois tours de La Rochelle et le vieux port.

▼ La place du marché.

La Rochelle

Marie-France Chabaud
Marcel Delafosse
Nicolas Faucherre
Jean Flouret
Thierry Lefrançois
Pierre-Henri Marin

Sceau de la commune
de La Rochelle (XVe siècle).

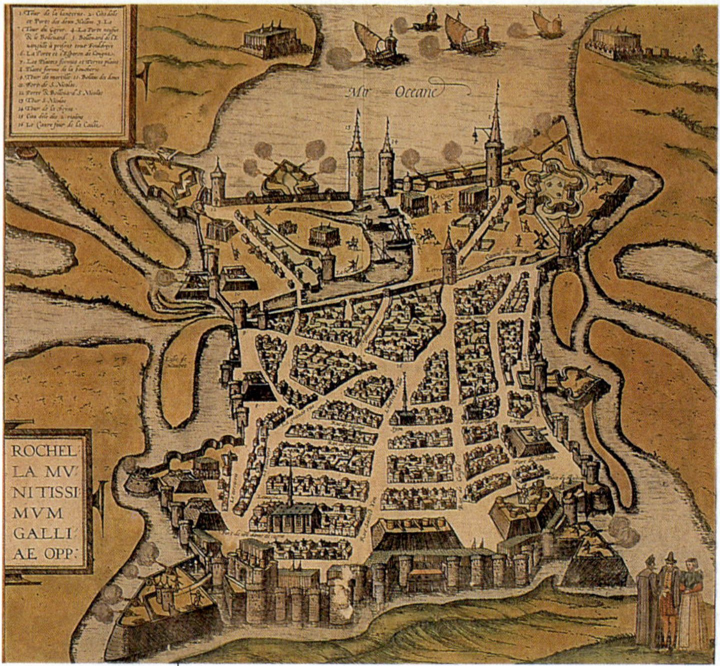

LE MAIRE SOUS LA COMMUNE
L'élection du maire avait lieu chaque année dans l'église Saint-Barthélemy : ce grand personnage administrait, jugeait et dirigeait les affaires politiques.

Belle et rebelle. Telle apparaît La Rochelle au fronton de l'Histoire. Il ne fallut pas moins qu'un cardinal de fer pour mettre à la raison cette ville de mer et de pierre, citadelle redoutable, emblème du protestantisme, longtemps insoumise à la royauté. Et, pourtant, rien au départ ne la prédisposait à ce rôle. Car, si beaucoup de villes en France se développent au Moyen Âge autour d'un noyau plus ancien – cité gallo-romaine, abbaye, bourg féodal –, La Rochelle offre la spécificité de n'avoir rien pour origine, sinon un minuscule village de sauniers et de paysans à la fin du XIe siècle. Au siècle suivant un premier port apparaît, puis un autre, plus commode, une, deux, trois, quatre paroisses de plus, nécessaires à la multitude des immigrants. Une liste des Rochelais établie en 1224 indique une proportion de citadins d'origines diverses plus forte que dans toute autre ville française. Des rues sont tracées dans les champs selon un plan presque géométrique et des remparts ▲ *134* enserrent la nouvelle agglomération. Plus tôt qu'ailleurs, on y emploie le français et non le latin pour rédiger les actes. Cette croissance rapide à partir de rien et cette modernité viennent essentiellement de l'exportation du vin ● *25*. La Rochelle perd au XIIIe siècle une partie du marché anglais mais garde la Flandre et, plus

La bataille navale de La Rochelle, en 1372, l'une des rares victoires navales jamais remportées sur les Anglais.

tard, avec le sel, étend ses exportations jusqu'à la Baltique ● *25*.

UNE FIDÉLITÉ HÉSITANTE. Dans ce fulgurant développement, La Rochelle a bénéficié de l'appui du comte de Poitiers et de ses héritiers, les Plantagenêts, rois franco-anglais. Ils donnent à la ville des franchises et, vers 1170, une charte de commune, confirmée en 1199 par Aliénor d'Aquitaine, la duchesse-reine. Quand la ville est conquise en 1224 par le roi de France Louis VIII, elle garde ses privilèges, de même qu'en 1360 lorsqu'elle repasse sous la souveraineté anglaise, et en 1372, alors qu'elle redevient française. Les Rochelais garderont leurs privilèges jusqu'au siège de 1628.

LA CITADELLE DU PROTESTANTISME ● *28*. En 1542, les Rochelais sont en conflit avec François Ier, qui les prive, pour quelques années, de leurs libres institutions communales, mais alors leur intérêt se porte surtout sur leurs affaires commerciales : exportations habituelles et ouverture de routes nouvelles à travers l'Océan. La rade devient un très vivant centre d'armement pour Terre-Neuve ▲ *152*, et quelques bateaux sont affrétés pour l'Afrique et l'Amérique du Sud. Dans la seconde moitié du XVIe siècle, tout change : en 1568, les protestants prennent le pouvoir à La Rochelle. Grâce à ses murailles renforcées de bastions neufs ▲ *134*, sa capacité de ravitaillement par mer et ses corsaires, la ville devient une place forte de choix pour les chefs huguenots, Condé et Henri de Navarre. Le roi veut y imposer son gouverneur, mais la ville se ferme et soutient victorieusement les assauts de l'armée royale en 1572-1573. Elle jouit par la suite, et jusqu'en 1610, d'une quasi-indépendance et, à plusieurs reprises, d'une prospérité éclatante en des temps de malheur. L'aspect de ses rues change, des maisons de pierre ● *80* et un bel hôtel de ville sont construits. Ses imprimeurs, Barthélemy Berton puis les Haultin, tous protestants ● *29*, produisent de savants livres. À tout point de vue, La Rochelle touche alors, juste avant la catastrophe de 1628, à un des sommets de son histoire. Après la mort d'Henri IV, le choc sera inévitable avec le pouvoir royal et conduira au grand siège de La Rochelle.

LE GRAND SIÈGE (1627-1628)

L'Europe a les yeux fixés sur La Rochelle. La ville protestante se rebelle contre son roi Louis XIII, qui l'assiège. La cité a des fortifications réputées imprenables et, devant elle, la mer, d'où peut venir l'aide anglaise. Richelieu fait couper la ville de l'Océan nourricier par une digue érigée par l'architecte Métezeau et le maître maçon Thiriot.
En pierres sèches, renforcée de machines de bois, la digue progresse de chaque côté de la baie. Elle étrangle peu à peu les rebelles. Pas besoin d'assaut important, il n'y aura que des combats partiels. En face de Richelieu, Jean Guiton ▲ *149*, élu maire le 30 avril 1626, jusqu'au-boutiste acharné, essaie de tendre à l'extrême les courages, mais, dès juin, les vivres se raréfient, la détermination de la population fléchit et, le 27 octobre, les délégués rochelais implorent la clémence du roi : commune, remparts et privilèges sont supprimés, mais il n'y a pas de vraies représailles contre les révoltés, qui gardent leur culte protestant.

1- TOUR DE LA LANTERNE
2 - TOUR DE LA CHAINE
3 - TOUR SAINT-NICOLAS
4 - SAINT-SAUVEUR
5 - PARC CHARRUYER
6 - PRÉFECTURE

7 - GROSSE HORLOGE
8 - HOTEL DE VILLE
9 - BOURSE DE COMMERCE
10 - PALAIS DE JUSTICE
11 - CATHÉDRALE
12 - MAISON HENRI II

Les fortifications classiques
Reconstruite par Ferry à partir de 1689, l'enceinte à cinq portes et dix bastions est placée en avant de l'enceinte protestante rasée, sauf à l'ouest (parc Charruyer). La ville décline ainsi un front de mer médiéval, un front ouest Renaissance et un front nord classique.

À l'ouest
Sur le front occidental, dont les fossés et les glacis constituent aujourd'hui le parc Charruyer, se superposent sur un tracé identique les enceintes médiévale, Renaissance et classique. L'alignement des îlots correspond ainsi au plan de l'enceinte médiévale.

Projet d'un pont
L'amorce d'un arc à 25 m de haut sur la tour Saint-Nicolas, prouve qu'une porte avait été prévue pour l'entrée du port.

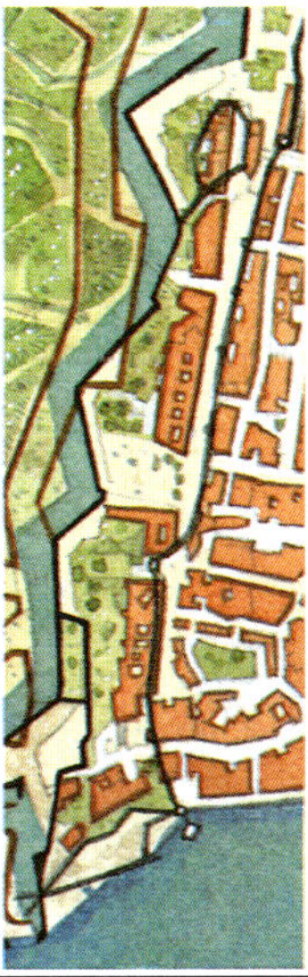

L'AFFAIRE DES QUATRE SERGENTS L'événement le plus connu au XIXe siècle est l'affaire des quatre sergents de La Rochelle, fort peu rochelais, puisqu'ils ont à peine conspiré dans la ville et y ont seulement été emprisonnés, pour certains dans la tour de la Lanterne. L'inutile rigueur de Louis XVIII, qui, en 1822, les fit guillotiner, a associé à la ville ces martyrs de la liberté.

LÉONCE VIELJEUX Maire de La Rochelle en 1940, il refuse de se soumettre aux Allemands. Suspendu de ses fonctions le 22 septembre 1940, il est arrêté puis déporté au camp du Struthof (Bas-Rhin), avec 175 résistants de Charente-Inférieure : 75 n'en reviendront pas. Léonce Vieljeux sera exécuté dans la nuit du 1er au 2 septembre 1944.

L'ESSOR MARITIME. Après le Grand Siège, La Rochelle se retrouve avec un centre urbain presque intact mais avec une population fort diminuée ; l'agglomération devient une ville ouverte (Richelieu fait démolir les fortifications à l'exception du front de mer ▲ *134*), sans protection fiscale. Il lui reste un noyau de marchands et d'artisans, protestants et actifs ; elle conserve son commerce traditionnel, auxquel viennent se greffer de nouveaux marchés avec l'Amérique et le Canada ▲ *152*, et on assiste à ce paradoxe d'une colonie catholique soutenue par des banquiers hérétiques. Des Antilles arrivent le tabac et, surtout, à partir de 1655, le sucre ▲ *155*. Sur ces routes maritimes, La Rochelle égale, et même devance au XVIIe siècle, Nantes et Bordeaux. Au siècle suivant, le commerce avec les «Îles d'Amérique» et l'Afrique se développe et La Rochelle connaît une prospérité éclatante.

LE TOURNANT DE LA RÉVOLUTION. Après l'euphorie des débuts, la Révolution a rapidement des conséquences désastreuses. La bourgeoisie rochelaise, privilégiée sous l'Ancien Régime, ne peut guère gagner au Nouveau Régime, et les classes populaires ne trouvent pas dans des gains politiques apparents un remède aux misères de la crise économique. La révolte des Noirs à Saint-Domingue et la guerre contre l'Angleterre anéantissent le commerce colonial et affectent les trafics traditionnels de vin et de sel.

UNE CROISSANCE NOUVELLE. La vie politique rochelaise resta longtemps bien pâle, même si Napoléon, d'un trait de plume, avait en 1810 replacé ici le chef-lieu départemental, que les Saintongeais avaient fixé en 1790 à Saintes. L'activité reprend dès 1820 avec le développement du tourisme balnéaire, puis au milieu du siècle avec l'importation du charbon, et se développe franchement à partir de 1890, quand est ouvert à La Pallice le nouveau port en eau profonde. L'armée consent enfin à ouvrir le corset des fortifications, deux communes voisines sont annexées, de nouveaux quartiers bâtis et la courbe de la population se redresse. La bourgeoisie protestante continue à jouer un rôle important dans les affaires et la politique, bien que la proportion des réformés n'égale que dix pour cent de la population de la ville.

LE DERNIER SIÈGE. Les Allemands occupent en 1940 toute la côte atlantique française, et l'utilisent dans leur lutte contre l'Angleterre pour y construire des bases pour leurs sous-marins. Sans être la plus grande, celle de LA PALLICE comporte, au bout de son bassin, un abri colossal. La ville, située dans la zone côtière interdite, est fortement occupée et désertée par les trois quarts de la population. Malgré quelques bombardements, le centre est à peine touché ; la base elle-même est peu entamée. En 1944, quand l'armée ennemie évacue la région, elle conserve ici ce qu'on a appelé une des «poches de l'Atlantique», s'étendant sur un rayon

d'une dizaine de kilomètres autour de la ville. Les Allemands l'occupent avec des troupes suffisantes, tandis que les Forces françaises de l'intérieur (FFI) sont incapables de mener l'assaut décisif, faute d'armement. Le combat semble différé mais inévitable. Un miracle pourtant se produit : les chefs militaires locaux concluent non un armistice mais un accord limitant les opérations offensives, et les autorités supérieures, sans l'approuver, se contentent de fermer les yeux. Le 8 mai 1945, la capitulation de l'Allemagne permet aux Français d'entrer sans coup férir dans la vieille cité, intacte. Même les excès habituels de la Libération ont été ici très atténués.

Le renouveau rochelais. Une vive croissance démographique a fait passer la ville de moins de 50 000 à plus de 80 000 habitants, avec pour conséquence la construction de quartiers entiers, Port-Neuf, Mireuil, Villeneuve-les-Salines, auxquels il faut ajouter, en agglomération continue, les communes voisines et même, depuis le pont, l'île de Ré, sorte d'annexe «noble». Un espoir est né avec l'implantation de nouvelles industries, mais celles-ci se sont peu à peu fermées comme les anciens chantiers navals. Si l'économie de la ville reste tournée vers la mer (un nouveau port de plaisance voit le jour en 1971, suivi par un nouveau port de pêche à La Pallice en 1994) et le tourisme, elle fait aussi le «pari de l'intelligence» et de la haute technologie. Il est significatif que les bâtiments de l'université et ceux d'écoles supérieures s'élèvent à côté du port de plaisance. Cette prise de possession de la rive sud de la baie, longtemps abandonnée aux marais, symbolise bien le renouveau rochelais.

La «Volta»
Cette voiture électrique écologique a été conçue à La Rochelle. Adoptée par plusieurs municipalités, dont celle de Paris, elle est à l'essai dans certains services publics (EDF, la Poste).

Le «France-1»
La frégate *France-1* a été rachetée par la ville de La Rochelle et transformée en musée flottant de la météo, de la pêche et de la vie à bord.

Le Vieux Port
Les bateaux déchargeaient à marée basse à l'aide de planches, les plus gros navires «mouillaient en rade foraine», et le transit des marchandises s'effectuait à l'aide de gabares : vin et sel ● *25*, peaux, coton, tabac et canne à sucre ▲ *152*. Aujourd'hui, bateaux de plaisance et vedettes côtoient les «coureauleurs», ces petits bateaux pêchant sous le coureau, entre les îles, qui animent le site de leurs drapeaux multicolores.

Le Vieux Port et ses tours restent le symbole majeur de La Rochelle, l'emblème de sa gloire passée et de son dynamisme actuel. C'est là le cœur battant de la vieille ville, vestige de la cité médiévale, site magique où se déroulent certaines des manifestations les plus prestigieuses de la cité, tels les Francofolies ou le défilé des bateaux du Grand Pavois.

Le port de pêche

Le port primitif se trouvait au nord-ouest de la ville, au fond d'un étroit estuaire, aujourd'hui parcouru par le ruisseau de Lafond. Il semble qu'Aliénor d'Aquitaine et Henri II soient à l'origine de l'aménagement, en 1190, d'un nouveau port, le Vieux Port actuel. L'édification des tours, alors intégrées à l'enceinte médiévale, permit de protéger la cité du côté de la mer. Au XVIIIe siècle, on entreprend au sud de la tour Saint-Nicolas la construction d'un premier bassin à flot, ouvert en 1808. Il est doté en 1862 d'un deuxième bassin, le bassin neuf, ou bassin des Chalutiers, agrandi en 1920. Quatre-vingts bateaux modernes, industriels et artisanaux, se partageaient les quais de ces bassins et ceux du Vieux Port, avant d'émigrer, en 1994, dans le nouveau port de pêche à La Pallice ▲ *169*.

Musée maritime ♥. Il s'est constitué en 1985, autour de la frégate de la météorologie nationale *France-1*, qui, avant l'apparition des satellites, jouait les «chasseurs de tempête» dans l'Atlantique, à plus de 100 km des côtes, pour permettre les prévisions. Depuis, une petite flottille est venue renforcer les éléments de ce Musée maritime, avec le remorqueur *Saint-Gilles*, une drague à vapeur centenaire, *Joshua*, voilier sur lequel Bernard Moitessier disputa la première course autour du monde, en 1968, un canot de sauvetage de la SNSM (Société nationale de sauvetage en mer), deux chalutiers, etc. Dans le cadre du réaménagement du port de pêche, après son transfert à La Pallice, le Musée maritime envisage d'exposer d'autre bateaux et de reconstruire le *Velox*, une goélette de 45 m, chef-d'œuvre des chantiers Augustin-Normand du Havre de 1875, dans un chantier-musée.

Tour Saint-Nicolas ♥ ▲ *134*

C'est la plus haute des deux tours du port. Avec la tour de la Chaîne, elle constitue la «Porte océane» de La Rochelle et symbolise la réussite économique de la ville liée à l'Océan. Elle est dédiée à saint Nicolas, patron des gens de mer. De plan circulaire, cantonnée de quatre tourelles et d'un massif quadrangulaire formant éperons à l'ouest, la tour s'élève à 36 m environ. D'après des recherches récentes, elle remonterait au XIVe siècle. Endommagé en 1651, le haut fut en partie restauré en 1888 par M. Lisch. À l'intérieur, les salles superposées sont reliées par un curieux système de circulation. La tour servit successivement de dépôt d'armes, de prison, puis de magasin d'artillerie. De son sommet, le panorama s'étend sur le pertuis d'Antioche, l'île de Ré et l'île d'Oléron.

La Fronde contre les tours
La tour Saint-Nicolas fut endommagée au cours de la Fronde, en 1651. Le lieutenant du comte de Daugnon, rebelle au roi, se retrancha dans la tour, qui subit la canonnade.

Le Gabut. Bâti à l'emplacement d'un bastion, ce quartier, longtemps occupé par des ateliers de réparation de bateaux et des vieux hangars, a été rénové en 1991. Il fait aujourd'hui le lien entre la ville historique et la nouvelle zone économique et résidentielle des Minimes. La passerelle tournante permet de longer le bassin intérieur pour rejoindre le quai Valin.

Le Gabut
Maisons de bois et passerelles rappellent les relations commerciales que la ville entretenait avec la Hanse et la Scandinavie ● *25*.

Quai Valin. Le mur de fortifications qui longeait le quai a disparu ▲ *134*. L'accès au quartier Saint-Nicolas se faisait par la rue des Canard et la rue d'Ablois, au sud, et par la porte Saint-Nicolas quand on venait de Rochefort. Les cafés qui bordent le quai sont nombreux, aujourd'hui comme autrefois. *Le Chat noir*, *Les Trois Piliers* ont cédé la place au *Yachtman*, au *Café du bassin*… Au n° 3, une maison du

L'AMIRAL DUPERRÉ (1775-1846)
Devant la Grosse Horloge, la statue de l'amiral Duperré, dos à la mer mais face à la ville, fut érigée en 1869.

Né le 20 février 1775 à La Rochelle, Guy-Victor Duperré se distingue sous l'Empire au cours de combats navals contre les Anglais, dans l'océan Indien. En 1830, il dirige les cinq cents navires transportant les troupes françaises à Alger. Sa contribution éminente à la conquête de l'Algérie lui vaut d'être amiral et pair de France. Il est nommé ministre de la Marine sous Louis-Philippe et meurt à Paris le 2 novembre 1846. Sa devise est célèbre : «Coule si tu peux, je n'amène pas, feu partout.»

XVIIe siècle, dotée de lucarnes à frontons décorés et de gargouilles, abritait les éclusiers chargés du maniement des écluses de chasse du canal Maubec.

QUAI DUPERRÉ

Autrefois dénommé la Grand-Rive, ce quai fut baptisé du nom de l'amiral Duperré en 1858. La promenade sur le quai permet d'embrasser le panorama s'étendant en face des nombreuses terrasses de cafés et de restaurants. C'est l'«âme vive» de la cité touristique d'aujourd'hui. Les maisons ont été construites à l'emplacement de la deuxième enceinte de la ville ▲ *134*, détruite après le siège de 1628 ▲ *129*. Au n° 10, le Bureau des douanes a remplacé le Poids du roi, où se percevaient les taxes sur les marchandises. Au n° 36, une porte mène dans la cour d'une maison Renaissance avec tourelle d'angle, galerie à balustres...

LA GROSSE HORLOGE. Construite au XIVe siècle, c'était l'une des portes de l'enceinte médiévale ▲ *134*. Elle faisait communiquer le port et la ville par deux passages, l'un pour les chariots, l'autre, plus petit, pour les piétons. À l'origine couronnée de créneaux et de mâchicoulis, elle est agrémentée en 1478 d'un clocher octogonal et d'un campanile abritant la cloche de l'horloge, qui lui donne le nom qu'elle a gardé depuis. En 1672, les deux passages sont réunis en un seul pour faciliter la circulation, puis le couronnement est remanié en 1746 : la pendule est placée sous un baldaquin encadré de sphères célestes, complétées de trophées militaires et scientifiques. Au sommet, un navire servant de girouette tourne au gré des vents. À l'intérieur, un Musée archéologique présente les résultats des fouilles réalisées cours du Temple et rue des Templiers ▲ *148*.

Cours des Dames, pêcheurs réparant un filet.

COURS DES DAMES

Jusqu'au début du XIXe siècle, de nombreux hangars donnant directement sur le bassin se dressaient sur ce que l'on appelait alors rue de la Bourserie, puis quai de la Bourserie. Entre 1806 et 1822, toute la partie sud a été abattue pour aménager ce cours ombragé, dénommé cours Wilson après la Première Guerre mondiale, puis cours des Dames. Le n° 8, actuellement cinéma *Dragon*, est une maison de 1743 qui appartint à Louis Collon. Né en 1754 à Courçon, ce boulanger de La Rochelle partit faire fortune à Saint-Domingue et acheta cette demeure à son retour. Au bout du cours s'élèvent des maisons à porches (nos 38, 40 et 44). De tout temps, cette promenade fut animée. Déjà en 1814, les affiches de La Rochelle font état de forains qui s'y produisaient. Aujourd'hui cracheurs de feu, dresseurs d'animaux et musiciens ont pris le relais. Le musée Grévin ◆ *265*, installé au n° 38, raconte en quinze scènes l'histoire de La Rochelle.

TOUR DE LA CHAÎNE ▲ *134*

La tour actuelle a été édifiée à la fin du XIVe siècle, mais une première tour a dû la précéder, puisqu'en 1209, déjà, des textes mentionnent l'usage d'une chaîne pour fermer le port. De plan circulaire, haute de 34 m à l'origine, la tour n'en mesure plus que 24. Lors des affrontements de la Fronde, en 1651, l'explosion d'un dépôt de poudre détruisit la toiture, les mâchicoulis et le chemin de ronde. Sa restauration partielle ne s'opéra qu'à la fin du XIXe siècle et au début du XXe siècle. Au rez-de-chaussée, une belle salle octogonale abrite, sous des voûtes sur croisée d'ogives, un plan-relief de la ville au XVIe siècle. Entre la tour de la Chaîne et l'entrée du port se trouvait, jusqu'à sa démolition, en 1827, pour élargir la passe, la petite tour de la Chaîne, qui abritait la «caillourne», ou treuil, servant à tendre la chaîne pour fermer le port.

CANTON DE GATEBOURSE. Sur la petite place de la Chaîne, au pied de la tour, repose, à côté d'une ancre de 1628, la dernière chaîne qui fermait chaque soir le port. Selon Rabelais, Gargantua s'en servait également pour attacher Pantagruel dans son lit ! Cette place s'appela aussi canton de Gatebourse car les matelots venaient y «gâter leur bourse» dans les nombreuses auberges : *Le Jeu de paume*, *L'Auberge de la croix d'or*, *Le Chapeau rouge*, *Les Armes d'amour*. Ce canton s'appelle aussi le quartier grec, évoquant les marins de l'île de Groix qui l'habitaient. Si cafés et restaurants ont remplacé les vieilles auberges, camelots, marchands, peintres amateurs maintiennent toujours l'animation d'antan.

LES FRANCOFOLIES
C'est à l'initiative de Jean-Louis Foulquier, natif de l'île de Ré et journaliste à France-Inter, que l'on doit la création et l'animation, depuis 1984, du festival de La Rochelle baptisé les Francofolies. Tous les ans, la semaine précédant le 14 juillet, ce festival consacré à la chanson francophone attirant un public de plus en plus nombreux, s'installe au pied des tours : cours des Dames, cours du Temple, place Saint-Jean-d'Acre, place des Coureauleurs. Chaque jour, alternativement, les commerçants d'un quartier offrent aux festivaliers le «pot de l'amitié». Les Francofolies sont retransmises sur France-Inter par l'émission «Pollen» à quelque 60 millions d'auditeurs.

LA MER SUR LES MURS
La Rochelle garde de sa tradition maritime des témoignages gravés dans la pierre de ses demeures.

PLUSIEURS NOMS D'abord appelée tour du Garrot, à l'époque où son capitaine avait le rôle de «désarmeur de nef» (avant que les bateaux ne pénètrent dans le port, armes et munitions étaient déchargées à l'aide d'un palan équipé d'un garrot), la tour de la Lanterne prit le nom tour des Prêtres, en souvenir des treize religieux égorgés et jetés à la mer en 1568, pendant les guerres de Religion. Mais elle est plus connue sous le nom tour des Quatre-Sergents ▲ *138*.

Le quartier Saint-Jean-du-Perrot est dominé par la tour de la Lanterne. On y accède par la rue Sur-les-Murs (l'ancien chemin de ronde), qui relie la tour de la Chaîne à la tour de la Lanterne. La courtine actuelle a été construite au XVIe siècle, doublant ainsi celle qui avait été élevée entre 1352 et 1387.

TOUR DE LA LANTERNE ▲ *134*

Autre figure emblématique du paysage rochelais, la tour de la Lanterne se distingue aisément des deux précédentes par son élégante flèche gothique. Édifiée entre 1445 et 1476, haute de 60 m, la tour se compose d'une base cylindrique ceinturée d'un chemin de ronde crénelé à mâchicoulis et surmontée d'une flèche octogonale de 30 m de haut, doublée d'une harmonieuse lanterne. À l'intérieur, divisé en quatre niveaux, les murs gardent le souvenir des marins anglais, espagnols ou hollandais qui y furent emprisonnés du XVIIe au XIXe siècle et qui y gravèrent de nombreux graffitis. Le rôle principal de cette tour fut celui d'amer pour guider les navigateurs grâce à la lumière d'un feu la nuit et à la fumée des cheminées le jour.

PORTE DES DEUX-MOULINS. Cette porte aménagée dans une épaisse muraille fait partie de l'enceinte de Ferry ▲ *134*. Des pompes ont été installées récemment pour éviter que les zones de marais ne fussent à nouveau envahies par les eaux. À l'angle de la rue des Deux-Moulins et du chemin des

Remparts, dont le tracé suit le front ouest des anciennes fortifications, une maison à colombage de style normand, appelée maison au Chat, témoigne de l'architecture balnéaire du début du siècle ● *90*.

HÔTEL DE LA PRÉFECTURE

Cet hôtel fut construit en 1784 pour Michel Poupet, banquier et armateur. En 1816, il devint le siège de l'hôtel de la préfecture, transférée de Saintes à la ville sur décision de Napoléon. Cet hôtel rochelais, entre cour et jardin, reprend le modèle d'architecture des hôtels particuliers du XVIIIe siècle ● *80*. Magnifiquement décoré, il avait fait dire à Napoléon : «Avec un peu d'argent, j'en ferai un palais.»
RUE RÉAUMUR. La démolition des remparts après le siège de 1628 ▲ *134* permit la création de la rue Réaumur, artère résidentielle, sans commerces, où les négociants, dont beaucoup de négriers, se firent construire de «grandes maisons» ● *80* : hôtels Seignette (n° 12), Giraudeau (n° 16), Garesché (n° 18), Pascaud (n° 20).
UN CLOCHER POUR SEUL VESTIGE. À l'angle sud-ouest de la place du Maréchal-Foch se dresse un clocher, dernier témoin de l'église construite par les hospitaliers de Saint-Jean-de-Jérusalem, implantés à La Rochelle en 1317. Détruite par une explosion en 1545, elle fut remplacée, en 1672, par une église à façade classique. Cette dernière disparut à son tour après 1887 ; seul le clocher datant de 1754 fut conservé.
LA COURSIVE. La maison de la culture rochelaise a été aménagée dans ce qui fut le monastère des Carmes, dont il subsiste le portail d'entrée de la chapelle, le mur nord, rue des Carmes, et les murs du cloître, à l'intérieur, sur lesquels vient aujourd'hui s'appuyer une immense verrière (ci-contre). Le portail (1676) s'ouvre dans un chambranle concave, surmonté d'une coquille monumentale.

LE MAIL ET LES PARCS

LE MAIL. Au XIXe siècle, La Rochelle est, avec Royan, la station balnéaire la plus mondaine de la région. L'urbanisme balnéaire ● *90* est ici remarquable par l'alignement de cottages et les chalets de brique, de bois et de pierre. Le Mail, aménagé dès le XVIIe siècle, servait aux prises d'armes, concerts, fêtes diverses et au jeu de mail. Au centre, les bains du Mail, anciens bains Marie-Thérèse (en haut), fondés en 1827 et détruits sous l'Occupation, ont cédé la place au casino municipal. Sur la plage de la Concurrence, un restaurant et un café ont remplacé celui d'architecture orientalisante du début du siècle. Le théâtre et le kiosque à musique ont disparu. Derrière le Mail s'étendent le parc Franck-Delmas et, en bordure de côte, le parc d'Orbigny, ancien champ des Régates, d'où l'on venait assister au départ des courses de voiliers organisées par la Société des régates rochelaises.
PARC CHARRUYER. Ce parc a été aménagé à partir de 1887 sur les glacis des remparts de Ferry et forme une ceinture longue de 2 km et traversée par le ruisseau de Lafond.

UN SAVANT ROCHELAIS
René-Antoine Ferchault de Réaumur (1683-1757), natif de La Rochelle, est resté célèbre pour le thermomètre à alcool qui porte son nom. Savant aux talents divers, il était membre de l'Académie royale des sciences de Paris, de Londres, de Saint-Pétersbourg, de Berlin, de Stockholm, de Bologne... et de l'Académie des belles-lettres de La Rochelle. Son buste s'élève à la jonction des rues La Noue, Saint-Côme et Réaumur.

LES PÈRES CARMES
En 1375, les pères carmes, installés à La Rochelle depuis 1293, établissent leur communauté sur des terrains cédés par les hospitaliers. Leur monastère, détruit en 1628, est reconstruit. Les locaux sont ensuite transformés, en 1791, en entrepôt des douanes, puis en manufacture de tabac, en marché aux poissons, en salle de sports et, enfin, en maison de la culture depuis 1982.

Ce tableau réalisé pour la décoration de la Bourse du commerce illustre le trafic qui enrichit la cité au XVIIIe siècle.

LA MAISON AU CHIEN
À l'angle de la rue Fromentin et de la rue Chaudrier se dresse une maison à tourelle surmontée d'un chien. Cette demeure appartenait au maire Guillaume Pineau. Lors d'une émeute qui opposa, en 1562, partisans de Louis Ier de Condé à des Rochelais qui ne voulaient pas entrer en lutte contre le roi, le chien fut décapité.

Le quartier des affaires est le témoignage de la prospérité du commerce rochelais dans la seconde moitié du XVIIIe siècle, une prospérité bâtie, pour une bonne part, sur le commerce triangulaire ▲ *154*.

CHAMBRE DE COMMERCE ● *80*

En 1760, les négociants rochelais financent eux-mêmes la reconstruction de la Bourse, sur les plans de Mathieu Hue, ingénieur en chef des Ponts et Chaussées. La construction se fait en deux temps : de 1760 à 1765 est bâtie la partie située côté rue du Palais ; en 1784, la galerie reliant les deux ailes latérales et le jardin. Les façades sur la rue du Palais et sur la cour sont sobres et identiques : au rez-de-chaussée, sept arcades ; au premier étage, sept fenêtres entourées de moulures, un attique et une corniche très saillante supportée par des modillons. Les portes donnant sur la rue du Palais et sur la rue Admyrault traduisent l'évolution du goût : rocaille pour la première, en chêne marqueté, et néo-classicisme pour la seconde. La Bourse abrite la chambre et le tribunal de commerce depuis 1764.

PALAIS DE JUSTICE

La justice a été l'un des piliers de la société de l'Ancien Régime. Le château Vauclerc, place d'Armes, en est le lieu privilégié à l'époque féodale. Après sa destruction, en 1372, la justice est rendue dans un édifice situé sur l'emplacement de l'actuel palais de justice, mais dont il ne reste rien. Henri IV fait bâtir un nouveau tribunal royal en 1604, dont subsistent le passage d'entrée, la disposition intérieure et quatre belles portes sculptées, deux sous la voûte d'entrée et deux autres au premier étage. De 1783 à 1789, l'ingénieur Duchesne dirige la construction d'une nouvelle façade, de style néo-classique. Sur le fronton, un écu aux armes de France est entouré des attributs de la Justice : balance, caducée et faisceaux de licteurs.

PORTE DE L'INTENDANCE. (3, rue Pernelle) L'intendant, représentant du pouvoir royal, avait son hôtel dans ce qui fut la rue Juiverie. Sur le portail, l'entablement est décoré par un cartouche aux armes royales, surmonté d'un casque. Sur le blason qui surmonte la porte figurent les armes de Michel Bégon ▲ *222*, premier intendant de la généralité de La Rochelle.

MAISON DE VALIN. À côté de l'Intendance, la maison de l'angle fut habitée par le jurisconsulte René-Josué Valin (1695-1765), procureur du roi à l'amirauté et auteur d'un *Nouveau Commentaire sur l'ordonnance de la marine de 1681*, encore estimé par les spécialistes du XXe siècle.

HÔTEL BRUNET DE PASSY. (6, rue Admyrault) Cet hôtel, construit en 1735, reflète une adaptation originale du plan entre cour et jardin au système

Bustes de médecins sculptés sur la façade de la maison Nicolas-Venette.

des façades sur porches ● *80*. Le passage qui surplombe le porche est bordé d'un balcon en fer forgé.

MAISON NICOLAS-VENETTE ♥. Cette maison (fin du XVIe siècle, début du XVIIe siècle) porte le nom du médecin rochelais Nicolas Venette (1633-1698), bien qu'il ne l'ait sans doute jamais habité. La façade est ornée de gargouilles, d'épigraphes latines extraites des *Livres saints* et de bustes de médecins.

L'HÔPITAL AUFFREDI
Selon la légende, Alexandre Auffredi aurait mis, en 1196, toute sa fortune dans une flotte de sept navires chargés de joindre l'Afrique et d'en rapporter tous les produits étranges. Les années passent, Auffredi vend sa maison pour survivre ; ses amis se détournent de lui. Le miracle pourtant se produit : les bateaux reviennent chargés de denrées précieuses. Auffredi décide alors de vouer sa nouvelle fortune aux indigents et fonde l'hôpital Saint-Barthélemy.

MUSÉE D'ORBIGNY-BERNON

Installé dans un hôtel construit en 1893 par Alcide d'Obigny-Bernon, armateur et maire de La Rochelle, et légué en 1917 à la ville par sa veuve, ce musée fut inauguré en 1921. Le décor intérieur et la variété des collections rassemblées sont très représentatifs du cadre de vie d'un armateur à la fin du XVIIIe siècle : faïences et porcelaines européennes du XVIIe au XIXe siècle, faïences rochelaises, ancienne apothicairerie de l'hôpital Auffredi (XVIIIe siècle), importantes et superbes collections chinoises du XIIe au XIXe siècle.

RUE DE L'ESCALE ♥

Cette rue doit son nom à Jean de L'Escale, conseiller du roi, président du présidial de 1638 à 1663. Elle est pavée à l'ancienne façon rochelaise, de pavés plats mais aussi de pavés ronds, provenant du lest des navires arrivant du Canada. Elle est bordée de porches à l'ouest et jalonnée d'hôtels particuliers des XVIIe et XVIIIe siècles ● *80* : au n° 4, l'hôtel de La Villemarais est doté d'une toiture en forme de carène renversée ; au n° 16, un hôtel du XVIIIe siècle se trouve sans doute sur l'emplacement de la maison de Jean de L'Escale ; le n° 30 possède une porte ornée d'une croix de Malte du XVe siècle.

RUE CHEF-DE-VILLE. Le nom de cette artère remonte au XIIIe siècle, *chef* signifiant «extrémité» (sud) de la première enceinte de La Rochelle. On appelait ce quartier canton des Flamands car c'est là qu'ils y traitaient leurs affaires. L'hôtel *Ibis* se tient sur le site de l'ancien théâtre, lequel fut construit à l'initiative de particuliers, la ville refusant jusqu'au XIXe siècle de gérer un théâtre pour des raisons financières et... morales !

«TABLEAU DE L'AMOUR CONJUGAL»
Ce traité d'éducation sexuelle, le premier en français, écrit par Nicolas Venette, connut quelque deux cents éditions jusqu'à nos jours.

EUGÈNE FROMENTIN (1820-1876) ● *109*
Au centre de la place des Petits-Bancs, remplaçant une fontaine démolie en 1869, se dresse la statue d'Eugène Fromentin. Issu d'une vieille famille aunisienne, il est à la fois peintre et écrivain. Orientaliste, il représente des scènes et des paysages observés en Afrique du Nord. Ses *Maîtres d'autrefois* (1876) sont une étude conséquente sur la peinture flamande et hollandaise. Avec *Dominique* (1862), son unique roman, il donne un des chefs-d'œuvre du roman psychologique.

PLACE DES PETITS-BANCS. Cette place tire son nom de l'activité des changeurs de monnaies qui s'y déroulait. Les prêteurs se tenaient dans de petites loges ouvertes sur la place, derrière une table appelée banc – terme à l'origine du mot banque – et une balance, qui s'achetaient, se louaient ou se donnaient «en fief». À l'angle de la rue de la Grosse-Horloge, une belle maison Renaissance, datée de 1554, est décorée de termes et de pilastres composés de personnages portant des coiffures et des vêtements orientaux. La tourelle d'angle a cédé la place à un balcon en fer forgé surmontant une porte murée dont la clef est ornée d'une tête de Huron, symbole des relations de La Rochelle avec l'Amérique du Nord ▲ *152*.

RUE DU TEMPLE. Cette rue très commerçante doit son nom à la proximité, au Moyen Âge, de la commanderie des Templiers. En 1139, ils reçoivent des mains d'Aliénor d'Aquitaine des moulins à eau situés dans le quartier du Perrot et des terrains dans le centre ville, où ils installent leur commanderie : l'enclos est encore bien reconnaissable aujourd'hui (il communique avec la rue du Palais par un long passage voûté). Des fouilles ont permis de mettre au jour des vestiges de cet ensemble : place des Templiers, l'abside de la chapelle est matérialisée par un muret ; les objets sont exposés dans la tour de la Grosse Horloge et dans la cathédrale. Joindre l'hôtel de ville par la rue Dupaty.

HÔTEL DE VILLE

Il semble bien que la maison commune fut érigée à cet emplacement dès la fondation de la cité. Au centre de la place, aménagée au XIXe siècle, se dresse la statue de Jean Guiton, maire de la cité en 1628.

La maison de ville est à mi-chemin entre le marché et le port, à proximité du quartier des affaires. Cette forteresse symbolique est l'un des monuments les plus visités de la ville.

H et M enlacés
Sur le plafond à caissons de la galerie de l'hôtel de ville, les chiffres entrelacés d'Henri IV et de Marie de Médicis évoquent le souvenir des princes protecteurs de la ville.

L'enceinte. L'enceinte actuelle fut édifiée entre 1486 et 1492, à l'initiative du maire Jacques Le Comte. Surmontée de créneaux et de mâchicoulis, elle est flanquée de deux tourelles d'angle, restaurées entre 1872 et 1880 par les architectes Lisch et Ballu, qui coiffèrent celle de gauche d'un campanile.

Les pavillons. On pénètre dans la cour par un portail flamboyant. L'élégant pavillon de gauche, de style Henri II, a été construit entre 1540 et 1550. Il comprenait des cuisines au rez-de-chaussée, le logement du maître d'hôtel au premier et les archives sous les combles. La façade présente les ordres superposés : dorique au rez-de-chaussée, ionique au premier étage et corinthien au deuxième étage. Les chapiteaux ioniques ont des volutes liées par des festons de fruits et de fleurs (l'un des premiers essais en France d'un motif de Michel-Ange). L'aile droite, de style néo-Renaissance, est l'œuvre de Lisch et date de 1879.

Le corps principal de logis. Construit entre 1596 et 1606, il a été offert par Henri IV à la ville. Le maître maçon en est Pierre Favreau. Au rez-de-chaussée, une élégante galerie est surmontée de quatre grandes baies séparées par des niches à coquilles qui abritent des statues représentant les vertus cardinales (la Prudence est moderne). Elles symbolisent les qualités que doit posséder le chef de la ville. L'ensemble est supporté par des arceaux reposant sur des colonnes baguées jumelées, séparées par des arcs géminés à clefs pendantes.

L'intérieur. La salle de réception ainsi que l'escalier abritant la statue d'Henri IV, en faïence polychrome provenant de la manufacture de Sèvres, datent du XIXe siècle. Cette statue a remplacé celle de 1612, détruite pendant la Révolution. On peut voir aussi le cabinet de Jean Guiton, orné de tapisseries à verdures du XVIIe siècle et d'une table de marbre portant la célèbre marque que la tradition attribue au poignard de Jean Guiton.

Porte des Échevins. La partie arrière de l'hôtel de ville donne sur la rue des Gentilshommes. Les échevins entraient par la porte centrale, de 1607, qui s'inscrit dans un arc en plein cintre arasé, encadré de pilastres plats à chapiteaux ioniques. Une magnifique nef du début du XVIIe siècle, figurant les armes de La Rochelle, orne la partie supérieure de la porte.

Jean Guiton (1580-1654)
Issu d'une famille de commerçants rochelais convertis au protestantisme, Jean Guiton est maire en 1628, au moment du Grand Siège ▲ *129*. Selon la tradition, il aurait menacé de tuer avec son poignard tout Rochelais tenté par la capitulation. Grâce à sa volonté intraitable, ses coreligionnaires, bien qu'affamés, résistent encore plusieurs mois aux troupes royales. Contraint finalement de capituler, Jean Guiton a la vie sauve mais doit s'exiler, le roi Louis XIII ne lui pardonnant pas d'avoir fait appel aux Anglais. Jean Guiton symbolise, depuis, l'âme de la résistance rochelaise. En 1841, le corps de ville décide de lui élever une statue mais le gouvernement s'y oppose. En 1909, une souscription publique est lancée, à laquelle participe la ville de New Rochelle (États-Unis), fondée par des émigrés rochelais après la révocation de l'édit de Nantes (1685). La statue du sculpteur Dubois est inaugurée en 1911.

RUE DU MINAGE
Les auberges et les hôtelleries de cette rue étaient fréquentées par tous ceux qui se rendaient au marché. Diverses enseignes en témoignent : au n° 26, «Le Serf montant» (1754, ci-dessous), au n° 69, des selles de chevaux.

FONTAINE DU PILORI
Rue du Minage, la fontaine du Pilori (XVIIIe siècle, détail ci-dessus, à droite) tient son nom du puits Lori, et non d'un lieu de supplice !

Depuis le Moyen Âge, ce quartier constitue le centre commerçant de La Rochelle. La création d'un marché couvert au début du XIXe siècle a accentué cette vocation.

RUE DES MERCIERS

Cette rue à arcades ● *80*, appelée jadis Grand-Rue ou rue de la Mercerie, est la plus ancienne rue commerçante de la ville. Elle présente de magnifiques façades et de nombreuses maisons «en tappes» ● *78* : c'est la terminologie locale pour désigner l'architecture des maisons à pans de bois. Les rez-de-chaussée de ces demeures sont en pierre ; les autres étages, à colombages, recouverts d'ardoises à la mode rochelaise, comme l'étaient les bâtisses du Moyen Âge. La tradition désigne le n° 3 comme la maison natale de Jean Guiton. Le n° 5, la maison des Figures, est orné de bustes humains vêtus à la mode de l'époque de Louis XIII. Au n° 8, très représentatif du style rochelais ● *80*, la sculpture prend place sur les frontons et les consoles : feuillages, hommes barbus et femmes associés à chaque fenêtre. Les maisons des n°s 19 et 21 ont dû être construites simultanément : même ordonnance et même vocabulaire décoratif. Sur la gauche, la RUE DES MARIETTES (les Mariettes étaient de petites statues de la Vierge), dont le n° 9 présente une porte monumentale au décor de *putti* entourés de feuillages, débouche dans la RUE SAINT-YON : cette artère s'est appelée rue de la Taupinerie, allusion probable aux maisons de bois qui la bordaient au XVe siècle et qui ressemblaient à des taupinières.

PLACE DU MARCHÉ

LES HALLES. La nécessité d'un marché aux comestibles couvert se posa dès 1616 ; les halles actuelles datent de 1831. Jean-Charels Gon en fut l'architecte. En 1893, le marché s'agrandit par des bas-côtés. Fer, verre, brique, pierre sont les matériaux de construction. Les frontons des portes sont ornés de fleurs en céramique encadrées de cornes d'abondance. En face du marché s'ouvre l'impasse Tout-y-Faut, au fond de laquelle subsiste une belle fenêtre à meneaux donnant sur le vide. La maison à pans de bois ● *78* voisine (ci-contre), du XVIe siècle, est la plus jolie de La Rochelle. Une restauration a mis en valeur les colombages disposés en «feuilles de fougères» et les meneaux sculptés. Sur le toit, une gerbière permettait de rentrer les gerbes de foin dans le grenier.
LE PAS DU MINAGE. Cette rue borde la place du Marché. À l'angle, à droite, une maison forte, à tour carrée, fut l'*auberge du Mortier d'Or* au XVIIe siècle, puis l'*hôtel des Ambassadeurs* ; elle est ornée d'une enseigne au dauphin couronné. Sur la droite, la rue des Bonnes-Femmes doit son nom à une enseigne qui représentait trois femmes sans tête.
RUE DES AUGUSTINS. Au XIVe siècle, les augustins installent leur couvent dans l'îlot compris entre la rue des Augustins, la rue Dupaty – le rochelais

Charles Dupaty (1744-1788) est l'auteur des *Lettres d'Italie* – et la rue Saint-Yon. Dévasté en 1568, il est reconstruit en 1654. La chapelle abrite un beau retable du XVIIe siècle ; le cloître sert de lieu d'expositions.

Maison Henri II

Improprement appellé maison Henri II, ou de Diane de Poitiers (en raison de sa décoration), cet édifice, au 11 *bis* rue des Augustins, fut construit pour Hugues Pontard, maire de la ville en 1527, peut-être par l'architecte Léonard de La Réau. Cette maison Renaissance comporte deux pavillons réunis par une galerie à deux étages. Le corps de logis est très peu profond et donne l'impression d'un décor de théâtre. Il est accolé à la maison à pignon plus ancienne que l'on peut voir rue Chaudrier. La décoration est riche, directement issue du traité d'architecture de Serlio. Aux angles des pavillons, deux satyres dégustent des fruits. La Société d'archéologie et d'histoire de l'Aunis y a installé son musée.

Rue Bazoges. Au n° 19, l'ancien hôtel Durand de La Vaux-Martin a remplacé le premier collège communal de La Rochelle (1504). Aux n°s 13-15, l'hôtel François Ier présente un mur orné de guerriers casqués.

Les marchés
Le marché aux poissons se tenait rue du Port, la halle aux pains cour du Temple, la grande boucherie rue Gambetta ; les marchands de beurre venaient dans la toujours pittoresque rue du Beurre, et les marchands de sel rue des Cloutiers, qui devint au XVe siècle, rue de la Saulnerie. Le marché aux grains se tenait dans la rue du Minage, qui a conservé ses deux rangées d'arcades et de belles maisons.

La maison Henri II.

Musée du Nouveau Monde ♥

Installé dans un superbe hôtel particulier de négociant rochelais du XVIIIe siècle ● *80*, l'hôtel Fleuriau (10, rue Fleuriau), ce musée évoque les relations culturelles et historiques entre la France et l'Amérique depuis le XVIe siècle ▲ *152*. Les magnifiques salons lambrissés et meublés du musée traduisent aussi à travers des collections très diversifiées le rêve de l'Amérique, celui des découvreurs et colons français, des écrivains et des artistes...

Musée du Nouveau Monde
Bailly proclamé Président de la première Constituante (1789).

L'ensemble du commerce de la région avec le Nouveau Monde transitait par La Rochelle. Ainsi, dès la seconde moitié du XVIe siècle, de nombreux navires rochelais sont armés pour se rendre à Terre-Neuve pêcher la morue et surtout troquer auprès des Amérindiens des marchandises diverses contre l'«or brun» de l'Amérique : la fourrure. Ces échanges se développent considérablement aux XVIIe et XVIIIe siècles, jusqu'au traité de Paris de 1763, qui démantèlera cet empire au bénéfice des Britanniques.

LE COMMERCE APPLIQUÉ
La rencontre de la civilisation européenne constitue pour les autochtones un véritable choc culturel, qui leur fait découvrir simultanément la métallurgie, les armes à feu et une grande variété de produits manufacturés. Fusils de traite fabriqués à leur intention, couteaux, marmites, verroteries, étoffes... sont donc échangés contre les fourrures des Amérindiens, au premier rang desquelles se trouve celle du castor (plus de trois quarts des importations), car l'industrie européenne de la chapellerie en consomme d'énormes quantités.

LA TRAITE DE LA FOURRURE
Cet important commerce est à l'origine de la pénétration et de la colonisation française du continent nord-américain. Aux XVIIe et XVIIIe siècles, le territoire dit de la Nouvelle France est considérable : il représente l'essentiel du territoire canadien déjà exploré et plus de la moitié des États-Unis d'aujourd'hui, appelée alors globalement Louisiane.

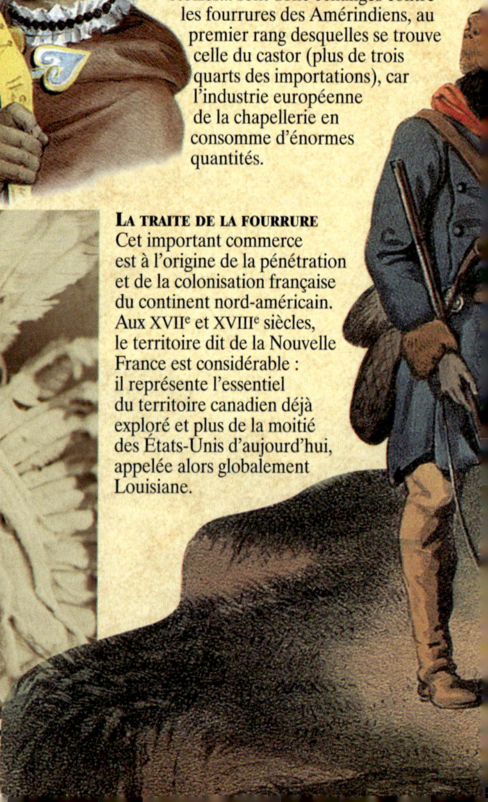

La fourrure fine
Les animaux «trappés», dont les peaux sont acheminées à La Rochelle puis distribuées aux fourreurs de l'Europe entière, sont très divers. Le raton laveur (ci-dessous) est très apprécié et figure, au XVIIIe siècle, parmi les «pelleteries communes» dans les documents portuaires.

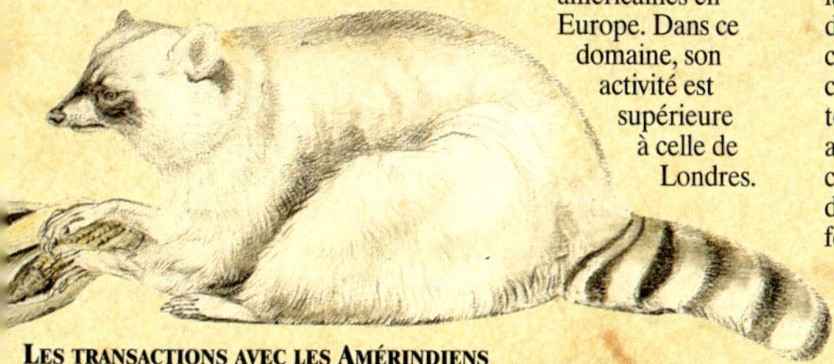

La Rochelle, port commercial
Aux XVIIe et XVIIIe siècles, La Rochelle est la plaque tournante de l'importation des pelleteries américaines en Europe. Dans ce domaine, son activité est supérieure à celle de Londres.

Les armes de traite
Tout comme les fusils, certaines hachettes sont fabriquées en Europe pour la traite des fourrures, comme cette pipe-tomahawk au manche creux, pourvue d'un petit fourneau au dos de la lame de bronze.

Les transactions avec les Amérindiens
Européens et Franco-Canadiens sont plus commerçants que chasseurs. Ils pratiquent le troc avec les Amérindiens, auxquels ils laissent le soin de trapper les animaux. Les fourrures sont ensuite échangées par les tribus contre des produits manufacturés.

Le commerce avec le Nouveau Monde

Les Antilles

Le commerce avec les Amérindiens disparaît à la fin du XVIIIe siècle avec la perte du Canada, mais il avait été supplanté depuis longtemps par un autre secteur d'activité. Dès le XVIIe siècle, en effet, La Rochelle est très impliquée dans la traite des Noirs et l'exploitation coloniale des Antilles, au premier rang desquelles se trouve l'île de Saint-Domingue, où de nombreux négociants rochelais possèdent d'importantes plantations d'indigo, de café et surtout de canne à sucre.

De la prospérité à la première République noire du monde
La pratique du commerce triangulaire enrichit largement les armateurs rochelais, jusqu'à l'insurrection des esclaves haïtiens après 1791, qui donnera naissance, en 1804, à la première République noire du monde.

Le commerce triangulaire et les Antilles
Au XVIIIe siècle, on assiste à un développement considérable du commerce triangulaire, qui place bientôt La Rochelle, avec l'exploitation coloniale de Saint-Domingue, au deuxième ou au troisième rang, selon les périodes, des ports négriers français, après Nantes, et à peu près à égalité avec Le Havre, loin devant Honfleur, Bordeaux, Saint-Malo et Marseille. Les voyages «triangulaires», ou «circuiteux», durent parfois plus d'un an et conduisent les navires de commerce de La Rochelle jusqu'à la «côte des esclaves», en Afrique occidentale, puis à Saint-Domingue, d'où ils reviennent chargés de produits coloniaux et exotiques.

PROSPÉRITÉ DU COMMERCE ROCHELO-ANTILLAIS
Alors que de nombreux armateurs et négociants rochelais sont propriétaires, essentiellement à Saint-Domingue, de plantations ou de maisons de commerce gérées par des parents, de prodigieuses fortunes s'édifient au sein de l'élite négociante de la cité, qui affiche entre 1730 et 1790 son ascension sociale dans la construction de riches hôtels particuliers ● *80*.

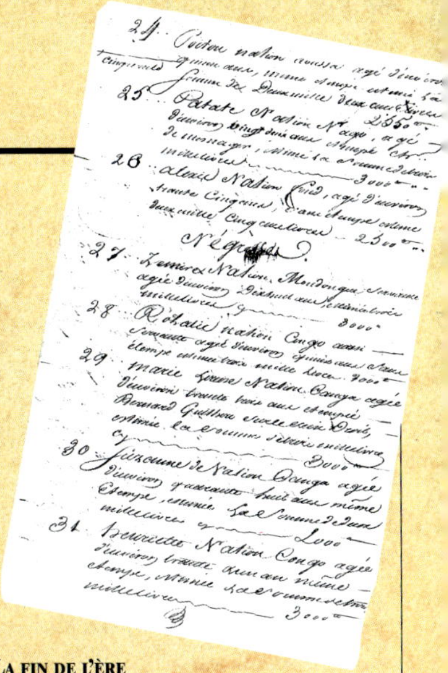
24. Poitou nation [illegible] agé d'environ cinquante [illegible] même [illegible] estimé la somme de deux mille deux cent [illegible]
25. Patate Nation [illegible] agé d'environ vingt deux ans [illegible] 2250
26. Alexis Nation [illegible] agé d'environ trente cinq ans [illegible] deux mille cinq cent livres 2500
Négresses
27. [illegible] Nation Mondongue [illegible] 3000
28. Rozalie nation Congo [illegible] 3000
29. Marie [illegible] Nation Congo agée d'environ trente trois ans [illegible] 3000
30. [illegible] de Nation Congo agée d'environ quarante huit ans [illegible] 2000
31. [illegible] Nation Congo agée d'environ trente [illegible] 3000

LA FIN DE L'ÈRE DE PROSPÉRITÉ COMMERCIALE DE LA ROCHELLE
Cet inventaire d'une plantation, ou «habitation», rochelaise – avec la liste complète de ses esclaves –, rédigé à Saint-Domingue le 27 novembre 1792 à l'occasion de sa cession, est l'un des derniers témoignages d'une puissance en train de sombrer.

Maquette de moulin à sucre (ci-dessus).

LE SUCRE, ROI DU COMMERCE COLONIAL ROCHELAIS
Les importations de café, de coton ou d'indigo sont peu de chose à côté des énormes quantités de sucre arrivant à La Rochelle. Dès 1743, Saint-Domingue produit en effet autant de sucre que toutes les Antilles anglaises, passant de 7 000 t importées vers la France en 1715 à 86 000 t en 1788-1789. Ci-contre, moule à pain de sucre en terre cuite.

Compère Guillery
En 1608, le «capitaine» Guillery, dont une célèbre chanson, *Compère Guillery*, perpétue la mémoire, est exécuté place d'Armes à La Rochelle. Profitant des troubles des guerres de Religion, Guillery et sa bande avaient pillé les campagnes alentour.

Place de Verdun

Sous ses anciens noms, place du Château ou place d'Armes, ce lieu était le centre de la ville médiévale ▲ *134*. Beaucoup moins vaste qu'aujourd'hui, il était le théâtre d'exercices militaires, de fêtes et... d'exécutions publiques. Le château de Vauclerc se dressait à son angle nord-ouest. La forteresse fut détruite en 1372. La place était bordée, au sud, par la chapelle Sainte-Anne, démolie après 1698, l'aumônerie-hôpital Saint-Barthélemy et le grand temple protestant. Ce dernier fut converti en cathédrale par Louis XIII après le Grand Siège, laquelle, incendiée en 1687, fut remplacée au XVIIIe siècle par la cathédrale actuelle.

Cathédrale Saint-Louis ● *92*

Il fallut pas moins de cent vingt ans pour construire la cathédrale ! Consacrée à Saint Louis, elle fut édifiée à partir de 1742 sur les plans de Gabriel, premier architecte du roi, puis sous la direction de son fils Jacques-Ange. Querelles, problèmes de financement et troubles de la Révolution feront traîner les travaux en longueur et il faudra attendre 1860 pour que la cathédrale soit enfin consacrée.
Une façade classique. L'aspect extérieur de la cathédrale, orientée nord-sud contre tout usage, dénote un sévère classicisme, accentué par l'absence de décor, la sculpture étant inachevée.
Sobriété et pureté à l'intérieur. Dans la première chapelle, à gauche de la nef, sont exposées des pierres tombales découvertes dans le quartier des Templiers ▲ *148*. La deuxième chapelle révèle une magnifique collection d'ex-voto (ci-contre). Il faut voir aussi la coupole de la chapelle d'axe, décorée en 1875 par le Rochelais William Bouguereau, les beaux vitraux de la manufacture d'Antoine Lusson, au Mans, et la chaire à prêcher richement sculptée, du XVIIIe siècle.
Le clocher de l'église Saint-Barthélemy. Au chevet de la cathédrale s'élève le clocher

du XVe siècle de l'église Saint-Barthélemy, érigée au XIe siècle et détruite en 1568. Une nouvelle église, bâtie en 1668, sur cet emplacement, sera démolie en 1797 pour permettre l'achèvement de la cathédrale.

AUTOUR DE LA PLACE DE VERDUN. En face de la cathédrale s'élève l'hôtel de police, qui occupe l'ancien hôtel de Craon, dont les niches sont décorées d'anges. Plus loin, une maison d'inspiration flamande est ornée de pignons à redents.

RUE CHAUDRIER. Au n° 48 (Crédit du Nord), les voûtes des arcades, sur croisées d'ogives, présentent des clefs armoriées : fleurs, sirène (ci-contre). Il s'agit peut-être des plus anciens porches en pierre de la ville (fin du XVe siècle). Georges Simenon (ci-dessous) venait au *Café de la Paix* (n° 56), qui a conservé un décor 1900. La jeunesse se retrouvait dans cet «aimable café» des années folles pour faire du patin à roulettes dans l'arrière-salle aménagée à cet effet.

MUSÉE DES BEAUX-ARTS ET BIBLIOTHÈQUE MUNICIPALE. Rue Gargoulleau, l'hôtel de Crussol d'Uzès, bel hôtel épiscopal néo-classique construit de 1773 à 1777, abrite le musée des Beaux-Arts et la bibliothèque municipale, qui compte quelque deux cent trente mille livres, répartis sur 7 km de rayonnages. Le musée des Beaux-Arts offre un panorama de la peinture européenne du XVe siècle au début du XXe siècle : des œuvres classiques, mais surtout une illustration très complète de la peinture de Salon du XIXe siècle, avec une prédilection pour des artistes originaires de la région tels Chassériau, de père rochelais, Fromentin ou Bouguereau. Outre de très belles vues du port de La Rochelle par Signac et Marquet, le XXe siècle est représenté par des œuvres remarquables de Maillol, Bourdelle, Magnelli, Chaissac...

L'ORATOIRE. (Rue Albert-Ier) Au début du XVIIe siècle, les curés des paroisses de La Rochelle adhèrent à la congrégation de l'Oratoire, vouée à la prédication, aux recherches érudites et à l'enseignement. Leur chapelle, ancienne église des Dames-Blanches-Sainte-Marguerite, était la seule encore debout après le siège de 1628 ▲ *129*. Remaniée au XVIIIe siècle, elle devint en 1912 la première salle de cinéma de la ville. Elle accueille aujourd'hui expositions, conférences et concerts.

LYCÉE EUGÈNE-FROMENTIN. Bâti entre 1842 et 1844, le lycée actuel porte le nom de l'un de ses célèbres anciens élèves ● *109*, ▲ *148*. La chapelle, consacrée en 1638, est le seul vestige du premier collège établi ici en 1565 et confié aux jésuites après le Siège. Elle accueille désormais des expositions temporaires.

PORTE DAUPHINE
Construite de 1694 à 1697, cette porte correspondait à la sortie nord de la ville ▲ *134*. La porte Royale, à l'est, fut élevée en 1706. Ces deux portes sont les restes de l'enceinte d'époque Vauban, détruite aux XIXe et XXe siècles.

MUSÉES D'HISTOIRE NATURELLE ♥
À l'entrée du Jardin des plantes, le Muséum comprend le MUSÉE LAFAILLE, qui abrite de riches collections d'histoire naturelle et une bibliothèque scientifique, constituées autour du cabinet de Curiosités de Clément Lafaille, et le MUSÉE RÉGIONAL FLEURIAU, fondé en 1836, qui réunit des collections d'histoire naturelle régionales.

Masque Kwélé en bois du Congo. Section ethnographique, musée Lafaille.

CLÉMENT LAFAILLE
Juriste, «contrôleur ordinaire des guerres» et curieux de tout comme beaucoup de ses contemporains du XVIIIe siècle, il légua à l'Académie royale de La Rochelle son cabinet de Curiosités, un rare ensemble de mobilier du XVIIIe siècle, dont un «coquillier» en noyer d'Amérique, le seul actuellement conservé en France.

QUARTIERS SAINT-SAUVEUR ET SAINT-NICOLAS

LE CANAL MAUBEC
Trois ponts enjambaient jadis ce canal : le vieux pont Saint-Sauveur, du XIIIe siècle, couvert de maisons ; le pont Maubec, en amont, entre les rues de la Ferté et Sardinerie, qui était équipé de moulins à eau appartenant aux templiers ; et le pont Saint-Louis, plus à l'est. Au XVIIIe siècle, une écluse est construite à l'emplacement du pont actuel, près du hâvre.

BOURG ET FAUBOURG. De part et d'autre du canal de Maubec se distribuèrent, en bourg et faubourg, deux des plus anciens quartiers de la ville : Saint-Sauveur, protégé par l'enceinte médiévale, et Saint-Nicolas, au pied de cette dernière.

Le clocher Saint-Sauveur surgissant derrière les «coureauleurs».

QUARTIER SAINT-SAUVEUR

Ce quartier, bâti autour de l'église qui lui donna son nom, a été réhabilité dans les années soixante-dix.

ÉGLISE SAINT-SAUVEUR ● *92.* L'église érigée en paroisse en 1217 par le pape Ponce II et placée sous le vocable de Sainte-Madeleine sera détruite par un incendie en 1419. En 1492, une église de style gothique flamboyant lui succède. Les protestants l'abattent en 1568 et ne conservent que le clocher, qu'ils transforment en tour de guet. Du portail ne subsistent que des pierres d'arrachement. Une troisième église est achevée en 1660 ; la façade est élevée de 1677 à 1685 : c'est de cette époque que date la porte décorée d'une coquille concave. En 1705, un incendie ravage le nouvel édifice. La nef, le chœur et le transept sont reconstruits en 1718. À l'intérieur, on peut découvrir de beaux modèles d'ex-voto de navires et des tableaux anciens.

RUE DU PORT, RUE BLETTERIE. Au cœur du quartier Saint-Sauveur, ces rues étroites sont à la charnière du port et des grandes rues commerçantes. Des maisons à pans de bois ● *80* dont les colombages sont recouverts d'ardoises ont pignon sur rue. Celle du n° 20 est la seule à ne pas avoir été restaurée. Aux nos 7 et 9, de grandes arcades, aujourd'hui murées, permettaient la communication entre les deux rues par le passage qu'elles ménageaient sous le corps de logis.

CHODERLOS DE LACLOS
Auteur des *Liaisons dangereuses* (1782), il était capitaine d'artillerie lorsqu'il posa la première pierre de l'arsenal. Le même jour, il épousait Marie Soulange Duperré, la sœur du futur amiral.

LE TEMPLE. Le temple protestant est établi depuis 1799 dans l'ancienne église du couvent des Récollets (XVIIIe siècle), elle-même édifiée sur l'emplacement de la salle Saint-Michel, où fut célébré le premier culte officiel de la religion réformée, en 1563. Établi dans une salle adjacente au temple, un musée retrace à travers des documents et des objets l'histoire du protestantisme ● *28.*

LE QUARTIER DES DAMES-BLANCHES. Situé entre le temple et l'arsenal, ce quartier est un modèle de rénovation harmonieuse. Au centre, le cloître et la chapelle de l'ancien couvent des Dames-Blanches sont ouverts au public et accueillent désormais des expositions.

Arsenal. Jusqu'à la fin du XVIIIe siècle, divers locaux servirent d'arsenal. La première pierre de l'actuel arsenal fut posée, sur un arrêt du Conseil d'État, en 1786. Les quatre bâtiments, aux toits d'ardoises, abritent aujourd'hui la mairie, les archives municipales, l'école de musique et de danse.

Le quartier des Bretons
Au XVIe siècle, Saint-Nicolas est un quartier d'artisans. Au XIXe siècle, de nombreux marins bretons, naviguant pour le compte d'armateurs rochelais, et leurs familles forment ici une colonie à part qui conserve ses mœurs, ses costumes et sa langue.

Quartier Saint-Nicolas

Arrivant du sud, les voyageurs pénétraient dans la ville par la porte Saint-Nicolas, aujourd'hui disparue.

Ce faubourg de La Rochelle, établi sur les anciens marais salants de Maubec et de Saint-Nicolas, est fortifié au début du XIIIe siècle ▲ *134*. Le pont Saint-Sauveur qui le relie à la ville a été édifié par Isambert de Saintes, à qui l'on doit aussi celui de Londres.

Rue Saint-Nicolas. Les arcades laissent place ici à de belles maisons des XVIIe et XVIIIe siècles ornées de balcons en fer forgé (nos 9 et 11). Les boutiques des serruriers et des bourreliers animaient le quartier. Les auberges étaient nombreuses, les enseignes évocatrices ; *Saint-Domingue* et *Le Petit More* rappellent que la ville fit le commerce de l'ébène. Aujourd'hui, bouquinistes, antiquaires, cafés et caves attendent le badaud qui vient chiner au marché aux puces le samedi.

Rue Sardinerie. À l'origine, cette rue était bordée de passages couverts, comme en témoigne la maison du n° 19. La rue Sardinerie rejoint la rue Saint-Nicolas au puits Rideau ; la population s'y procurait de l'eau grâce à des bons payés par des bienfaiteurs et distribués par les paroisses.

Ancienne église Saint-Nicolas. L'église reconstruite au XVIIe siècle – les protestants avaient détruit l'édifice antérieur en 1568 – fut vendue à la Révolution. En 1978, pour laisser place à un hôtel, l'église est démolie. Seuls sont conservés la façade classique et le clocher dont les deux gargouilles du XVIIe siècle ont des formes de canons. Ils sont aujourd'hui les anachroniques attributs de l'hôtel *Ibis*.

Avenue Charles-de-Gaulle. La construction de la gare a transformé le quartier : le magnifique bastion fortifié, qu'il fallait traverser pour atteindre la porte Saint-Nicolas, a laissé place à l'avenue de Strasbourg, aujourd'hui avenue Charles-de-Gaulle. Elle est bordée d'immeubles de style néo-classique sur arcades respectant la tradition rochelaise et débouche sur la gare.

La gare
La gare actuelle a été construite entre 1909 et 1922, après le déclassement de l'enceinte fortifiée. Son lourd bâtiment et sa tour de 45 m, longtemps critiqués, apparaissent aujourd'hui comme caractéristiques de leur époque.

LE PARC DES PÈRES
Près de ce beau jardin aménagé à la pointe des Minimes, des fouilles ont mis au jour, en 1979, une villa gallo-romaine qui fut occupée de la seconde moitié du Ier siècle jusqu'au-delà du milieu du IVe siècle.

Si la pêche traditionnelle est demeurée, jusqu'en 1994, l'activité du Vieux Port, les principales installations portuaires de La Rochelle se sont, depuis plusieurs décennies, transportées au nord-ouest et au sud de la ville.

LES MINIMES

La pointe des Minimes forme la branche méridionale de la baie de La Rochelle. Le lieu fut occupé après le grand siège de 1628 ▲ *129* par un couvent des religieux minimes. La Révolution emporta le couvent et le site demeura un simple hameau de pêcheurs. Il faudra attendre la création d'un grand port de plaisance en 1971 pour que s'opère une mutation profonde.

LA VILLE-EN-BOIS. Ce quartier, aménagé sur des terrains conquis sur la mer, doit son nom aux hangars de bois goudronnés qui longtemps abritèrent les chantiers de construction navale. C'est aujourd'hui une zone artisanale, résidentielle et universitaire. Le musée des Automates ◆ *265* et celui des Modèles réduits ◆ *265* s'y sont installés.

AQUARIUM ♥ ◆ *265*. La famille Coutant a réalisé en 1988 la plus belle vitrine européenne pour découvrir les poissons : 550 000 l d'eau de mer et trois cent cinquante espèces, regroupant trois mille spécimens de l'Atlantique, de la Méditerranée et des Tropiques, font de cet aquarium un lieu mythique. Il est doté d'un tunnel : le visiteur voit les poissons passer au-dessus de sa tête et a la sensation de marcher au fond de la mer.

UNIVERSITÉ ET TECHNOFORUM. L'implantation d'une université à La Rochelle a engendré de nombreuses constructions : résidence universitaire, lycée hôtelier, Technoforum, etc., qui forment aujourd'hui un véritable parc d'architecture contemporaine et innovatrice.

LE PORT DE PLAISANCE ● *54*. Mis en chantier en 1963, aménagé à partir de 1971, il est aujourd'hui devenu, avec plus de trois mille anneaux d'amarrage, le plus grand port européen de plaisance. Ses trois bassins à flot en eau profonde présentent l'avantage d'être accessibles à toute heure. Le port a drainé dans son sillage une filière nautique, qui emploie plus de deux mille personnes (suite page 169).

LE GRAND PAVOIS
Tous les ans, au mois de septembre, depuis 1973, le Grand Pavois de La Rochelle réunit les professionnels de la mer. C'est le premier salon nautique à flot de France. Plus de quatre cents bateaux à voiles et à moteur s'y trouvent ainsi exposés, sur 1,5 km de pontons. De nombreuses festivités, «Voiles de nuit», «La nuit des pavois», rythment ce salon original et prisé.

Après avoir des mois durant labouré les sables brûlants des déserts où ne poussent que les pierres...
Après avoir erré sans but dans les rues sans âme des villes champignons (de n'importe où)...
Après avoir éprouvé ma vie, au risque de la perdre, dans la folie de pays en guerre...
Après avoir enduré les rythmes métalliques des îles pétrolières...

... Alors, je retourne à la Rochelle
J'y retrouve la paix, mes amis
et mes rêves...
Elle est mon escale, mon
port, mon havre...
À l'ombre de ses tours,
j'ai posé mon sac...

Les premiers jours, je me sens dans la peau d'un peintre du dimanche.
Je m'émerveille toujours de cette lumière sur la pierre.

Faut-il manquer de goût pour désirer supprimer le pont à bascule (1927) qui enjambe le sas d'entrée du bassin des chalutiers...
Une des "portes" pour entrer dans la ville.

Le Musée Maritime,
une transat à quai.

Je ne peux pas parler de la Rochelle sans évoquer Patrick et Marie... Nos amis sont la meilleure part de nous-même... La création du MUSÉE MARITIME en 1988 fut la plus belle de nos aventures.

...manque la drague à vapeur! (1906)

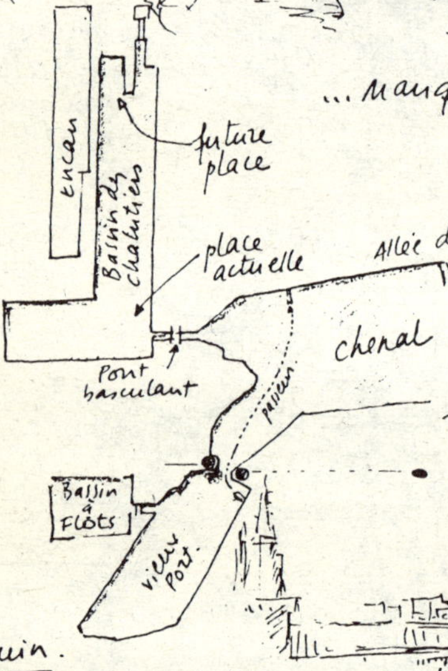

19 juin.
Après 3 mois de folie, à gratter la rouille, restaurer, piquer, peindre, France I entre triomphalement dans le bassin des chalutiers... Pour les 300 privilégiés embarqués à bord pour la traversée inaugurale, et pour les 10.000 personnes amassées sur les quais, ce fut une fête joyeuse...

Une vraie journée à La Rochelle commence à la criée.

Quand j'en ai le courage, je me lève bien avant le soleil pour assister au déchargement des poissons au Bassin des Chalutiers. A la lumière des bateaux de pêche, je réalise quelques esquisses... C'est, je crois, au petit matin qu'il y a les plus belles gueules!

Je suis sûr, ici, de rencontrer Jacques Bourdin qui vient acheter son poisson à la criée pour son restaurant: le "Bar André". En plus d'être un hôte remarquable, c'est un ami chaleureux. On ne se quitte pas sans boire un petit blanc charentais au bar de l'encan.

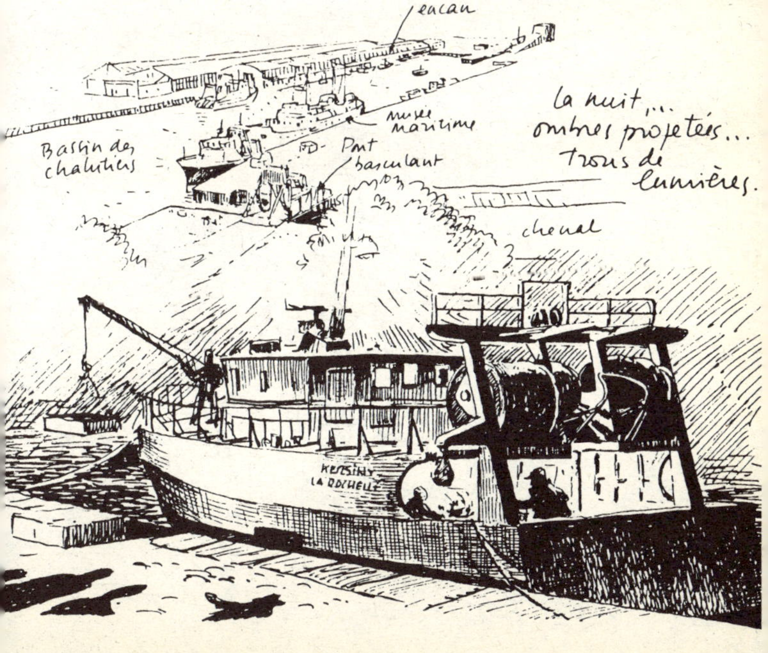

Loin de la foule, le repaire des amis.

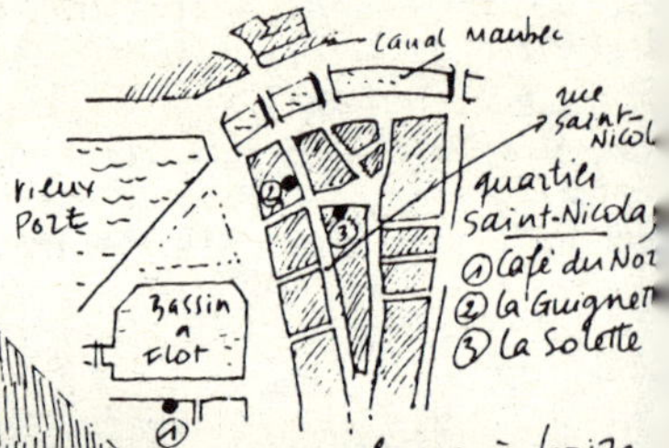

chaque semaine, le quartier Saint-Nicolas est envahi par les Puces...

Nous y avons déniché ce brick, un matin de chance - un peu naïf, mais quel charme !

C'est devenu un rituel : après les puces du samedi, nous déjeunons chez Bertrand, à "La Solette"

L'ambiance de ce restaurant est si particulière que la place de la Fourche a été rebaptisée par les amis, "place de la Solette"... Je crois bien que ce nom restera...

"Sans sel ! Sans sel !" C'est ainsi qu'autrefois les femmes de pêcheurs hélaient le chaland... Aujourd'hui encore en fin d'après-midi, les courauleurs vendent leur pêche de la journée... C'est là que j'achète mes étrilles... Fraîcheur garantie !

Entre marais et marées...

Je dois l'avouer : j'avais d'abord été séduit par le charme de La Rochelle. Un amour exclusif, ensorcelant. La garce ! Née de la vase, elle avait réussi à me faire oublier ses origines... Depuis, j'ai parcouru par tous les temps, les marais d'entre Seudre et Charente, des remparts ventés de Brouage à la tour sombre de Broue... J'arpente l'ancien lit de la mer !...

J'en ai rapporté une foule de croquis : Rapaces, échassiers, ragondins... Tout ce qui porte plumes et poils y est passé !

Brouage : vaste vaisseau de pierre immobile... Le soir, il faut entendre le concert des crapauds !

Je me réjouis toujours de tirer des bords silencieux dans les eaux limoneuses de la Sèvre ou de la Charente... Les Hérons font semblant d'être effrayés ! Ici, avec "Bellelurette", construite par mes amis Alain et Annie...

"Navigare necesse est - Vivere non necesse"
Devise de la Ligue Hanséatique.

Ce sceau de 1269 est la première référence graphique de l'activité maritime de la Rochelle.
Avec Patrick, nous avions beaucoup rêvé sur cette cogue dont on a retrouvé une épave dans les vases de Bremenhaven...

Ce sceau, légèrement modifié, est devenu celui du Musée Maritime.

le "Nouveau Port" (1200)
les tours ne sont pas encore construites !

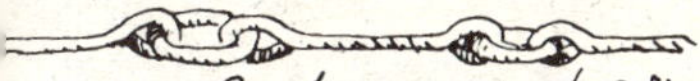

la fameuse chaîne ! malheur à qui violait le passage lorsqu'elle était tendue entre les 2 tours !

la tour de la lanterne : le plus vieux phare de France.

Pour peu qu'ils me prêtent une oreille attentive et bienveillante, c'est de cette galerie que j'inflige à mes amis ma petite histoire de la Rochelle... Heureusement pour eux que la vue est très belle !

Allée des Tamaris : comme dans mes rêves, je ne résiste pas au plaisir de faire remonter sous voile ce petit caboteur (XIX)

Sous les pavés, le large...

quand en 1534 Jacques Cartier "découvrit" le premier le Canada, il rencontra dans le Golfe du Saint Laurent ... une barque de "pêcheurs rochelois". Je ne me lasse pas de cette bonne histoire.

Rue de l'Escale, au petit matin. Le silence fait vibrer les ombres du Passé: Froissement de la fourrure du Castor et du Renard blanc : dernier arrivage du Canada... "Encore une tasse de chocolat, ma chère?"...

Mon copain le Huron, Bas-relief de la Place des Petits-Bancs. En se tordant la tête, on peut le regarder à l'envers... quel effet! ...

Galets granitiques du Canada

La Rochelle exportait plus qu'elle importait. Pour éviter que les navires ne reviennent à vide, on les lestait de pierres. On les a utilisées pour le pavage des Rues...

Les Bois sauvages au Musée du Nouveau Monde.

Musée océanographique. Situé en bordure de mer, à 50 m du port, il abrite une collection, unique en France, de mammifères marins : dauphins, phoques et baleines, avec une documentation importante sur leur biologie. On y trouve, par exemple, un maxillaire de baleine blanche, une authentique baleinière des Açores et une vitrine montrant la répartition des espèces selon la profondeur. Les salles consacrées aux grandes expéditions océanographiques, aux oiseaux de mer et à l'étude de l'estran charentais devraient progressivement être remplacées par de nouvelles collections de mammifères marins. Le musée est également le siège du Centre d'étude sur les mammifères marins, fondé par le Dr Duguy. La pierre de fondation de l'église des Minimes est exposée à l'entrée du Musée océanographique.

La Pallice

Le port de commerce. La Rochelle-Pallice, située à 5 km au nord-ouest de la ville, est le huitième port de France, avec quelques trafics privilégiés, comme les céréales (deuxième port de France après Rouen), les bois exotiques, les pâtes à papier et les produits pétroliers. Implanté à La Pallice depuis 1881, le port comprend un bassin à flot, un avant-port et un môle d'escale, construit en pleine eau entre 1930 et 1939. Destiné initialement aux paquebots de la ligne d'Amérique du Sud, il sert aujourd'hui aux navires de croisière. Un viaduc de 1 120 m, agrandi entre 1965 et 1970, le relie à la côte. En 1980, un appontement pétrolier a été mis en service et de nouvelles extensions sont en cours de réalisation.
Le port de pêche. Depuis 1994, La Pallice accueille aussi le nouveau port de pêche, l'un des plus modernes d'Europe, avec chaîne ininterrompue du froid, criée et tri informatisés.
La base sous-marine ▲ *138*. Dès 1908, La Pallice est également utilisée comme port militaire. La base sous-marine, construite en 1942 dans le cadre de l'organisation allemande Todt, est propriété de la Marine nationale, mais on peut la traverser pour se rendre sur l'épi qui divise en deux le fond du bassin à flot. La fonction militaire de La Rochelle est devenue, aujourd'hui, tout à fait secondaire.

Échouages...
Le Centre d'étude sur les mammifères marins a compétence sur tout le littoral français pour analyser les causes d'échouages massifs ou solitaires et pour sauvegarder les animaux épuisés avant de les remettre à l'eau ou de les garder, comme Cachou et Maguy, les deux phoques vedettes qui jouent dans leur bassin, à l'entrée du Musée océanographique. Ci-dessus, une baleine de 15 m, échouée sur une plage de l'île d'Oléron le 25 mars 1909.

1 La Rochelle
2 Aytré
3 La Jarne Château de Buzay
4 Angoulins
5 Châtelaillon-Plage
6 Les Boucholeurs
7 Réserve naturelle des marais d'Yves

🚗	15 km
◷	1/2 journée
🚲	20 km
◷	1 journée

À l'est, cet itinéraire est en partie bordé par le marais de Rochefort, qui fut jadis un vaste golfe ■ *36*. La route La Rochelle-Rochefort est construite sur les cordons dunaires – formés de sable et de débris de coquilles calcaires – qui fermèrent le golfe, aujourd'hui comblé de vases marines consolidées. À l'ouest, le littoral, entrecoupé par les pointes du Chay et de Châtelaillon, est bien protégé des vents et de la houle par les îles. Au XIXe siècle, avec la nouvelle mode des bains de mer et l'arrivée du chemin de fer, la côte s'urbanisa rapidement ; elle présente aujourd'hui d'intéressants témoignages de cette architecture balnéaire ● *90*.

Un cheval sorti des flots
Devant l'hôtel de ville d'Aytré, le sculpteur Christian Renonciat érige en 1988 un grand cheval de bronze, évocation de la légende du dragon qui, tapi au pont de la Pierre, hurlait désespérément après les vierges de l'endroit... La bête décharnée sort des flots au milieu de chevalements qui rappellent la digue construite par Richelieu. Il est vrai que Louis XIII séjourna ici pendant le siège de la cité rochelaise ▲ *129*, à l'abri du marais Perdu, frontière avec la place forte réformée.

Aytré

Située au sud des Minimes, après l'université de La Rochelle, Aytré est d'abord une ville de tradition industrielle et ferroviaire. Les Entreprises industrielles charentaises (EIC) s'y implantent dans les années vingt, sont rachetées en 1952 par la société nantaise Brissonneau et Lotz, absorbée à son tour par Alsthom en 1972. Depuis sont sortis des vastes ateliers vingt locomotives pour la Chine, vingt-deux autorails portugais, le métro de Santiago du Chili, celui du Caire et d'Athènes et enfin, à partir de 1978, le TGV : Sud-Est, Atlantique, espagnol et Transmanche. Aytré cherche aussi à donner à son fond de baie un avenir pour le XXIe siècle : entre la pointe de Roux et celle du Chay, en bordure de la longue plage familiale qui s'étend sur 3 km, un secteur résidentiel et touristique devrait être aménagé sur un marais classé zone naturelle d'intérêt floristique et faunistique ■ *36*. Les établissements ostréicoles ■ *42* sont implantés au nord de la plage, limitrophes de La Rochelle.

La Jarne ● *76*

Château de Buzay ♥ ● *76*, ◆ *265*. Cet édifice est un exemple très caractéristique des demeures de campagne que nobles et bourgeois de La Rochelle, enrichis par le commerce colonial ▲ *154* et celui des eaux-de-vie ● *25*, se firent construire dans la seconde moitié du XVIIIe siècle. À l'origine, la terre sur laquelle s'élève le château était la propriété de l'abbaye Notre-Dame de Buzay (Loire-Atlantique).

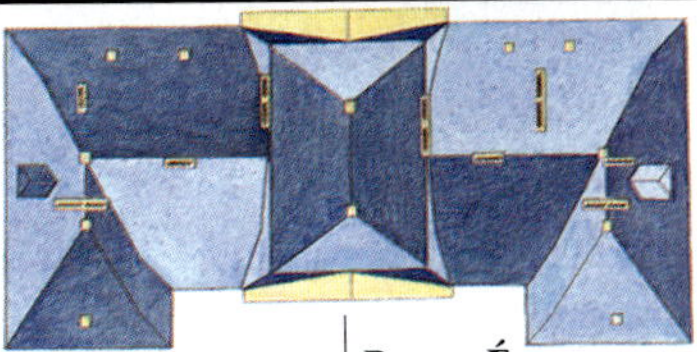

Au début du XVIe siècle, elle devient un fief appartenant à des particuliers, puis une seigneurie. En 1688, la maison noble de Buzay est adjugée à Pierre Harouard, conseiller du roi au bureau des fermes de La Rochelle. Il fait transformer le vieux château, y consacrant d'importantes sommes pour des bâtiments qui avaient «peu d'ordre et de cimetrie», selon Claude Masse. C'est à son petit-fils Pierre-Étienne Harouard du Beignon que l'on doit l'actuel château, construit de 1771 à 1775 sur les plans de Ducret, collaborateur de Gabriel. La qualité du bâtiment est sans équivalent en Aunis. Derrière une remarquable grille de fer forgé, la façade sur cour du château est particulièrement majestueuse : colonnes ioniques

et pilastres colossaux supportent un fronton armorié. Dans cette demeure chargée de souvenirs, on découvrira de nombreux portraits de famille, le grand escalier et sa belle rampe de fer forgé, le confortable petit salon, le somptueux grand salon, qui occupe la partie centrale du château, et la salle à manger, au style plus dépouillé. Toutes les pièces sont meublées comme elles l'étaient au XVIIIe siècle : en 1945, les paysans de la Jarne emportèrent les meubles chez eux pour les protéger et les rendirent au château après les «événements». Il ne faut pas quitter Buzay sans avoir parcouru ses jardins et découvert son parc.

Pierre-Étienne Harouard du Beignon
D'abord avocat, puis secrétaire du roi et son lieutenant général en l'amirauté de La Rochelle, Pierre-Étienne Harouard du Beignon, propriétaire du château de Buzay, possédait aussi, à Saint-Domingue, des sucreries où travaillaient plus de six cents Noirs.

Passionné d'agronomie, il laissa d'importants ouvrages sur le sujet. Il défendit les vignerons de l'Aunis contre les bourgeois de La Rochelle, à propos de certains droits de taille, ce qui lui valut une certaine popularité et lui permit de passer, tranquille, le cap de la Révolution.

Vitrail du XIXe siècle de l'église d'Angoulins.

ANGOULINS

Le bourg enserre une ÉGLISE GOTHIQUE érigée au XVe siècle sur les vestiges d'un édifice roman, détruit lors de la guerre de Cent Ans. La façade occidentale et le chevet ont hérité de cette période trouble leur aspect fortifié. Sinistrée à nouveau pendant les guerres de Religion, l'église fut restaurée à l'économie au XVIIe siècle, puis remise en état de satisfaire le culte au XIXe siècle par les architectes Massiou et Rullier, qui la dotèrent de vitraux dus au Bordelais Dagrand et d'une peinture murale de Charles Fouqueray. Une restauration récente a redonné toute sa splendeur au porche flamboyant. Cette commune résidentielle placée dans l'orbite de La Rochelle a été classée station balnéaire. Les deux plages, bien abritées des vents dominants, sont séparées par le site ostréicole ■ *42*.

CHÂTELAILLON-PLAGE ● *90*

UNE VILLE DISPARUE SOUS LES FLOTS. L'ancien Châtelaillon était situé au sud de la ville actuelle, sur un promontoire dominant le marais et la mer. Gisements néolithiques et vestiges gallo-romains y ont été repérés. Après Charlemagne, la ville devient l'une des trois vigueries de l'Aunis, dont les puissants seigneurs figurent, dès le Xe siècle, dans l'entourage des ducs d'Aquitaine. Mais, en 1130, la prise de cette forteresse par Guillaume X fait fuir les habitants à La Rochelle, qui prend de l'essor et devient vite le nouveau centre de l'Aunis ▲ *128*. Ne demeurent plus à Châtelaillon qu'une petite garnison, quelques maisons groupées autour de l'église et les quelques ermites du prieuré Saint-Romard. Au cours des siècles, la forte érosion de la mer (plus d'1m de falaise emporté chaque année avant l'édification de la digue) fait disparaître successivement les quatorze tours de la forteresse (la dernière en 1709), les maisons, puis l'église Saint-Jean, en 1784.

CHÂTELAILLON-PLAGE. À la fin du XIXe siècle, alors que Châtelaillon n'est plus qu'un hameau, la Compagnie des chemins de fer des Charentes achète 25 ha de terrains pour y créer, de toutes pièces, une station balnéaire. Le plan d'urbanisme très géométrique est toujours bien lisible dans la ville actuelle : les rues et les avenues se coupent à angle droit et sont bordées de nombreuses villas balnéaires ● *90*. La ville se développe ainsi en longueur, parallèlement à la plage de 3 km que borde une agréable promenade.

LE CASINO DE CHÂTELAILLON
Érigé en bordure d'un bois de pins aujourd'hui transformé en jardin anglais, le casino – et son étonnante salle de bal sous verrière – fut inauguré le 15 juillet 1893. Démoli en 1991, il est aussitôt reconstruit dans la foulée, pastiche néo-classique post-moderne en vogue dans les années quatre-vingt. Il ouvre agréablement le centre ville sur la mer.

Châtelaillon au début du siècle
Le casino (aujourd'hui reconstruit et privé du bois de pins qui le bordait) ; la plage et ses tentes de coutil à rayures rouges où l'on se protégeait du soleil en échangeant les derniers potins ; le tennis : même pour le sport, une toilette élégante était de rigueur...

Le port des Boucholeurs.

Le cimetière mérovingien de Châtelaillon. Autour de Saint-Romard s'étend, sur plusieurs hectares, un cimetière mérovingien. Soixante et onze sépultures – en terre ou prenant la forme de sarcophage ou de caisson de pierre – ont été étudiées. Le matériel, rare, date du VIIe siècle, mais bien des inhumations sont postérieures.

Les Boucholeurs. En bout de plage, au sud, le chemin du Douanier fait suite au boulevard. La promenade conduit au centre nautique, puis contourne un promontoire occupé par un complexe hôtelier et de thalassothérapie, avant de mener au port conchylicole des Boucholeurs, d'où la vue s'étend de la pointe du Chay à celle de la Fumée.

Yves

Cette commune productrice d'huîtres et de moules ■ *42* (110 km de bouchots et 350 ha de parcs à huîtres) est bordée de 2 km de plage bien abritée. 1 800 ha de marais ■ *36* offrent des kilomètres de canaux aux pêcheurs et un lieu privilégié aux chasseurs de gibier d'eau.

Réserve naturelle des marais d'Yves ♥ ■ *36.* Une réserve naturelle de 260 ha sert de refuge aux oiseaux sédentaires et d'étape pour de nombreux migrateurs. L'accès en est réglementé par la Ligue pour la protection des oiseaux (LPO), mais son pourtour permet d'excellentes observations, principalement à marée haute et le matin. En hiver, on verra de nombreux canards, des bernaches cravants, des oies cendrées, des bécasseaux variables, des pluviers argentés et des courlis cendrés. Au printemps arrivent les canards de surface ainsi que les hirondelles et les martinets noirs. L'automne est la saison de l'aigrette garzette, des petits échassiers continentaux, de l'échasse blanche, de l'avocette élégante, de la bécassine des marais, du pluvier doré, du vanneau huppé et des passereaux migrateurs. On peut continuer la promenade jusqu'à la presqu'île de Fouras ▲ *238.*

Vol de canards siffleurs sur les marais d'Yves ■ *36*
Venus de la lointaine Sibérie occidentale, ces canards au vol rapide hivernent en nombre le long de la façade atlantique. Par grands froids, leurs effectifs sont renforcés par des oiseaux chassés du nord de l'Europe.

Les Boucholeurs
Les premières familles s'installent ici en 1885, plantent des bouchots pour y élever des moules et fondent ainsi le village des Boucholeurs.

Jacques Boucard
Pierre Tardy

▲ ÎLE DE RÉ

(voiture)	2 jours
(vélo)	3 jours

Une île et sa lumière
“Et me voici aujourd'hui devenu amoureux de cette île de Ré, pourtant si basse et si sévère, couchée sous les grandes rafales de l'ouest, toute en grèves et en ciels et tant dépourvue de pittoresque facile. [...] C'est qu'elle ne se jette pas, à coups de rochers et de mimosas, à la tête du voyageur, qu'elle demeure discrète et silencieuse, sans séductions immédiates et qu'il faut la bien connaître pour en percevoir l'âme véritable. Elle possède une lumière unique, la plus belle que je connaisse en Europe.”
Chapelain-Midy

Quatre îles en une. Reliée au continent jusqu'à l'époque quaternaire, l'île est d'abord, sous la remontée des eaux, constituée de quatre îlots : Ré, Loix, Ars et Les Portes. Au fil des siècles, l'apport constant d'alluvions et le travail d'endiguement des hommes vont peu à peu conduire à joindre les quatre îlots. Mais Ars ne sera relié à Ré qu'à la fin du Moyen Âge, et il faudra attendre le XVIIe siècle pour que le territoire, enfin unifié, soit appelé «île de Ré».
Les premiers Rétais. La présence de l'homme est attestée au paléolithique moyen (100000-33000 av. J.-C.). Mais c'est surtout au néolithique (6000-2800 av. J.-C.) que l'on suppose une occupation humaine importante, dont témoigne notamment le tumulus de Peu Pierroux, près du Bois (détruit en 1853). Les civilisations du bronze et du fer ont aussi laissé quelques vestiges, comme les traces d'habitat trouvées près des Portes, à la pointe du Lisay. Bien plus tard, les Gallo-Romains s'implanteront au Bois, aux Portes et à La Flotte.
La croix et l'épée. Les premiers documents concernant Ré émanent du comte de Poitou, Guillaume le Grand (993-1030). Il fait don des îles d'Ars et de Loix à l'abbaye de Saint-Michel-en-l'Herm, tandis qu'au XIIe siècle Eble de Mauléon, sire de Ré, permet aux cisterciens de créer l'abbaye Notre-Dame-de-Ré ▲ *180*. Pour maintenir une population nombreuse, les sires de Mauléon laissent s'établir une coutume libérale, étendue par la charte de 1289, qui fera des îles des terres sans serfs. Dès le Moyen Âge, l'île vit de l'exportation du sel et du vin ● *25*.
Entre Anglais et Français. À partir du XIIe siècle, les querelles dynastiques entre la France et l'Angleterre font apparaître l'importance stratégique des îles de Ré. De 1242 à 1470, pillages, incendies, prises d'otages s'y succèdent. En 1372, les insulaires consentent à hisser «pennons et bannières» du roi de France sur leurs forteresses, non sans avoir obtenu l'assurance du maintien de leurs franchises, qui seront confirmées par Charles VII.

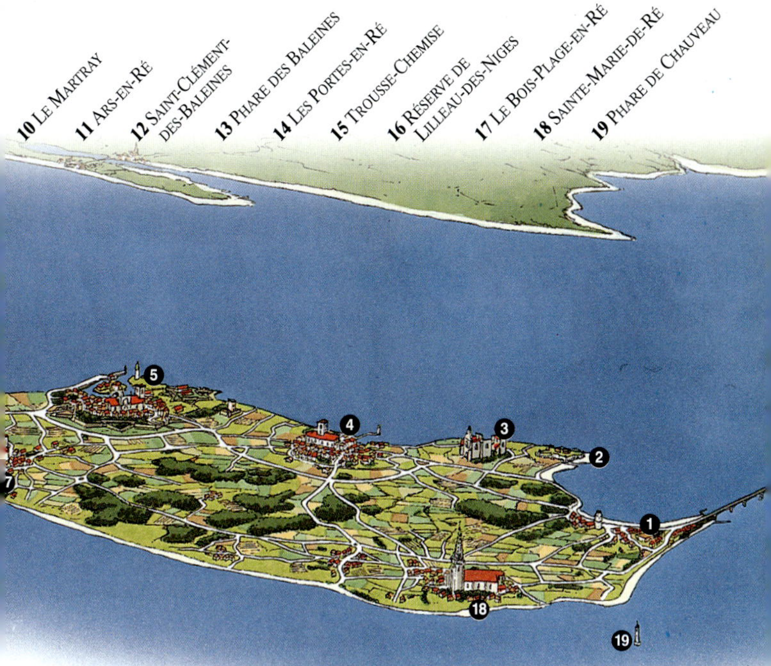

Le bastion de La Rochelle. Relevée de ses ruines au début de la Renaissance, l'île de Ré, qui comptera jusqu'à quinze mille habitants, est gagnée par la religion réformée au milieu du XVIe siècle. Devenue protestante en 1568, La Rochelle entend faire de Ré son bastion avancé. Bandes calvinistes et catholiques s'y entretuent jusqu'en 1598. C'est ainsi qu'en 1574 l'abbaye de Ré est ruinée, tandis qu'en 1583 la peste emporte la moitié de la population de Saint-Martin.

Les heures de gloire. Les révoltes protestantes conduisent par deux fois à l'occupation de l'île, en 1621 et en 1624. Mais c'est en 1627, avec la rébellion de La Rochelle ▲ *129*, que Ré connaîtra des heures héroïques (ci-dessous).

Le siège de Saint-Martin-de-Ré

Le 22 juillet 1627, huit mille Anglais, commandés par le duc de Buckingham, Premier ministre du roi Charles Ier, débarquent à la pointe de Sablanceaux. Jean de Saint-Bonnet, seigneur de Toiras et gouverneur de l'île, est contraint de se retrancher dans la citadelle de Saint-Martin. Buckingham décide aussitôt d'en faire le siège. La résistance française durera quatre mois. Après une dernière tentative infructueuse contre Saint-Martin, Buckingham doit se replier, d'autant qu'une armée de secours, menée par le maréchal de Schomberg, vient de débarquer sur l'île. Le 8 novembre 1627, au pont de Feneau, près de Loix, l'armée anglaise est rejointe par les troupes de Schomberg et de Toiras, et est taillée en pièces.

AU TEMPS DE LA VOILE ET DE LA VAPEUR
Dès le Moyen Âge, des liaisons sont établies avec les ports du bas-Poitou : Moricq, Luçon, Saint-Benoît et Marans. Les vents dominants de sud-ouest favorisent le passage, qui ne dure que deux ou trois heures. Les Rétais y vendent leur vin et importent bois de chauffage, grains et fourrage. À la fin de l'été, plusieurs centaines de personnes font la traversée pour venir vendanger sur l'île. La liaison avec La Rochelle est rendue plus difficile en raison des vents contraires et des courants violents. Elle devient régulière avec les navires à vapeur : premier passage en 1835, liaison journalière vers 1870.
Après la Seconde Guerre mondiale, les liaisons vers la Vendée ne reprennent pas, la traversée étant assurée par bacs automoteurs entre Sablanceaux et La Pallice.

LE PONT
Depuis le 19 mai 1988, l'île de Ré est reliée au continent par un pont qui enjambe le pertuis et a remplacé la liaison traditionnelle par bac.

RÉ LA BLANCHE. La paix revenue, Ré peut se consacrer à sa défense et à son développement. De 1665 à 1685, diverses fortifications sont édifiées, entre autres par Vauban, dont la nouvelle citadelle de Saint-Martin, ce qui empêchera le débarquement d'une flotte anglo-hollandaise en juillet 1696. Les Rétais, plus commerçants que pêcheurs, développent un important négoce avec les «îles» d'Amérique, tandis que la vigne et surtout les salines, donnant à l'île son surnom de «Ré la Blanche», sont en pleine expansion. Au XVIIe siècle, le commerce des vins et sels ● *25* rétais devient considérable, de l'Irlande à la Baltique. La guerre de Sept Ans (1756-1763) et la perte du Canada portent un coup dur à cette période faste.

DANS LA TOURMENTE RÉVOLUTIONNAIRE. En 1785, Louis XVI fait racheter par la Couronne la baronnie de Ré. Lors des états généraux de 1789, les Rétais revendiquent le maintien de leurs privilèges, rognés par les fermiers généraux, qui supportent mal de voir le sel rétais – moins taxé – échapper à leur pouvoir. L'abolition des droits féodaux profite surtout aux vignerons et aux riches négociants de l'île. Durant les premières années de la Révolution, l'île demeure paisible mais en proie à une profonde disette. Il faut attendre 1793, et une «Commission d'épuration», pour que l'île voit ses élus destitués et ses prêtres constitutionnels chassés.

L'ESSOR RÉTAIS. À la fin des guerres de la Révolution et de l'Empire, l'île connaît un développement important. Une infrastructure routière est enfin créée, tandis que les endiguements atteignent 1 550 ha et la production annuelle de sel 33 000 t. Le recensement de 1831 dénombre 17 976 habitants, peuplement maximal de l'île.

LA GRANDE CRISE. À partir de 1850 commence une crise qui durera près d'un siècle. Coup sur coup, le phylloxéra s'attaque aux vignes, le choléra à la population, la concurrence des sels étrangers à la production salicole, entraînant une émigration considérable. En 1946, il ne reste plus que sept mille neuf cent insulaires !

L'ère du tourisme. Depuis la Seconde Guerre mondiale, l'île de Ré a connu sa plus grande mutation. La vigne a supplanté les marais salants, en voie de disparition, la culture et l'ostréiculture se sont développées. Mais c'est le tourisme qui a le plus profondément modifié l'île. Facilité par la création d'un bac permanent en 1945, ce phénomène, encore accentué par le pont construit en 1988, se caractérise par une population estivale de près de cent mille personnes et une urbanisation galopante. S'il n'était maîtrisé, il risquerait à terme de défigurer le charme et la beauté de l'île.

«Le Jour le plus long»
En 1961, Darryl Zanuck choisit les vastes plages de Sablanceaux et la conche des Baleines, avec leurs blockhaus ● *84*, pour le tournage de son film.

Le pont

L'ouvrage, harmonieux arc de cercle d'un rayon de 3 km, plafonne à 50 m. De son sommet, on surplombe l'île, fortement boisée à cette extrémité, les sapins ayant remplacé la vigne. À droite, derrière le phare de Chauveau ▲ *188*, l'île d'Oléron semble rejoindre le continent. Au nord, à l'extrémité de la vaste baie de Rivedoux, les ruines de l'abbaye des Châteliers ▲ *180* se dressent face au pertuis breton, qui sépare l'île de la Vendée. À l'arrivée du pont, sur la droite, l'emplacement de l'ancien ponton flottant, inauguré en 1939, mais coulé lors de violentes tempêtes à la fin de 1993, sert de débarcadère pendant l'été pour les passagers des croisières inter-îles ◆ *265*.

Rivedoux-Plage

Un port ostréicole. Ce village abrite un petit port : une dizaine de bateaux locaux y mouillent au pied de la jetée et pêchent surtout seiches et soles, au printemps, dans les pertuis. Depuis le milieu du siècle dernier, la population s'est tournée vers l'ostréiculture ■ *42* et, aujourd'hui, les parcs occupent plusieurs centaines d'hectares sur le vaste platin sablonneux de la baie. En bord de mer, un peu avant le port, se dresse l'imposante bâtisse d'un ancien moulin à marée ▲ *185* construit en 1845. Le bassin de retenue se trouvait de l'autre côté de la route (au fond du camping des *Tamaris*).
Manoir d'Hastrel. Au XVIIe siècle, l'imposante langue de sable sur laquelle atterrit le pont n'existait pas, la mer venait jusqu'au centre de l'actuel village, rue Albert-Sarrault. De l'époque ne subsiste que la tour, tronquée, du manoir d'Hastrel (privé). En 1480, Louis Ier de La Trémoille crée la seigneurie de Rivedoux pour Jean Bruneau afin d'y attirer les pêcheurs fréquentant le port Chauvet (situé probablement près de l'actuel fort de La Prée ▲ *180*). En 1684, l'une de ses descendantes, Marie, épouse Jean-Baptiste-Christophe d'Hastrel, qui réaménage le manoir de la famille.

L'ostréiculture dans l'île ■ *42*
C'est en 1866 que, pour la première fois à Ré, les habitants de Rivedoux aménagent des parcs, qui se multiplient peu à peu le long du littoral. Aujourd'hui, l'île de Ré produit, à elle seule, presque 4 % des huîtres cultivées en France.

L'ABBAYE DES CHÂTELIERS
De cet édifice remarquable ne subsistent que les ruines majestueuses de l'église, reconstruite au XVe siècle en bordure de mer.

FORT DE LA PRÉE ● *82.* Édifié en 1625 par d'Argencourt à partir des ruines de l'abbaye des Châteliers, ce fort établi en étoile est le plus ancien ouvrage militaire conservé sur l'île. À peine terminé, en 1627, il eut son heure de gloire : la faible garnison résista vaillamment aux attaques anglaises et rendit le fort intact aux troupes françaises après un an de siège.

LA FLOTTE

ABBAYE DES CHÂTELIERS ♥. Vers 1156, Isaac de l'Étoile, abbé de l'abbaye de l'Étoile (en Poitou), vint fonder une communauté cistercienne sur l'île. Rapidement, l'abbaye devient une puissance économique possédant terres et vignobles, et se heurte alors au pouvoir seigneurial. Les bâtiments seront plusieurs fois pillés et incendiés, par les Anglais (1294, 1462), puis les protestants (1574). En 1623, la propriété passera aux oratoriens, qui en exploiteront seulement les revenus, et, au moment de la Révolution, elle sera vendue comme bien national. Cette abbaye était sans doute l'un des plus vastes et des plus intéressants établissements cisterciens du centre-ouest de la France. De l'édifice, bâti suivant le plan type de l'Ordre avec une église en forme de croix latine, demeurent, au nord, les vestiges d'un mur du réfectoire, à l'extrémité du cloître dont ne subsistent que les traces des fondations. Des fouilles archéologiques (objets déposés à la Maison du Platin), ont permis de reconstituer le plan des bâtiments conventuels.

LE PORT. Le long des quais, très animés dès les beaux jours, les hautes maisons blanches aux volets multicolores abritent un labyrinthe de ruelles. Du port, on peut rejoindre le vieux marché par le cours Félix-Faure, le long duquel plusieurs hôtels particuliers du XVIIIe siècle rappellent le prestige des négociants et armateurs enrichis par le commerce maritime.

LA FLOTTE
À partir du milieu du XIXe siècle et jusqu'à la Première Guerre mondiale, La Flotte arma des thoniers. Au printemps, plus de cent navires se rassemblaient dans le petit port avant de partir pêcher pendant une dizaine de jours. En juillet 1867, cinq chaloupes prises dans une terrible tempête sombrèrent près du plateau de Rochebonne. Trente marins disparurent d'un coup, il n'y eut pas de survivants. Pendant des décennies, le village porta la marque de ce drame.

Ci-contre, départ des condamnés vers la Guyane, au petit port de la citadelle. À partir de 1910, l'embarquement se fait dans le port de Saint-Martin-de-Ré, plus facile d'accès.

La Maison du Platin. Créée par une association locale autour d'une collection de photographies du début du siècle, la Maison du Platin regroupe des éléments liés à la pêche en voilier, aux passages avec le continent et surtout divers objets provenant des fouilles de l'abbaye des Châteliers (vestiges architecturaux, carreaux de pavage, monnaies…).

Église Sainte-Catherine. Du bâtiment primitif édifié au XIVe siècle ne subsistent que des éléments épars (porte extérieure, quatre travées…). La façade, l'autel baroque, le plafond lambrissé avec peinture décorative datent du XIXe siècle. Un retable peint montre sainte Catherine transportée sur le Sinaï. Deux ex-voto rappellent la vocation maritime de La Flotte, notamment la pêche au thon.

Saint-Martin-de-Ré ♥ ● 82

Saint-Martin vaut une visite à pied et, l'été, il est impossible d'y circuler en voiture. On entre dans la ville par une brèche pratiquée dans le rempart. Il faut rejoindre le parking Vauban, à l'entrée est, et y laisser sa voiture. Cité commerçante dès le Moyen Âge, la capitale de l'île appuya son développement sur le vin et le sel ● *25*. En 1681, Vauban choisit de «relever et d'accommoder» la vieille citadelle. La ville et le port seront fortifiés. Les troupes royales s'installent à demeure, et c'en est bien fini des privilèges des Rétais ! À partir de 1873, la citadelle sert de centre de regroupement avant le départ pour le bagne. Depuis la fin de la Seconde Guerre mondiale, et la disparition du bagne, elle est devenue maison centrale. Elle abrite près de huit cents détenus, et Léo Ferré a prêté sa voix à l'un d'eux dans sa chanson *Merde à Vauban*.

Le pénitencier En 1798, 1 023 prêtres réfractaires sont transférés des pontons de Rochefort dans la citadelle, avec 133 autres détenus, dans des locaux capables d'en loger 500. Sous l'Empire, ils sont remplacés par 10 000 réfractaires ; 3 000 y mourront. En 1871, 400 communards y séjourneront.

En 1873, la citadelle devient dépôt d'étape et lieu de concentration pour les prisonniers de droit commun à destination des bagnes coloniaux ; elle conservera ce rôle jusqu'en 1938, date de la suppression des bagnes. Plus de 50 000 personnes seront passées par ce centre, des plus célèbres – Dreyfus (ci-dessus), Henri Carrère dit Papillon… – aux plus humbles. Depuis 1970, c'est une maison centrale abritant des condamnés de droit commun.

LES PORTES DE LA VILLE ● *82*
L'entrée dans la ville se faisait, à l'est, par la porte Toiras et, à l'ouest, par la porte des Campani (ci-dessus). Les deux portes sont semblables, mais la seconde est mieux conservée. Constituées par un tunnel voûté traversant le rempart et précédées par un pont-levis à bascule, elles étaient fermées par une porte et une herse. Le système de fermeture est encore conservé. Près de la porte Toiras, la poudrière Saint-Louis a été construite vers 1685.

LE PORT DE SAINT-MARTIN-DE-RÉ
Ci-dessous, un calme jour d'août 1920 ; ci-contre, l'animation estivale d'aujourd'hui...

LE REMPART ● *82*. C'est un magnifique exemple d'architecture militaire de la fin du XVIIe siècle. Après la capitulation de La Rochelle (1627), le roi ordonna de raser la citadelle, mais le développement de l'arsenal de Rochefort ▲ *210* posait le problème de sa défense avancée. L'île fut donc fortifiée. Suivant les théories de l'époque, Saint-Martin devint la place forte centrale du territoire insulaire. La ville fut largement remparée : cinq demi-lunes couvraient un fossé qui s'appuyait, à l'est, sur une citadelle puissamment défendue. Vers la mer, le rempart enlaçait la ville et le port commercial ; un second petit port, très protégé, au pied de la citadelle, aurait permis d'effectuer son ravitaillement si la ville tombait à l'ennemi. Sur la droite du parking Vauban se trouvent l'entrée de la citadelle (l'actuelle maison centrale) et son petit port. Revenir à pied en longeant le rempart. Faire le tour du port ; au centre de l'îlot, au nord, la MAISON DU GOUVERNEUR (privée) fut la résidence du gouverneur de l'île, de 1685 à la Révolution. On peut longer la mer au niveau du parking du bastion, puis, par la rampe, en face de la porte des Campani, descendre dans les fossés et s'y promener. Des travaux de dégagement des abords sont en cours, une partie du fossé et la demi-lune de Bourbon ont été remises en valeur et donnent une bonne idée du rempart primitif.

L'ÉGLISE. L'édifice, du XVe siècle, a été restauré et remanié aux XVIIe et XIXe siècles. L'intérêt architectural réside dans la superposition de plusieurs époques : éléments gothiques flamboyants en hauteur (les parties fortifiées portent des traces d'arquebuses sur les pierres) et sur les portails latéraux ; portail principal du XVIIe siècle. En 1627, Toiras fait abattre les voûtes afin d'empêcher les Anglais, si la ville était prise, d'y établir une plate-forme à canons pour bombarder la citadelle. À l'intérieur, la chaire à prêcher en bois sculpté date du XVIIe siècle, le maître-autel à baldaquin a été refait à l'identique après l'incendie de l'église en 1980. Une horloge a été accrochée face à la chaire : le prêtre pouvait ainsi arrêter son sermon de telle sorte que les ostréiculteurs et les pêcheurs ne ratent pas la marée. L'ascension du clocher est possible l'été et permet de jouir d'un vaste panorama sur l'île.

“La lumière ! tantôt elle aveugle, tantôt elle se diffuse en délicates fluidités ; elle est presque toujours cristalline, exquise. En toutes saisons, par temps clair, les côtes des îles les plus proches se détachent en rose sur la mer bleue légèrement embrumée dans les fantasmagories du matin.
Lorsque par les après-midi du mois d’août, le soleil darde sur les sillons, la plaine où vibre l’air embrasé, les maisons rectangulaires aux portes en plein cintre sous leur blanc badigeon de chaux, la poussière des routes crayeuses, tout resplendit des éblouissements de l’Orient.
Les longs crépuscules de l’été, les couchers de soleil dans un ciel tendre aux premiers soirs de l’automne, versent sur la campagne assoupie la tiédeur lumineuse et sonore des soirées algériennes.”

Eugène Fromentin

ERNEST COGNACQ
À la demande de l'association «les Rétais de Paris», Ernest Cognacq, fondateur de la Samaritaine, rachète en 1907 pour en faire don à Saint-Martin, sa ville natale, les collections du petit musée de Théodore Philippot, ancien maire du Bois-Plage. À cet important fonds de faïences, de peintures, de gravures et de documents d'histoire locale ou non vinrent s'ajouter, au fil du temps et des donations, des objets exotiques : porcelaines, costumes et coiffes, objets de la vie quotidienne, maquettes, dessins..., exposés à l'hôtel de Clerjotte.

LA VILLE. Du bourg médiéval, autour de l'église, subsiste un réseau de trois rues parallèles qui descendent vers le port. Rue Carnot, la MAISON DE LA VINATIÈRE (ci-dessous) est une demeure à colombage restaurée au début du siècle dans un esprit «alsacien».

Le bourg XVIIe-XVIIIe siècle comporte de beaux hôtels particuliers sur rue, avec d'immenses jardins à l'arrière, allant autrefois jusqu'aux remparts, notamment une belle demeure autrefois siège de la baronnie (21, rue Baron-de-Chantal) et une grande bâtisse en U dominée par une haute tour carrée (23, rue des Gabarets). Sur la PLACE DE LA RÉPUBLIQUE, anciennement place Royale, l'HÔTEL DES CADETS-GENTILSHOMMES, construit au XVIIIe siècle pour servir d'immeuble de rapport, porte le nom d'une compagnie de cadets de la noblesse pour l'armée coloniale qui y résida de 1780 à la Révolution. Il abrite aujourd'hui la mairie. De l'autre côté de la place, deux portails monumentaux : celui de l'ancien couvent des capucins et celui de l'hôtel du gouverneur, qui porte la date 1737. Sur le port, au 3, quai Job-Foran, une demeure d'armateur du XIXe siècle est accolée d'une haute et étroite tour du XVIe siècle. Rue de l'Hôpital, l'HÔPITAL SAINT-HONORÉ est un édifice hétéroclite du XVIIIe siècle. La superbe pharmacie, avec ses boiseries de la même époque et ses cent dix récipients de médicaments (pots, chevrettes, etc.,) peut se visiter (sur rendez-vous).

HÔTEL DE CLERJOTTE ● *76*. Ce très beau manoir Renaissance (fin du XVe siècle) abrite le MUSÉE ERNEST-COGNACQ (ci-contre). Au fond d'une cour pavée, le corps de logis est dotée d'une tourelle d'angle à la porte de style gothique flamboyant. Les deux ailes en retour, inspirées d'une Renaissance tardive, reposent sur une série d'arcades en anse de panier, rythmées par des pilastres doriques. Une galerie à colonnes ajoure l'étage ouest.

LA COUARDE-SUR-MER

Au Moyen Âge, le village se trouvait à la limite de l'île de Ré, d'où son nom de *coue*, la «queue». La route nord suit exactement la limite du rocher. La plage attire, en été, une foule de touristes, mais certains lui préfèrent le vieux bourg aux ruelles envahies de roses trémières (les *passe-roses* en rétais).

Près de l'église, le seul kiosque à musique de l'île a été restauré en 1992. Le port, au nord, à côté de la base nautique, le long d'un étier envasé, donne une bonne idée de ce type d'installation en zone de marais au temps où les goélettes venaient charger le sel. À partir de La Couarde, on peut rejoindre Loix (ou Ars) par la piste cyclable qui serpente au travers d'anciens marais salants : une promenade inoubliable ● *40, 68*.

LOIX

Au lieu-dit la PASSE, une petite route, à droite, file vers le nord. D'un seul coup, on débouche dans un extraordinaire paysage : le marais salant ● *40, 68*. Avant d'arriver au village, la MAISON DU MARAIS SALANT présente une exposition et propose la visite d'un marais salant en activité.

UN VILLAGE TRANQUILLE. Éloigné des principaux axes routiers, il rappelle l'atmosphère insulaire d'antan. Dans le cimetière jouxtant une petite église traditionnelle, il faut voir le groupe sculpté de la tombe de Fournier, maçon-tailleur de pierre du siècle dernier. Au sud, le petit port du «bout du monde», avec son moulin à marée, fut très fréquenté jusqu'au XIXe siècle avec le commerce du sel ● *25*.

LE MOULIN À MARÉE. Le moulin du port de Loix, avec son bassin de retenue à l'arrière, est très représentatif des moulins à marée rétais. Ré ne comporte aucun cours d'eau, mais les marées produisent des dénivellations pouvant atteindre 7 m. Aussi, dès le XIIe siècle, des moulins à marée ont été installés sur l'île. Ils remplissaient une double fonction : broyer des grains récoltés (ou importés) et former une chasse pour curer les ports ou les chenaux des marais salants. Le moulin comportait un bassin-réservoir qui se remplissait à marée haute et que l'on vidait à basse mer ; le courant produit nettoyait les chenaux des vases qui s'y amoncelaient et entraînait les roues à aubes d'un mécanisme de meunerie.

LA POINTE DU GROUIN. Bien qu'aménagée en aire de pique-nique, la pointe reste un lieu sauvage et beau. À son extrémité, la batterie est représentative d'un type d'ouvrage très répandu sur les côtes au XIXe siècle ● *82*.

LOIX VERS ARS. À 3 km, après la Passe, le Martray («trait de la mer») correspond au dernier passage de la mer entre le nord et le sud de l'île ; par fortes tempêtes, la route peut être coupée par la mer. Sur la gauche, un fort du XVIIe siècle ● *82* a été remanié en 1940 par les Allemands. Depuis le milieu du siècle dernier, des parcs ostréicoles ■ *42* sont implantés sur l'estran, au sud ; les huîtres en sont très réputées.

RÉSERVE DE LILEAU-DES-NIGES ♥ ● *40*
Rencontre entre terre et mer, les marais littoraux sont biologiquement très riches. La quantité de matière vivante élaborée dans ces milieux est dix fois supérieure à celle des cultures, même intensives. La preuve en est l'abondance de crustacés, de mollusques, de vers, d'insectes et de larves qui attire les oiseaux. Près de trois cents espèces ont été recensées : sternes, bernaches, limicoles, aigrettes, hérons, cormorans, colverts, passereaux. Une piste cyclable contourne cette réserve ; des visites sont possibles sous l'égide de la Ligue pour la protection des oiseaux (LPO).

MAISON DITE DU SÉNÉCHAL
(Rue des Tourelles) Cette demeure, de fin XVIe-début XVIIe siècle, est unique en son genre dans l'île : escalier logé dans une tour hors-œuvre et échauguettes d'inspiration médiévale, décor de la première Renaissance. Elle appartint à Étienne Bufflechou, avocat au présidial de La Rochelle et sénéchal des seigneuries d'Ars et de Loix.

ARS-EN-RÉ

ÉGLISE SAINT-ÉTIENNE. La flèche gothique, blanche et noire, du clocher (ci-dessous) domine le paysage de marais et sert encore d'amer aux navires sillonnant les pertuis. C'est le plus vieil édifice de l'île : une partie de l'ancienne nef remonte au XIe siècle, le portail date du XIIe siècle. L'intérieur mérite une visite pour la chaire du XVIIe siècle, la superbe clôture du chœur en bois sculpté, de la même époque, et les ex-voto.

LE PORT. Jusqu'à la fin du siècle dernier, Ars est resté le port du sel par excellence ● *25, 68.* Aujourd'hui, l'ancien bassin de chasse est utilisé pour la plaisance. Quelques vieux gréements y séjournent. Sur le port, le *Café du Commerce*, à l'intérieur baroque, reste le rendez-vous obligé des *casserons* (surnom des habitants d'Ars, littéralement «petite seiche») et des touristes. En face se dresse l'ancienne gare du petit train qui véhicula les Rétais jusqu'à l'embarcadère, de la fin du XIXe siècle au milieu des années trente. Il fut rétabli pendant la dernière guerre pour transporter des troupes et des munitions, mais ne survécut pas à la Libération.

RAFFINERIE ● *68.* Ce bâtiment construit en 1818 a été partiellement transformé en habitat, mais la façade-fronton en pierre de taille précédant une grande nef où est conservée la souche de la cheminée a été préservée.

HANGAR À SEL. La Coopérative possède un vaste hangar moderne, en demi-cylindre, où l'on peut voir un tas de sel de plusieurs centaines de tonnes.

Ce journal hebdomadaire connaît une diffusion internationale grâce aux abonnés, expatriés rétais ou résidents secondaires.

Le phare des Baleines
Le phare des Baleines tire son nom des échouages de cétacés, très communs jusqu'au XVIe siècle, et encore courants sur la côte sud, l'hiver ▲ *169*. Chassées pour leur lard, les baleines ont disparu de nos côtes depuis plus de cinq siècles, mais les marsouins sont encore très fréquents.

Saint-Clément-des-Baleines

Cinq hameaux : le Chabot, le Godinand, le Gillieux, le Griveau et la Tricherie constituent ce charmant petit village.
Le phare des Baleines ♥. Le phare actuel, inauguré en 1854, a remplacé celui, du XVIIe siècle, qui était situé sur la tour qui subsiste au nord . De son sommet (57 m), il offre par temps clair un point de vue magnifique sur le terrible plateau rocheux du haut banc du Nord, paré par le phare du Baleineau, sur une très belle écluse à poissons ● *52* («L'hirondelle») et sur la conche des Baleines, la plus belle plage de l'île. Près du phare, un petit musée présente des collections disparates (coquillages, belles maquettes de bateaux...). À proximité, derrière le *Camp du phare*, l'abri des canots de sauvetage est une belle construction traditionnelle en pierre avec une voûte bien appareillée.

Les Portes-en-Ré

Au «bout de l'île», cet ancien village de sauniers ● *68* autrefois connu pour sa pauvreté est devenu le plus huppé des villages insulaires et le lieu de prédilection d'artistes célèbres. Au bout de la route, la petite plage de la Patache est un lieu de mouillage forain très fréquenté en été. L'église est modeste mais renferme des retables du XVIIe siècle.
Chapelle de la Redoute. Cette poudrière du XVIIe siècle, récemment restaurée, fut transformée en chapelle vers 1930 et une Vierge fut érigée à son sommet. En 1939, les Allemands l'avaient descendue afin qu'elle ne pût servir de repère pour les tirs d'artillerie de marine.

Trousse-chemise
À l'extrémité du village des Portes-en-Ré, on pouvait traverser le Fier de Loix à marée basse, d'où son nom de Trousse-chemise, immortalisé par une célèbre chanson de Charles Aznavour.

NAUFRAGES ET NAUFRAGEURS Sur toutes les côtes circulent des histoires de naufrageurs, aux détails les plus horribles. Fruit de l'imagination fertile des romanciers, de tels événements ne laissent guère de trace dans les archives maritimes, pourtant abondantes. D'ailleurs, qui navigue un peu sait que tout feu inconnu repousse immédiatement un navire vers la haute mer, où il se trouve en sécurité. Pendant les tempêtes, les naufrages étaient cependant nombreux. On n'en compte pas moins de quatre cents, sur Ré, entre 1789 et 1917, dont moins d'une dizaine entraînèrent mort d'homme. Ci-dessous, échouage du navire *Nano*, à Sablanceaux, en 1964.

HANGAR À SEL. Près du vieux port, le dernier hangar à sel traditionnel abrite des manifestations artistiques, l'été. De retour à La Couarde, pour joindre Le Bois-Plage-en-Ré, il faut prendre la route sud, qui serpente dans un paysage de champs (culture de l'asperge et de la pomme de terre primeurs), de bois et de vigne.

LE BOIS-PLAGE-EN-RÉ

Le bâti de ce gros bourg vigneron se caractérise par son homogénéité : maisons en général à un étage, directement alignées sur la rue, volets verts…

MAISON DE LA TOUR MALAKOFF. (En sortant vers le village du Morinant, rue Menuteau.) Cette demeure abritait un musée fondé par Théodore Phelippot, maire du village à la fin du siècle dernier, dont les collections ont été achetées par Ernest Cognacq ▲ *184*. La route vers Sainte-Marie-de-Ré passe devant la cave coopérative qui propose dégustation et vente de vins, de cognac et de pineaux locaux, puis longe de belles plages de sable derrière un écran de dunes et de pins.

SAINTE-MARIE-DE-RÉ

Au milieu d'une place entourée de hautes maisons traditionnelles, l'église, avec son clocher en partie du XIVe siècle, marque le centre du bourg ancien. Une charte apocryphe du XVIIIe siècle assure qu'Eudes, duc d'Aquitaine au IXe siècle, y avait son château et y fut enterré. Le petit marché de la Noue est très animé l'été. Une promenade en bordure de l'océan, sur la grève ■ *46*, offre un beau point de vue sur les falaises calcaires rongées par la mer.

CHAPELLE SAINT-SAUVEUR. D'après une légende née au siècle dernier, une princesse espagnole, naufragée en 596, aurait fait bâtir une chapelle pour remercier le ciel de l'avoir sauvée. Il s'agit en réalité d'un prieuré clunisien médiéval, détruit à la Révolution, et dont la chapelle a été reconstruite en 1838. Un pèlerinage et une bénédiction de la mer y ont lieu le 6 août.

PHARE DE CHAUVEAU. C'est autour de ce phare édifié vers 1850 que s'étend une des zones de pêche à pied les plus fréquentées ■ *44*, ●*70*. On y pêche toute l'année à marée basse (par coefficient supérieur à 60) huîtres sauvages, moules, crabes... Ce secteur devient cependant redoutable, la nuit, par temps de brume en raison des violents courants de marée.

Le Marais poitevin

Éric Berbudeau
Benoît Poitevin

Jadis, la mer recouvrait le golfe des Pictons. Progressivement, le dépôt d'alluvions a créé une immense vasière entre deux eaux : d'un côté l'Océan, de l'autre des rivières. À partir du Xe siècle, l'homme a tenté de conquérir cet espace pour établir des marais desséchés ; puis, sous l'Empire, d'autres travaux ont drainé les marais mouillés. Ainsi, l'homme a mis une dizaine de siècles pour donner au Marais poitevin son aspect actuel. Mais l'histoire n'est pas terminée et l'assèchement d'aujourd'hui se heurte à la nécessité écologique de conserver des zones naturelles humides.

DEUX PAYSAGES DISTINCTS ■ *36*
Deux zones opposées composent le Marais poitevin. La première, le marais desséché (en haut), a pris son aspect actuel au XVIIe siècle : peu boisé et doté de grands canaux rectilignes, il est protégé de la mer et des crues continentales par des digues. C'est le domaine de la culture, même s'il persiste encore des zones d'élevage. La seconde, le marais mouillé (en bas), est toujours inondée malgré les aménagements commencés sous l'Empire. Sa partie bocagée est plus connue sous l'appellation poétique de Venise verte, avec un réseau dense de canaux et de minuscules parcelles, souvent plantées de peupliers.

LE RÔLE DES MOINES
Les moines, comme ceux de l'abbaye de Maillezais (ci-dessus), furent les premiers à entreprendre des travaux d'assèchement du Marais poitevin à partir du Xe siècle. Mais la guerre de Cent Ans et celles de Religion laissèrent ces premières réalisations à l'abandon. Même si les moines sont souvent cités, leur rôle est difficilement appréciable aujourd'hui. Néanmoins le canal des Cinq-Abbés rappelle leur action.

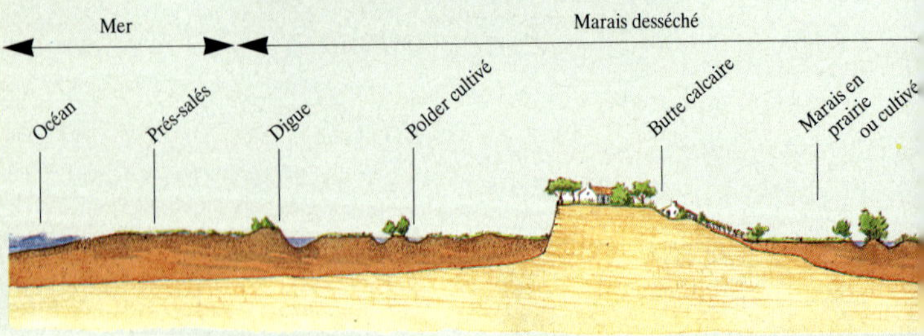

La mort d'un paysage
En dépit du risque de destruction de l'équilibre écologique du Marais, l'assèchement se poursuit avec d'importants moyens modernes, telle cette draineuse-laser. Le paysage change : les fossés sont bouchés, les haies sont abattues...

Le Marais blanc
En période de fortes pluies, le marais mouillé accueille les eaux de crues. C'est le Marais *bian*, comme disent ses habitants. Par rapport au marais desséché, il joue un rôle essentiel de zone-tampon : lieu d'épandage des crues en hiver, réservoir d'eau en été. Pourtant, des agriculteurs ont tendance à considérer ces inondations comme des contraintes freinant la mise en culture du Marais...

Des canaux à sec !
Un changement de la gestion de l'eau au profit des cultures de maïs peut conduire, l'été, à des situations dramatiques.

L'espoir du Marais
Face à ces bouleversements, un mouvement inverse s'est produit pour la préservation ou la restauration des prairies naturelles humides. Avec des aides, les éleveurs peuvent y trouver un intérêt économique tout en préservant le paysage du Marais. Ces prairies sont, en outre, des lieux de halte essentiels pour les oiseaux migrateurs.

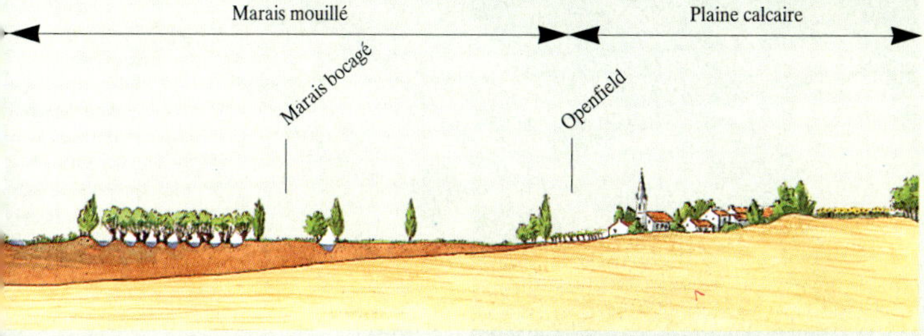

Dans le Marais poitevin, l'homme a su s'adapter et même tirer profit d'un environnement très particulier. Avec les roseaux, le frêne ou la ronce, il a appris à construire une hutte pour se protéger, une plate pour se déplacer et travailler, des pièges à poissons pour se nourrir et des outils pour entretenir les canaux. Dans ce pays où l'eau est omniprésente, l'homme avait instauré un équilibre entre la nature et lui-même.

LES PIBALES
Chaque hiver, dans la baie de l'Aiguillon, des dizaines de professionnels pêchent, jour et nuit, les civelles. Appelés localement «pibales», ces minuscules alevins d'anguille arrivent de la mer des Sargasses et remontent dans les canaux du Marais poitevin. Pourtant, le parcours des pibales est semé d'embûches : portes-à-flot, barrages, écluses, pelles, etc. Des ouvrages ont donc été aménagés pour faciliter leur passage... Ceux qui ont échappé aux campagnes de pêche et autres obstacles vont grandir dans les conches et les fossés du Marais poitevin.

LA PÊCHE
C'est au printemps, lorsque l'eau se retire du Marais et s'écoule doucement par les conches (canaux de moyenne importance) et les rigoles (canaux de grande importance) qu'ont lieu les plus belles pêches de carpes, de tanches, de gardons, de brochets et d'anguilles.

LES NASSES
Fabriquées en ronce et en osier, les nasses présentent des mailles de 10 mm pour l'anguille et de 24 mm pour les autres poissons.

Lavage des moutons à Andilly
(au sud de Marans)

Sur l'eau
Sur les terres basses du Marais, inondées chaque hiver par les crues, les barques à fond plat furent longtemps le seul moyen de transport. Menées à la palle (rame) ou à la pigouille (longue perche de saule), elles étaient un élément fondamental de la vie quotidienne en permettant l'acheminement du bétail sur les pâturages, le transport des engins agricoles, ou même celui des morts au cimetière.

Les huttiers
Vivant à l'écart des villages, dans des huttes de roseaux au cœur des marais mouillés, les huttiers devaient leur réputation de «sauvages» à divers récits de voyages d'émissaires de l'Empire. Pourtant, les huttiers participaient à l'économie locale en approvisionnant les marchés de Marans et de Niort en poissons, légumes et gibier d'eau. Si leur habitat a aujourd'hui disparu, à l'exception d'une reconstitution à Coulon, le souvenir des huttiers reste très présent.

Une économie rurale
Jusqu'au XIXe siècle, les produits de la pêche, les céréales, les pissenlits, le bois (frêne et peuplier) et l'osier demeurent les principales sources de richesse du Marais poitevin. Aujourd'hui, son économie repose sur l'exploitation des peupliers, l'élevage le maraîchage – avec la culture du haricot blanc, la fameuse monjhette – et le tourisme.

Les civelles pêchées
dans le Marais sont expédiées en Espagne,
où, marinées dans de l'huile d'olive
et des piments, elles se vendent
à prix d'or !

110 km
1 journée

Les graffitis de la salle des Pèlerins
Dans l'église Saint-Pierre de Marsilly, de nombreux graffitis sont encore visibles dans la salle située à l'étage, dite salle des Pèlerins, où sont aussi exposés différents moulages de graffitis de la région.

Marsilly

Église Saint-Pierre ● *92*. Victime de destructions pendant les guerres de Religion, l'église Saint-Pierre, des XIIIe et XIVe siècles, présente un plan rectangulaire à nef unique de style gothique tardif. Il ne reste de cet édifice que le clocher-porche, d'une hauteur de 26 m, qui servait d'amer pour les bateaux naviguant dans les pertuis et dont le sommet offre un beau panorama. Sur la plate-forme subsistent des amorces d'un octogone destiné à supporter une flèche. Le chêne faisant face à l'église, arbre de vie révolutionnaire bicentaire, fut planté en 1793. Il faut flâner dans le bourg pour apprécier les venelles bordées de roses trémières.

Port de la Pelle ■ *34, 42*. Les cabanes des nombreux ostréiculteurs et mytiliculteurs de la commune forment un hameau en haut de la falaise, au port de la Pelle. Ici commence la découverte du Marais poitevin par une vue sur la baie de l'Aiguillon. Cette zone s'envase progressivement et tend à se refermer, tout comme le fit jadis le golfe des Pictons, qui recouvrait le Marais. En revenant vers le village, tourner à gauche vers le lieu-dit Coup de Vague – un port y fut creusé au XVe siècle – puis longer la mer.

Esnandes ♥

Pointe Saint-Clément ■ *42.* Les bateaux mytilicoles viennent y décharger les moules cueillies sur les bouchots. La falaise submersible qui borde la route d'accès est riche en fossiles. À son sommet, une table d'orientation panoramique permet de se repérer face à la baie de l'Aiguillon. Il faut noter la présence de plantes qui progressivement colonisent la vasière et contribuent, en retenant et en stabilisant les alluvions, à la lente avancée des terres dans l'océan. Attention, certains bateaux amphibies empruntent la route !

Le bourg ● *18, 74.* Ce village de mytiliculteurs, aux portes du Marais poitevin, fut une des premières seigneuries de l'Aunis. Au cœur d'Esnandes, l'Église Saint-Martin a des allures de donjon. Les bénédictins de l'abbaye de Saint-Jean-d'Angély, qui avaient reçu l'église en don en 1029, ne conservèrent que sa façade romane lorsqu'ils la fortifièrent à la fin du XIVe siècle. Elle fut en partie détruite par les protestants entre 1622 et 1625, car elle servait de lieu de culte aux catholiques rochelais, et fut reconstruite à partir de 1628, en commençant par les piliers, comme l'atteste un cartouche sur le mur sud. Ce n'est que cinquante ans plus tard, après de nombreux dégâts dus à des fuites, que des voûtes en pierre remplacèrent la charpente en bois. La restauration de l'édifice, entreprise à la fin du XIXe siècle, permit de rétablir les créneaux et d'ouvrir les fenêtres murées.

L'Église fortifiée d'Esnandes ● *74*
Les murs de cette véritable forteresse ont une épaisseur de plus de 3 m et sont surmontés d'un chemin de ronde à merlons percés d'archères. Deux échauguettes encadraient la ligne de mâchicoulis de la façade, le clocher-porche faisant office de donjon. L'église a retrouvé sa vocation militaire lors de la dernière guerre, les Allemands y ayant installé des tours de guets et des mitrailleuses...

Maison de la Mytiliculture d'Esnandes
Cette maison du Parc naturel régional du marais poitevin présente l'histoire des techniques de captage et de cueillette des moules, ainsi que des explications sur la géographie et la biologie de la baie de l'Aiguillon. Elle montre aussi une intéressante collection d'objets, dont un superbe acon ● *58* (ci-dessus).

CHARRON

Une route bordée de tamaris longeant des zones de marais desséchés conquises par l'homme mène à Charron. Autrefois la terre de Charron formait une île couverte de bois et se trouvait enclavée dans la paroisse de Marans. De nos jours, baigné par l'océan à l'ouest et par la Sèvre niortaise au nord, ce village vit de la mytiliculture et des cultures pratiquées sur les marais desséchés. Près de l'église, l'ABBAYE DE LA GRÂCE-NOTRE-DAME, fondée par les cisterciens au XIIe siècle et vendue à la Révolution française comme bien national, est devenue une propriété privée. À la sortie de Charron, sur la route menant au pont du Brault, le château, du XVIe siècle, aujourd'hui maison de retraite, fut reconstruit sur les ruines d'un premier édifice, du XIVe siècle, qui constituait avec le petit port Corps-de-Garde la défense avancée de Marans.

Port du Pavé ♥ ■ *42.* Ce port mytilicole est le plus important de la baie. Le long de la route qui mène au port, les mytiliculteurs stockent leur matériel et, à la saison, taillent les pieux qui, enfoncés dans la vase, soutiendront les «guirlandes» de moules. Les nombreux bateaux traditionnels ou modernes, mouillés ou à quai, illustrent parfaitement l'évolution de la construction navale mytilicole. C'est aussi de ce port que partent les pêcheurs de civelles lors de la période de pêche autorisée ▲ *192.*

Corps-de-Garde. Situé au nord de Charron, sur la Sèvre, ce petit port est fréquenté par quelques pêcheurs et mytiliculteurs. Il ménage une belle vue sur la rivière.

Écluses du Brault. En sortant de Charron, prendre la direction de Puyravault puis la route sur la droite fléchée «Écluses du Brault». C'est en 1469 qu'eut lieu au passage du Brault, sur un pont de bateaux, l'entrevue de réconciliation entre Louis XI et son frère le duc de Guyenne. Point névralgique du système hydraulique du Marais, l'anse du Brault est le confluent de la Sèvre, du canal latéral et de nombreux canaux drainant les marais. Une promenade près des nombreuses écluses permet de comprendre les systèmes mis en œuvre pour contrôler le débit des eaux des canaux : les portes-à-flots, que l'océan referme automatiquement à marée haute, interdisent à la mer l'accès au Marais. Une auberge propose des spécialités à base de civelle.

CANAL DES CINQ-ABBÉS. Cinq abbayes environnant le Marais, celles de l'Absie, de Saint-Maixent, de Saint-Michel-en-l'Herm, de Maillezais et de Nieul-sur-l'Autize, entreprirent le creusement de nombreux canaux, dont celui qui se jette dans la Sèvre au pont du Brault. Peu après le passage du pont du Brault, prendre sur la droite la direction de Sainte-Radegonde-des-Noyers. La route longe le canal du Clain, l'un des grands canaux collecteurs du Marais – il évacue les eaux pluviales reçues par les marais desséchés –, avant de rejoindre la ville.

MAISON DU PETIT POITOU
Avant d'arriver à Chaillé, il faut faire halte à la maison du Petit Poitou, pour découvrir le détail des grands travaux d'assèchement entrepris dès la première moitié du XVIIe siècle. C'est aussi l'occasion d'apprécier les coutumes et les traditions du marais desséché, ainsi que son intérêt écologique.

SAINTE-RADEGONDE-DES-NOYERS

Pendant la Révolution, cette commune fut nommée Noyers-des-Eaux. Près du pont qui enjambe le Clain, une petite niche ménagée dans le mur de la ferme du Grand-Bot-Neuf accueillait la petite statue de sainte Praxède ; elle fut volée en juillet 1989. Cette sainte, surnommée sainte Pissi, était réputée guérir l'énurésie... Au centre du bourg, quelques maisons sont représentatives de l'habitat rural local : un escalier extérieur autorise l'accès au grenier. On remarquera aussi le dernier des trois moulins que comptait la commune. Après une promenade dans le bourg, il faut rejoindre le canal du Clain, qui traverse le cœur des marais desséchés.

CHAILLÉ-LES-MARAIS

Ce village ancré sur une butte calcaire est l'ancienne île Carriot, qui possédait un port, le port Perrié, et une chapelle des marins. À l'est, derrière la mairie, se trouve l'ancien îlot de Chaillezay. Depuis le parking de l'église, la vue s'étend sur l'ancien golfe des Pictons. Au cœur du bourg, il faut prendre la direction de Vix et longer les anciennes falaises de l'île Carriot puis le «village de l'an VII», qui témoigne que, au pays de la contre-Révolution, le sud de la Vendée était bleu ! Après Chaillé, le paysage change progressivement : au monotone marais desséché succède le marais mouillé, boisé et verdoyant, et pourvu d'un dense réseau de canaux.

À proximité de cette maison, siège du Syndicat des Marais du Petit Poitou, diverses races rustiques sont présentées : le mouton vendéen, la chèvre poitevine, la vache maraîchine, la poule de Marans, le baudet du Poitou (ci-dessus).

Gaston Chaissac, sans titre, 1961.

LE COMMUNAL DU POIRÉ-SUR-VELLUIRE
Après le village de la Tublerie, poursuivre sur la gauche pour rejoindre la réserve naturelle du communal du Poiré-sur-Velluire. Cette réserve naturelle de 250 ha est l'une des plus belles zones de prairie naturelle humide du parc naturel régional du Marais poitevin. Chaque printemps, des troupeaux de bovins, de chevaux et d'oies sont introduits dans cet espace préservé, ce qui est l'occasion de la tenue d'une fête haute en couleur. L'aspect plat de ce pâturage cache des micro-reliefs, avec de petites buttes et des zones plus humides, fréquentés par les oiseaux migrateurs – vanneaux huppés (ci-dessous), pluviers dorés, oies cendrées, barges à queue noire, etc. –, qui y trouvent une aire naturelle importante d'accueil. Le cygne tuberculé y est résident. Un observatoire a été construit dans la partie est du communal, au carrefour de la route de l'Anglée et de La Taillée.

VOUILLÉ-LES-MARAIS

L'ÉGLISE. L'édifice, construit entre 1843 et 1846 sur une longue île calcaire, reprend l'élévation néo-classique du modèle vendéen : Saint-Louis de La Roche-sur-Yon. À l'instar de cette dernière, l'église de Vouillé-les-Marais présente une nef couverte d'un berceau en bois décoré de caissons en trompe l'œil. Les voûtes d'arêtes des bas-côtés, que rythment des colonnes doriques en faux marbre, reprennent ce système lambrissé. Après le bourg, suivre l'indication «Village Vacances», sur la gauche, pour emprunter une route qui domine un grand marais communal et mène au village de la Tublerie.

LA TAILLÉE

LA TUBLERIE. Situé sur la commune de La Taillée, ce village est le siège d'une ancienne tuilerie médiévale. Un circuit de petite randonnée parcourt l'ancien marais mouillé, qui fut asséché lors du remembrement de 1965, et traverse le bois des Laves, une zone inondable plantée de nombreux frênes.

LE GUÉ-DE-VELLUIRE

Cette commune était très importante autrefois. À l'occasion des grandes foires, son port offrait aux Maraîchins la possibilité de rejoindre Marans en descendant la rivière Vendée. Cette dernière, avant de se jeter dans la Sèvre, à L'Île-d'Elle, croise le canal de Vix sur un aqueduc au lieu-dit le Gouffre. En direction du Poiré-sur-Velluire, le tertre du Gué-de-Velluire, culminant à 40 m, offre un vaste panorama sur les terres où les remembrements successifs ont créé un bien triste paysage.

VIX

NOTRE-DAME DE VIX. Derrière l'église moderne, il ne demeure de l'ancienne chapelle romane du XIIe siècle que les surprenants vestiges d'un chœur semi-circulaire, cantonné de colonnes elles aussi semi-circulaires. Fermée au culte en mars 1972, car son état général, et surtout celui de son clocher, inspirait les plus grandes craintes, Notre-Dame de Vix fut démolie le 14 février 1974. L'église actuelle fut construite de mars à octobre 1974. En sortant de Vix, le paysage se modifie peu à peu : un réseau dense de fossés, bordés par des rangées de frênes «têtards» (étêtés), annonce le marais mouillé.

GASTON CHAISSAC (1910-1964). Le peintre qui «recherchait hors des leçons apprises de tous les académismes les formes d'un art neuf et spontané» (Didier Ottinger), fut séduit par la lumière de la région. Il vécut en Vendée une partie de sa vie et s'installa à Vix en 1961, où il peignit abondamment. Il mourut en 1964 et repose à Vix.

«Il serait dommage qu'un tel espace disparaisse...»

Nicolas Hulot

Le Parc naturel régional du marais poitevin a son siège à La Ronde, sur la commune de Courçon.

LE PARC NATUREL RÉGIONAL DU MARAIS POITEVIN
Créé en 1979, il a pour mission de sauvegarder le patrimoine naturel, de favoriser les activités économiques compatibles avec la protection de l'environnement, enfin, de promouvoir l'accueil et l'information du public...

MAILLÉ ♥

Ce port du Marais propose des promenades en barques motorisées, les Capucines. C'est l'occasion de parcourir les grands axes aquatiques du marais (les petits canaux étant interdits aux bateaux à moteur). Un très agréable sentier pédestre permet de découvrir l'aqueduc, un curieux ouvrage d'art sur la Jeune-Autize, et de rejoindre l'abbaye de Maillezais, en suivant les «levées» qui bordent une zone de marais mouillé coincée entre les marais desséchés (plan à l'embarcadère).

L'ÉGLISE NOTRE-DAME ● *92*. Cet édifice roman du XIIe siècle, dont le chœur fut remanié au XVe siècle, puis la nef au XIXe siècle, présente un portail roman à trois arcs brisés dont le décor est sculpté et ajouré avec virtuosité : acrobates, félins dévorant de petits personnages accroupis et centaures peuplent voussures et chapiteaux. L'intérieur recèle une chaire peinte et dorée, en bronze, de 1861. À la sortie de Maillé, en direction de Courçon, on plonge au cœur du marais mouillé.

COURÇON

UN BOURG AGRICOLE. Situé à la limite du Marais poitevin et de la plaine d'Aunis, le bourg de Courçon vit essentiellement de l'agriculture. Il a été et demeure un actif marché de volailles et d'œufs provenant de toute la région. Une usine à caséine se trouvait à l'emplacement de l'actuelle minoterie, laquelle produit de la farine panifiable à partir des blés des environs. Courçon, érigé en comté en 1373, faisait partie des terres de Benon.

ÉGLISE NOTRE-DAME ● *74, 92*. De l'église du XIe siècle, il ne reste que quelques éléments, noyés dans la restauration du XXe siècle. Le clocher est de style roman, ainsi que le porche et la grande nef.

L'église Notre-Dame de Courçon (ci-dessus) et les quais sud de la Sèvre niortaise à Marans (ci-dessous).

Ici, à la différence de l'église fortifiée d'Esnandes, créneaux et mâchicoulis ne sont que des ornements, qui furent ajoutés en 1901 ! *La Sainte Famille* est une copie de Raphaël – l'original est conservé au Louvre – attribuée à Jules dit le Romain, élève et collaborateur du maître. Les autels et retables des chapelles latérales datent du XVIIe siècle.

Le relais. Seul subsiste le porche (1668) du relais de diligence *Le Café Français*, situé sur la rue principale. Le reste de l'édifice fut détruit après la création de la route nationale Mauzé-La Rochelle.

Tumulus. De nombreux sites archéologiques du néolithique ont été recensés en forêt de Benon. La fouille de cinq tumulus au lieu-dit la Garenne, près de Courçon, derrière l'actuel collège, a révélé divers dolmens abritant une dizaine d'individus par chambre, où furent retrouvés des outils, des pendentifs et des morceaux de poterie.

Taugon

Après avoir traversé le bourg de Taugon, poursuivre vers le village des Combrands pour rejoindre la Sèvre niortaise, à la hauteur de l'île Charrouin, une zone classée réserve biologique pour préserver l'avifaune. Face à la Sèvre, continuer sur la gauche pour longer la rivière, qui s'élargit, puis le canal de Pomère (en roulant doucement car la route n'est pas très praticable).

Marans ♥

«Qui voit Marans n'est pas dedans !». Ce vieux dicton se rapportait au clocher de l'église du XIIIe siècle, aujourd'hui en ruines au milieu d'un cimetière. L'adage, depuis l'édification d'un clocher très spécial sur l'église actuelle, est toujours d'actualité. Cette ossature métallique se remarque de fort loin !

Château de Marans
Le château, représenté ici par Claude Chastillon en 1604, fut édifié par le comte du Poitou pour se défendre contre les invasions normandes. Il fut rasé au XVIIe siècle.

Canal de Marans à La Rochelle
Pour faciliter les échanges et permettre aux gabarres l'accès à La Rochelle fut entrepris en 1806 le creusement d'un canal qui devait relier Marans à La Rochelle. Terminé en 1883, il ne put résister à la concurrence du chemin de fer.

Réserve biologique de l'île Charrouin
Différentes espèces de hérons viennent y nicher.

Assiette d'une faïencerie de La Rochelle.

LE CHANTIER DURAND
Outre la réparation et la construction de bateaux traditionnels en bois, ce chantier construit les portes d'écluses et assure leur entretien dans tout le Marais poitevin.

Église Saint-Étienne, à Marans

LE CAPOT MARANDAIS
Objets de mode au XIXe siècle, à l'instar des costumes urbains, les coiffes confèrent une valeur emblématique aux régions géographiques – souvent mal délimitées – où elles sont conçues, utilisées et aujourd'hui conservées. Dans son ouvrage *Statistiques du département de la Charente-Inférieure*, A. Gautier avait noté que «la seule différence qui distingue les habitants de chaque arrondissement consiste dans la manière de se coiffer chez les femmes». Ci-contre, coiffe de mariée de Marans, dite caline des mariées.

Marans fut de tout temps la plus grande place commerciale du Marais. Il s'y tenait de grandes foires et la majeure partie du grain du Poitou transitait par le port. Les navires de haute mer accédaient à Marans par un canal creusé latéralement à la Sèvre. Ils déchargeaient leurs cargaisons, peaux, huiles, poissons fumés, que des gabarres empruntant la Sèvre livraient à Niort. Des nombreux chantiers traditionnels navals établis sur le port, demeure le chantier Durand, en haut de la grande cale, près de l'élévateur de l'Équipement. Autrefois, la spécialisation était forte et les chantiers nombreux : d'une part, les constructeurs de navires pour la mer et, de l'autre, les constructeurs de bateaux pour la rivière.

FAÏENCERIE. Fondée par J.-B. Bottelin de Lincé en 1745, la manufacture de faïence de Marans connut au cours de sa courte existence bien des difficultés. Pourtant, le gisement d'argile quaternaire de l'Île-d'Elle était de très bonne qualité puisque cette terre était exportée en grande quantité vers d'autres faïenceries, comme celles de Quimper ou de La Rochelle. C'est en fait le manque d'ouvriers qualifiés et des problèmes de gestion qui entraînèrent sa fermeture en 1756. On peut voir au musée Capon quelques pièces produites par cette manufacture.

LES ÉGLISES ● *92*. L'église actuelle au centre de la commune n'est remarquable que par son clocher. C'est grâce au don de M. Barthélemy Fabbro que la municipalité put faire élever cette étrange structure d'aluminium. Au sud du bourg, se dressent les ruines de l'ancienne église Saint-Étienne (XIe-XIVe siècles, ci-dessus).

MUSÉE CAPON. Deux pièces au premier étage d'une maison bourgeoise du XVIIIe siècle – dont le rez-de-chaussée est occupé par l'office du tourisme – abritent les dons et les collections rassemblées par M. Capon, qui fit des recherches historiques sur Marans et publia un ouvrage sur la faïencerie. Le contenu des vitrines est éclectique : les objets de fouilles voisinent avec les faïences et les armes. Des tableaux, une coiffe marandaise, la porte de la sacristie et des chapiteaux de l'église Saint-Étienne complètent cet aperçu du patrimoine marandais.

SURGÈRES

BENOÎT POITEVIN

1 SURGÈRES 2 SAINT-MARD 3 BREUIL-LA-RÉORTE 4 VANDRÉ 5 SAINT-GERMAIN-DE-MARENCENNES 6 FORÊT DE BENON 7 BENON 8 ABBAYE DE LA GRÂCE-DIEU 9 VIRSON 10 CHÂTEAU DES GRANC

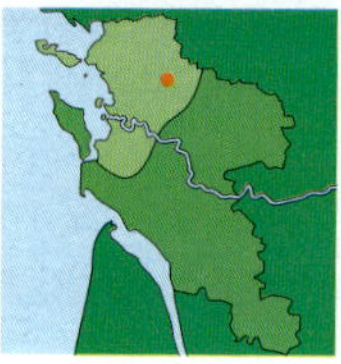

AU CŒUR DE L'AUNIS
Surgères est située au centre de l'Aunis, qui formait jadis la plus petite province du royaume de France, limitée au nord par le marais poitevin, à l'est par la Boutonne, au sud par la Charente et à l'ouest par l'Océan.

UNE RECONVERSION ÉCONOMIQUE RÉUSSIE
Très commerçante dès le XVIIIe siècle, la ville, qui tire alors sa richesse de la viticulture et de la distillerie, se reconvertit, après les ravages du phylloxéra, à la fin du XIXe siècle, dans l'industrie laitière ● 72. Elle est aujourd'hui un important pôle de production agro-alimentaire.

Pour s'opposer aux invasions normandes, le duc de Poitou construit au IXe siècle, à la lisière du marais, une forteresse dominant la rivière la Gère. Premiers seigneurs de Surgères au Xe siècle, les Maingot font édifier dans l'enceinte du château l'une des plus belles églises de style roman saintongeais. Place forte convoitée, Surgères subit de plein fouet la guerre de Cent Ans et, un siècle plus tard, les guerres de Religion. Surgères est alors propriété du seigneur René de Fonsèque, dont la fille, Hélène, fut célébrée par Ronsard. Le château, passé par alliance à la famille La Rochefoucauld au XVIIe siècle, est racheté au XIXe siècle par le baron Couppé et, enfin, par la ville en 1834.

LE CHÂTEAU ● 74

Le château de Surgères tirait sa puissance de sa vaste enceinte elliptique de plus de 600 m de long, autrefois flanquée de plus de vingt tours. **LES REMPARTS.** Selon un principe assez répandu en Aunis au Moyen Âge, l'enceinte du château se développe en superficie, sur un terrain plat. Une double rangée de douves alimentées par la Gère lui assurait toute son efficacité. Le premier obstacle que rencontraient les assaillants était une levée de terre, vraisemblablement surmontée par une palissade. Du second obstacle, l'enceinte maçonnée et flanquée, il ne subsiste plus, en grande partie, que la base. Le châtelet

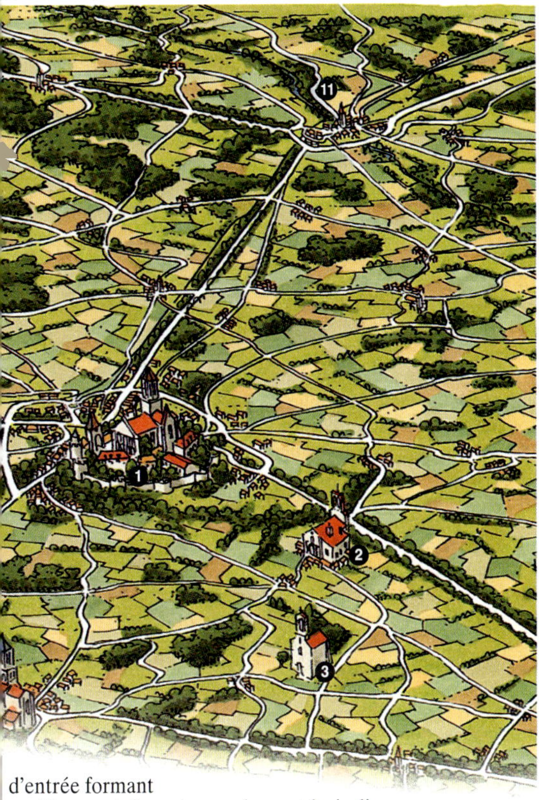

d'entrée formant pavillon porte les rainures du pont-levis disparu. La date de 1576 dont il est marqué témoigne de la campagne d'entretien et de perfectionnement que subirent les ouvrages défensifs lors des guerres de Religion et du rôle militaire que le château joua à cette époque.

Église Notre-Dame ● *92, 110.* Sise dans l'enceinte du château, l'église romane a beaucoup souffert des malheurs des temps. Restaurée, elle demeure un monument d'une grande noblesse. Sur la large façade-écran se superposent deux niveaux d'arcades qui enchâssent toutes les baies ou dissimulent la nudité de la paroi, structure typiquement saintongeaise présentée ici avec asymétrie à l'étage des fenêtres.

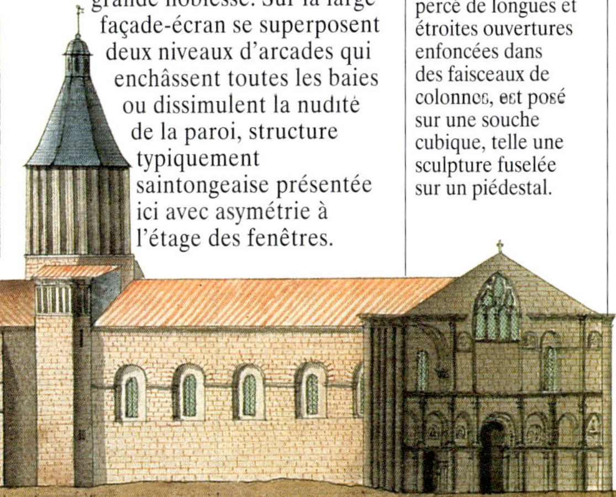

L'Égérie de Ronsard
Fille de René de Fronsèque et sœur de Charles, Hélène est née en 1546 au château de Surgères. Demoiselle d'honneur à la cour de la reine Catherine de Médicis, elle y rencontre Ronsard (ci-dessus), qui la chante et loue ses vertus. Après le décès de la reine, en 1589, Hélène revient à Surgères. Durant trente ans, elle se consacre à rebâtir l'aumônerie Saint-Gilles, ruinée par les guerres, et à venir en aide aux pauvres. Elle meurt le 15 janvier 1618 et est inhumée en l'église Notre-Dame.

Notre-Dame de Surgères
Visible de loin, le clocher octogonal, percé de longues et étroites ouvertures enfoncées dans des faisceaux de colonnes, est posé sur une souche cubique, telle une sculpture fuselée sur un piédestal.

L'AUMÔNERIE SAINT-GILLES
À l'est du château, en direction d'Angoulême, le quartier Saint-Gilles conserve, face au cimetière, un mur d'enceinte du XIe siècle et les ruines d'une chapelle du XVIIe siècle : ce sont les vestiges d'un hospice et d'un prieuré fondés au XIe siècle par l'abbaye de Maillezais, puis repris au XVIIe siècle par les minimes, qui l'occupèrent jusqu'en 1789.

BREUIL-LA-RÉORTE
L'*Annonciation*, peinture murale du XIVe siècle.

La sculpture est dégradée ou moderne, mais on reconnaîtra cavaliers, atlantes, animaux, sirènes... La nef et le transept, avec ses absidioles, ont été refaites à l'époque gothique. Vers 1970, la suppression d'une voûte de plâtre a permis de mettre en valeur la charpente romane. La croisée et le chœur, surélevé par une crypte, conservent quelques beaux chapiteaux, comme celui d'un apôtre portant crosse et livre et encadré des archanges Michel et Gabriel.

LE LOGIS SEIGNEURIAL. Face à l'église, un portail Renaissance, qui a été isolé des bâtiments et des fortifications qui l'entouraient, a aujourd'hui l'allure d'un arc de triomphe romain ; on lui a adjoint une seconde porte piétonne (celle de gauche). Le portail ouvre sur un jardin public où se dresse la mairie, installée dans la partie subsistante du logis seigneurial, remaniée au XVIIIe siècle. La démolition des dépendances et de certains corps de bâtiment a aussi isolé une tour cylindrique. Derrière l'église, un édifice de style classique (XVIIe–XVIIIe siècle) qui abritait l'Intendance accueille aujourd'hui des services socioculturels de la ville.
MUSÉE D'HISTOIRE NATURELLE. Donatien Fournier collecte depuis soixante ans insectes et papillons. Ses collections, qui comptent plus de six mille spécimens ainsi qu'une magnanerie (élevage de vers à soie), sont ouvertes au public.

AUTOUR DE SURGÈRES

SAINT-MARD. Au centre du village, l'église, bâtie au XIIe siècle, a été restaurée en 1956. On peut y admirer les peintures murales gothiques décollées des murs de la très vétuste église de Charentenay, qui s'écroula en 1951. On y distingue saint Michel armé d'une lance et saint Jean-Baptiste baptisant le Christ.
BREUIL-LA-RÉORTE ♥. Isolée sur une colline, au milieu des champs, se dresse, à côté d'un cimetière, la petite église gothique Saint-Pierre. Cet édifice, qui faisait partie d'un prieuré dépendant de l'abbaye d'Ébreuil, en Auvergne, abrite des peintures murales du XIVe siècle découvertes en 1953 sous une couche de chaux : l'*Annonciation*, la *Nativité*, l'*Adoration des bergers* et la *Crucifixion*.

Les armes des seigneurs de Vandré ornent les vitraux de l'abside de l'église Saint-Vivien de Vandré.

Vandré. L'église romane Saint-Vivien a conservé son clocher roman carré à deux étages surmonté d'un toit pointu et couvert d'ardoises comme sa façade ornée de beaux modillons. Sous les voûtes plantagenêts à clés historiées a été aménagée une salle des gardes, utilisée pendant les guerres de Religion.

Forêt de Benon. La forêt de Benon faisait autrefois partie de la forêt d'Argenson, qui s'étalait à la limite des territoires des Santons et des Pictons, englobant en outre les forêts de Chizé, de La Villedieu, d'Aulnay, de Chef-Boutonne, d'Argenson, de Tusson, de Boixe et enfin de la Braconne. Plusieurs chartes faisant état de défrichements du IXe au XIIIe siècle permettent d'évaluer sa largeur : de 6 à 20 km. Aujourd'hui, aires de pique-nique et sentiers balisés de petite randonnée ont été aménagés.

Chênes et charbon de bois. La fabrication de charbon fut une des grandes industries de Benon jusqu'à la fin du XIXe siècle. Toute la famille du charbonnier était mise à contribution : l'homme débitait le bois (exclusivement du chêne) et faisait les charrois, tandis que la femme et les enfants surveillaient la combustion. Cette opération se faisait à proximité des habitations, dans des «chambres» d'environ 6 m^{2}, dont les murs, hauts de 5 m, en moellons liés avec de la terre, étaient surmontés d'un toit de planches et de tuiles, légèrement espacées pour laisser passer la fumée. À l'intérieur, dressées sur un seul niveau, les billes de chêne, mêlées de brindilles, étaient recouvertes d'herbes sèches, de fougères

Tour des Six-Sots
Dans le bas du village de Benon se dresse une tour portant une horloge. Cet édifice est le résultat d'un procès pour injure qui opposa, à la fin du XIXe siècle, la propriétaire du château à l'avocat de la commune. Ayant gagné le procès, celui-ci offrit à la commune le montant des dommages et intérêts pour contruire une horloge. Mais le curé et l'évêque, partisans de la châtelaine, refusèrent qu'elle fût posée sur l'église. Les six membres du conseil municipal décidèrent alors de construire sur la place du village une tour, et d'y placer une horloge de telle façon que la comtesse ne pût voir l'heure du château !

Sceau de Nicolas Mérichon, abbé de la Grâce-Dieu, 1488.

CLAUDE MASSE
Ingénieur du roi, Claude Masse (ci-dessous) fit au XVIIIe siècle de nombreux séjours en Aunis et en Saintonge, qui permirent l'établissement de nombreux plans et cartes très utiles aujourd'hui pour la compréhension de l'histoire de ces provinces.

LE CHÂTEAU DES GRANGES
Au XVIIIe siècle, le château s'agrandit d'un avant-corps, légèrement décentré pour permettre au château d'apparaître dans l'axe de l'avenue que l'on venait de percer. Les deux pavillons et la chapelle furent rajoutés à la même époque.

et de terre charbonnière. La combustion durait alors entre quatre et huit jours. Ce charbon, d'excellente qualité, se vendait 30 % plus cher que ceux des départements voisins.

BENON. De l'ancien château fortifié des ducs de Guyenne, qui fut donné à Savary, le fils d'Elbe de Mauléon, en 1190, par Aliénor d'Aquitaine en échange de la ville de La Rochelle, il ne reste qu'une tour tronquée. Les bâtiments que l'on peut voir aujourd'hui datent du XIXe siècle et abritent la mairie et l'école.

ABBAYE DE LA GRÂCE-DIEU ♥. En 1136, saint Bernard, abbé de Clairvaux, arrache au schisme Guillaume X, comte de Poitiers et duc d'Aquitaine. En signe de reconnaissance, ce dernier donne des terres du comté de Benon à saint Bernard, qui y édifie l'abbaye de la Grâce-Dieu. Au cours du XIIe siècle, les moines de l'abbaye entreprennent de grands travaux d'assèchement des marais d'Andilly. Plusieurs fois pillée et incendiée pendant les guerres de Cent Ans et de Religion, l'abbaye est restaurée et réaménagée au XVIIe siècle telle que l'on peut la voir aujourd'hui (ci-dessus). En 1791, elle est vendue comme bien national et son église est démolie ; il n'en subsiste aujourd'hui qu'un petit bénitier et le mur du chevet, percé de deux belles niches – surmontant chacune une petite porte –, voûtées en cul-de-four et ornées sur la clef.

CHÂTEAU DES GRANGES À VIRSON. Au sud du village de Virson, dans un site préservé et entouré de beaux bassins d'eaux vives, le château des Granges a été construit vers 1710 pour un banquier de La Rochelle. Sa partie centrale est l'œuvre de l'ingénieur du roi Claude Masse.

Rochefort

Marc Fardet
François-Yves Leblanc
Patrick Lecamus
Pierre-Henri Marin
Marie-Pascale Prévost
Josette Portman
Bruno Vercier

1 LA CHARENTE
2 HÔTEL DES SEIGNEURS DE CHEUSSES
3 PORTE DU SOLEIL
4 ARSENAL SUD
5 FORMES DE RADOUB
6 «MAISON DU ROY»
7 PLACE COLBERT
8 AVENUE-DE-GAULLE
9 MAISON DE PIERRE LOTI

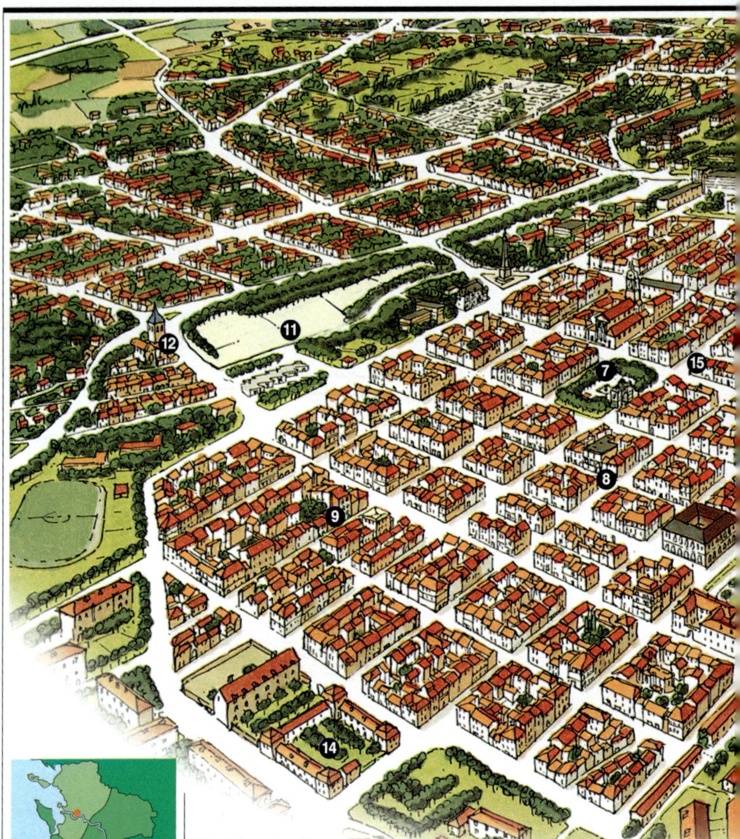

“Nous ayant représenté que l’assiette du lieu de Rochefort en Aunis, [...] presque environnée de la rivière de Charente, qui tombe dans la mer océane, la rendait très propre à y faire un port commode, nous avons résolu d’ériger le dit lieu de Rochefort en un bourg fermé, et d’accorder à ceux qui viendront s’y habituer des exemptions privilèges considérables.”
Louis XIV, 1669

L’histoire de Rochefort est étroitement liée à celle de l’arsenal. Au milieu du XVIIe siècle, le village est bordé, à l’est et au sud, de marais envahis au moment de la marée haute. Il ne compte que quelques habitations de pêcheurs, le logis des seigneurs de Cheusse ▲ *218*, un prêche protestant (à l’emplacement de l’actuelle tour des Signaux ▲ *233*), les ruines d’une tour médiévale rasée quelques années auparavant et, un peu plus loin, la chapelle romane d’un ancien prieuré (actuelle Vieille Paroisse ▲ *235*). Au nord-ouest, des hameaux de laboureurs se sont établis sur les terres hautes, tandis qu’une vaste forêt s’étend au nord. Dès l’ouverture du chantier de l’arsenal, en avril 1666, la population de la cité, composée pour la plupart d’ouvriers, ne fait qu’augmenter. De 2 500 habitants en 1669, elle passe à plus de 13 000 en 1685. La ville se dote, en 1675, d’une enceinte fortifiée ▲ *235*, plus dissuasive que défensive, avant de connaître, à partir de 1688, un véritable essor urbain ▲ *222*.

LA CRÉATION DE COLBERT. En 1661, la flotte royale compte à peine vingt navires. Colbert (ci-contre), devenu principal ministre du jeune roi Louis XIV, veut donner au royaume une marine digne

10 Hôpital de la Marine
11 Les Cours
12 La Vieille Paroisse
13 Tour des Signaux
14 Casernes Martrou
15 Rue de la République
16 Rue du Dr-Pujos
17 Port de plaisance
18 Thermes
19 Vieille-forme
20 Corderie
21 Gare

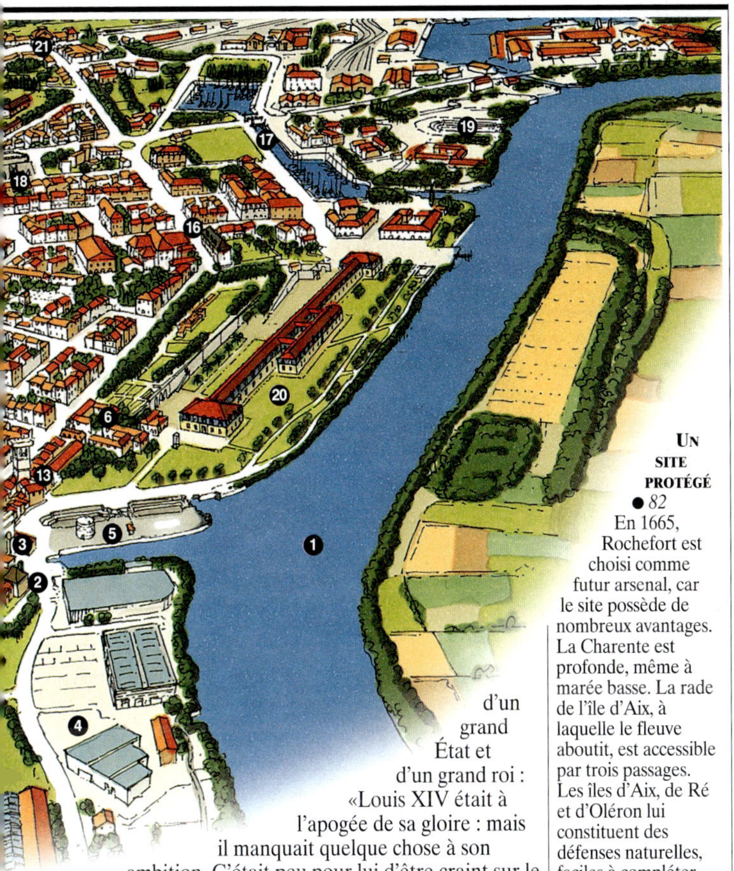

d'un grand État et d'un grand roi : «Louis XIV était à l'apogée de sa gloire : mais il manquait quelque chose à son ambition. C'était peu pour lui d'être craint sur le continent : il voulait être respecté sur mer.» (Viaud et Flaury) Mais pour ce faire, il faut construire des arsenaux. En 1664, Colbert nomme une commission, présidée par son cousin Colbert de Terron, chargée de choisir en Manche ou sur la côte atlantique un site pour y établir un port de guerre. Le 1er mai 1665, la commission se décide pour celui de Rochefort.

Un site protégé
● *82*
En 1665, Rochefort est choisi comme futur arsenal, car le site possède de nombreux avantages. La Charente est profonde, même à marée basse. La rade de l'île d'Aix, à laquelle le fleuve aboutit, est accessible par trois passages. Les îles d'Aix, de Ré et d'Oléron lui constituent des défenses naturelles, faciles à compléter. Son éloignement de la mer le met à l'abri d'un bombardement. Enfin, l'arrière-pays est riche en bois, nécessaire à la construction navale.

Vingt-cinq ans de travaux. En 1670, la Corderie ▲ *220* est établie. Il faudra, cependant, attendre encore jusqu'en 1690 pour que l'arsenal soit enfin terminé. Bientôt, un vaisseau de haut rang sur cinq y sera construit, avec une durée de vie supérieure à celle des autres chantiers. Colbert, mort en 1683, ne verra pas Rochefort achevé.

D'illustres visiteurs. Durant le règne de Louis XVI, très attentif à sa marine, Rochefort est en plein essor. Plus de cinq mille hommes travaillent à l'arsenal. C'est ainsi qu'en 1780 six vaisseaux, douze frégates et quatre corvettes sortent de ses chantiers. D'illustres hôtes, tels le duc de Chartres en 1775, le comte d'Artois et l'empereur d'Autriche Joseph II en 1777, viennent visiter cet arsenal modèle.

La Révolution à Rochefort. En 1794, Rochefort devient le lieu de rassemblement des prêtres réfractaires ● *23*, condamnés à la déportation en Guyane. La plupart mourront de faim ou d'épidémies dans les prisons de la ville ou sur des pontons. À nouveau persécutés sous le Directoire à la suite du coup d'État jacobin de fructidor an VI (septembre 1797), des prêtres sont regroupés à Rochefort et dans les îles du littoral charentais, et certains d'eux réellement déportés en Guyane avec des prisonniers politiques.

L'exil de l'Empereur. Napoléon viendra par deux fois à Rochefort. Son premier passage, en août 1808, lui permet de visiter le fort Boyard, en construction, et de dresser les plans du fort Liédot, sur l'île d'Aix ● *82*, ▲ *246*. Sa venue, le 3 juillet 1815, est moins glorieuse : deux frégates, la *Saale* et la *Méduse* – celle-ci fera parler d'elle l'année suivante ▲ *216* –, l'attendent dans la rade

Le plus grand arsenal du royaume
Il comprenait (ci-dessus, de gauche à droite) l'avant-garde, ou arsenal sud, surtout utilisée pour la construction navale ; la partie centrale, avec la Maison du Roy ▲ *219* et la Corderie ▲ *220* ; l'arsenal nord (invisible ici), avec d'autres chantiers de construction et la vieille forme de radoub ▲ *226*. L'arsenal permettait tout à la fois de construire des vaisseaux, de les entretenir et de fabriquer le matériel nécessaire à leur gréement et à leur armement. Les matières premières (bois, chanvre, vivres...) étaient stockées sur place dans des entrepôts.

de l'île d'Aix et doivent forcer le blocus anglais pour le faire passer en Amérique. Le 8 juillet, Napoléon embarque de Fouras ▲ *238*, puis choisit de se rendre aux Anglais.

Le temps de la vapeur. Avec le XIXe siècle, on entre, peu à peu, dans l'âge de la vapeur, puis de l'hélice, bientôt des cuirassés. De nouvelles installations sont édifiées, tels le bassin d'échouage (1880) et le bassin des torpilleurs (1890) – tous deux comblés aujourd'hui – ou les cales obliques. Celles-ci peuvent recevoir des navires de 130 m de long et permettent leur lancement dans le sens du lit de la Charente pour éviter que les navires ne viennent heurter la rive gauche. Dans le même temps, Rochefort devient le lieu de nombreuses innovations techniques ▲ *219* et le point de départ d'importants voyages d'explorations ▲ *221*.

De la destruction au renouveau. Jusqu'au début du XXe siècle, Rochefort est la ville la plus peuplée et sans doute la plus vivante du département. Mais la suppression de l'arsenal, en 1927, porte un rude coup à la prospérité rochefortaise, ralentie encore par les destructions allemandes de 1944. Pourtant, le sauvetage de la Corderie royale ▲ *220* marquera le début du renouveau de la ville. Aujourd'hui, avec près de trente mille habitants, Rochefort a su allier à sa tradition maritime et industrielle des activités nouvelles tels le tourisme et le thermalisme ▲ *234*.

La fin de l'arsenal
Au début du XXe siècle, Rochefort ne construisait plus que de petites unités : croiseurs légers, avisos, torpilleurs, sous-marins…

Éloigné de la mer par un fleuve sinueux, l'arsenal de Colbert était voué au déclin. Il ferma ses portes en 1927.

Au XVIIIe siècle, l'évolution de la marine de guerre rend caduques les galères. Une ordonnance du 27 septembre 1748 prévoit de nouvelles peines pour les condamnés, qui seront logés «à terre, dans les bagnes, salles de force ou autres lieux qui seront destinés pour les renfermer». Le bagne de Rochefort est créé en 1766 pour soulager ceux de Brest, Toulon et Marseille, devenus insuffisants. Il s'installe dans le hangar aux futailles et peut accueillir cinq cents forçats, qui sont employés aux travaux de l'arsenal. Dès 1852, on vide le bagne de Rochefort pour diriger les condamnés vers la Guyane française puis, à partir de 1864, vers la Nouvelle-Calédonie.

LE MANUSCRIT DE JEAN-JOSEPH CLÉMENT
Au XIXe siècle, Jean-Joseph Clément a raconté et dessiné tout ce qu'il a vécu au bagne. Condamné à deux reprises pour vol, il s'évade deux fois et, au lieu des quarante-quatre ans de bagne qu'il aurait dû purger, il en fait... un peu moins de vingt-deux (de 1825 à 1847), le reste étant commué en dix ans de prison.

DE LA «GRANDE FATIGUE» À L'EMPLOI RÉMUNÉRÉ
Après trois années de «grande fatigue» (travaux pénibles dans l'arsenal), les bagnards peuvent prétendre à la «petite fatigue», travaux moins durs. Les mieux notés, ou les forçats en fin de peine, accèdent à certains emplois souvent rémunérés : écrivains, coiffeurs...

LE TROUSSEAU
Les deux pièces essentielles de l'uniforme du bagnard sont le bonnet (rouge pour les peines temporaires et vert pour la perpétuité) et la chaîne (1,50 m, 7 kg) ; celle-ci est ferrée à la cheville et le bout libre fixé à la ceinture, exception faite des nouveaux forçats qui sont «accouplés» par la chaîne avec un ancien pour trois ans. Le numéro matricule figure sur chaque pièce y compris le bonnet et les chaussures.

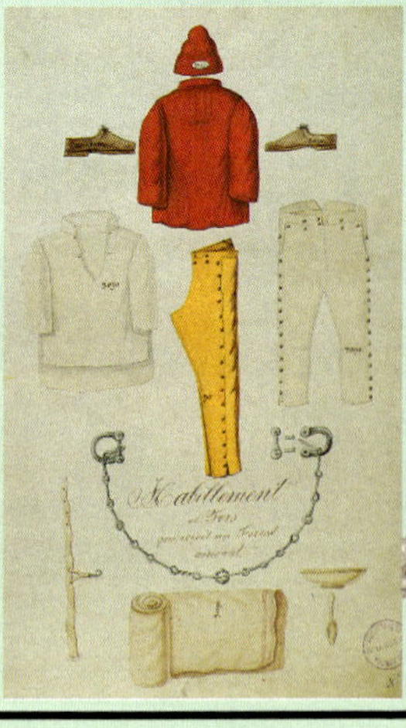

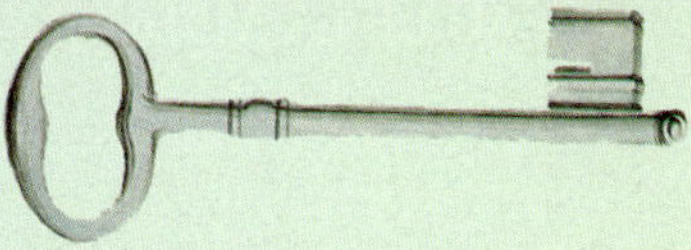

La belle

Tous les moyens sont bons pour s'évader du bagne : tunnel creusé jusqu'à l'extérieur de l'enceinte, escalade au moyen de cordes dérobées, et surtout déguisements. Mais une tentative d'évasion coûte trois ans de bagne supplémentaires.

La fin des bagnes portuaires

Après les galères et les arsenaux, les forçats connaîtront les bagnes coloniaux de Guyane et de Nouvelle-Calédonie. Entre 1852 et 1938, cent mille condamnés y seront envoyés et très peu en reviendront.

Pendant les heures de repos, les bagnards peuvent confectionner de menus objets : pipes, tabatières, etc., en bois, en corne ou en os, qui sont ensuite vendus aux visiteurs et bourgeois de Rochefort.

En juin 1816, le gouvernement de Louis XVIII organise une expédition pour récupérer les comptoirs du Sénégal occupés par les Anglais. Une division navale appareille de Rochefort. Elle comprend la frégate la *Méduse*, la corvette l'*Écho*, le brick l'*Argus* et la flûte *La Loire*. Hugues Duroys de Chaumareys, à bord de la *Méduse*, est le commandant de toute la flotte. Le 2 juillet, l'incompétence de Chaumareys le conduit à faire échouer la frégate sur le banc d'Arguin, au large des côtes de Mauritanie.

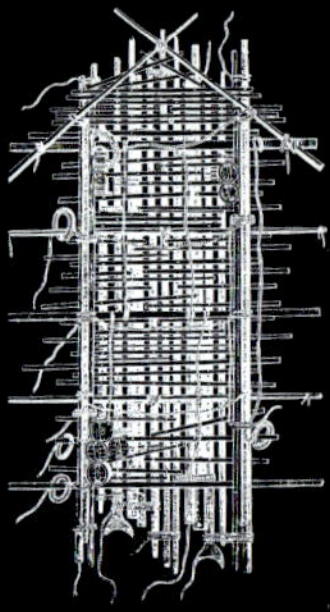

L'ABANDON DE L'ÉQUIPAGE

L'évacuation du navire se déroulera contre toutes les traditions de la marine : le commandant, son état-major et les passagers de marque sont embarqués les premiers dans les canots et réussiront à joindre Saint-Louis du Sénégal. Quant aux membres d'équipage, aux explorateurs et aux soldats du corps expéditionnaire, ils s'entasseront à cent cinquante sur un radeau. Et c'est le drame, peint avec tant de réalisme par Géricault (ci-dessous). Ci-contre, plan du radeau de la *Méduse* exécuté par Corréard, l'un des rescapés.

«MESSIEURS, IL Y A VINGT-CINQ ANS QUE JE N'AI PAS NAVIGUÉ. JE NE ROUGIS PAS DE VOUS AVOUER QUE JE SUIS ROUILLÉ DANS LE MÉTIER»

HUGUES DUROYS DE CHAUMAREYS À SES OFFICIERS (1816)

LE RADEAU À LA DÉRIVE
Les occupants du radeau, en surnombre, dérivent sous une chaleur torride. La faim et la soif les conduisent à de sanglantes rixes. Au bout de douze jours, seuls quinze rescapés seront récupérés par l'*Argus*. L'affaire fera du bruit, car, pour survivre, les occupants du radeau se sont livrés à des actes de cannibalisme.

UN CONSEIL DE GUERRE
Chaumareys, mis aux arrêts de rigueur, est jugé par un conseil de guerre à bord du vaisseau amiral mouillé à Rochefort. Le 3 mars 1817, il est déclaré coupable, à l'unanimité, de l'échouage du navire et condamné à être rayé de la liste des officiers de la marine et à trois ans de prison militaire. Une expédition scientifique partie de Rochefort le 31 octobre 1980 à bord du *Lisanj* retrouvait l'épave de la *Méduse* le 5 décembre, au large de la Mauritanie.

THÉODORE GÉRICAULT (1791-1824)
Ce Rouennais s'inspire de l'actualité, qu'il élève au rang de hauts faits héroïques et souvent dramatiques. Pour la composition du *Radeau de la Méduse* (1819), dans un grand souci du réel, le peintre fera construire un véritable radeau et réalisera nombre d'études préalables de cadavres.

L'«HERMIONE» DE LA FAYETTE ♥
Depuis septembre 1993, une réplique de l'*Hermione*, frégate du XVIIIe siècle, est en cours de réalisation dans la forme double. Au total, dix années seront nécessaires pour mener à terme la reconstitution fidèle et intégrale de la frégate à bord de laquelle La Fayette (1757-1834) partit de Rochefort en 1780 : il allait soutenir les insurgés américains contre les troupes anglaises. Au XVIIIe siècle, l'*Hermione* avait vu le jour en un an !

LATOUCHE-TRÉVILLE (1745-1804)
C'est dans un très bel hôtel du XVIIIe siècle, dans le centre-ville (27, rue du Dr-Pujos), que naquit Louis Le Vassor de Latouche-Tréville. Outre son action avec La Fayette, durant la guerre de l'Indépendance américaine (il était alors commandant de l'*Hermione*), il combattit Nelson à la tête de la flottille de Boulogne, en 1801. Devenu vice-amiral en 1803, il reçut le commandement en chef de l'escadre de la Méditerranée.

Avant d'entrer dans l'arsenal, on peut admirer l'ensemble architectural des édifices de la vaste place La Galissonnière, appelée jadis «place de la Marine», alors située au cœur de la ville nouvelle.

L'HÔTEL DES SEIGNEURS DE CHEUSSES ♥. C'est le plus ancien hôtel de Rochefort. Construit à partir de 1599 (la tour nord-ouest), il appartenait à la famille protestante de Cheusses, que le pouvoir royal dépossédа de ses biens lors de la création de l'arsenal. Aux XVIIe et XVIIIe siècles, il servit de résidence aux chefs d'escadre, tels d'Estrées, Tourville, ou Barrin de La Galissonnière. Transformé en MUSÉE DE LA MARINE en 1973, l'hôtel de Cheusses (ci-dessous), agrandi de l'hôtel contigu élevé en 1716, abrite désormais de superbes collections de maquettes de vaisseaux, de gravures, de figures de proues (ci-dessus, celle du *Dauphin Royal*, vaisseau de premier rang), etc.

LA PORTE DU SOLEIL. Cette porte monumentale, en forme d'arc de triomphe (ci-dessous), est érigée en 1831 par Auguste Giral. Elle formait l'entrée principale de l'arsenal, sous laquelle «la ville entière passait matin et soir», la majorité des hommes travaillant à l'arsenal. Son nom vient du fait que, le 4 mars et le 10 octobre, le soleil se lève exactement dans son axe. C'est en la franchissant que l'on peut commencer la visite de l'arsenal voulu par Colbert.

LES ÉDIFICES DISPARUS DE L'ARSENAL SUD. Cette partie de l'arsenal fut réservée, dès l'origine, aux constructions navales. On y trouvait les cales droites et les cales obliques sur lesquelles étaient construits et lancés les navires, une fosse aux mâts, la forge aux ancres, l'atelier de la mâture, et le bagne ▲ *214*. En aval de l'arsenal, l'édifice des magasins particuliers (XVIIe siècle) était le pendant de la Corderie, dont il avait la même longueur.

LES ÉDIFICES CONSERVÉS. Après avoir franchi la porte du Soleil, on aperçoit, sur la droite, dans une zone industrielle clôturée, une partie des bâtiments du XIXe siècle : les directions des constructions navales et du port, les ateliers (sculpture, menuiserie, serrurerie, etc.), les magasins particuliers et le magasin général du XVIIe siècle, récemment restauré. Tous ces bâtiments ont été reconvertis et, si l'on ne peut les approcher de près, les piétons et les cyclistes peuvent contourner la zone

industrielle en longeant la rive droite du fleuve jusqu'au pont transbordeur de Martrou ▲ *236*.

LES FORMES DE RADOUB. Les coques des navires devaient être périodiquement entretenues ou réparées. Pour éviter les délicates manœuvres d'abattage en carène des bateaux, on utilisait les formes de radoub. Les navires pénétraient, à marée haute, dans ces grandes coques, creusées dans la berge vaseuse puis maçonnées, qui se vidaient à marée basse (avec l'aide d'une machine hydraulique qui pompait le surplus d'eau de mer) : le travail de réparation pouvait alors commencer. À Rochefort, trois formes de radoub sont encore visibles : la vieille forme, dans l'arsenal nord ▲ *234* ; la forme double et la forme Napoléon III, situées derrière la porte du Soleil. LA FORME DOUBLE (ci-contre et ci-dessus), dont les bassins amont et aval ont été dégagés en 1992 et 1993, est conçue par l'intendant Pierre Arnoul en 1683. Elle permettait de réparer deux navires à la fois et présentait deux innovations : au lieu d'être lisses, ses murs sont faits de gradins pour faciliter le travail de radoub ; la fermeture de la forme est assurée par un bateau-porte. LA FORME NAPOLÉON III, construite entre 1853 et 1861, fut allongée en 1900 pour accueillir le *Dupleix*, long de 134 m, le dernier grand croiseur-cuirassé construit à Rochefort.

LA «MAISON DU ROY». Cette demeure édifiée, entre l'arsenal et la ville, sur les ruines de l'ancien château féodal fut la demeure de l'intendant de la Marine et, à partir de 1781, celle du commandant de la Marine. Depuis trois siècles, elle a subi maints remaniements. Sa porte d'entrée monumentale, de 1716, a été déplacée après l'incendie de l'édifice, en 1895, rue Toufaire, pour être dans l'axe de la rue de l'Amiral-Courbet, la seule de Rochefort qui ait conservé ses pavés.

ROCHEFORT, ARSENAL D'AVANT-GARDE

Des origines à la fin du XIXe siècle, l'arsenal est le théâtre d'innovations techniques et de découvertes scientifiques. En 1829, l'ingénieur Jean-Baptiste Hubert met au point le premier bateau à vapeur français, le *Sphinx* (ci-dessous). Le cabestan à empreintes, permettant une manœuvre plus prompte et une plus grande sécurité, est inventé en 1830 par le lieutenant de vaisseau Benoît Barbotin. Le pétrin mécanique est mis au point par

Daniel Auboin vers 1830. Le *Plongeur*, de Bourgois et Brun, un sous-marin expérimental, fait ses premiers essais en 1863. Le fusil à lunette est expérimenté en 1895 par Émile Pénaud, préposé de l'octroi de Rochefort.

LES NOUVEAUX OCCUPANTS
La Corderie abrite aujourd'hui le Conservatoire de l'espace littoral et des rivages lacustres, dont le but est d'acquérir pour l'État les zones fragiles en bordure de mer ou de lac ; la Ligue de protection des oiseaux (LPO), qui gère des réserves naturelles ou des zones protégées et sensibilise le public ; le Centre international de la mer, qui organise des expositions et animations sur le monde maritime dans ses différents aspects, historique, culturel, scientifique et technique ; la chambre de commerce et d'industrie, et la bibliothèque municipale.

LA CORDERIE ♥

Atelier de l'arsenal, la Corderie royale est le monument le plus impressionnant de Rochefort. Ses dimensions (372 m de long sur 8 m de large seulement), son élégance classique, due à Nicolas-François Blondel, ingénieur du roi, en font un édifice exceptionnel. Elle fut construite, à partir de 1666, sur un sous-sol de vase qui demanda de faire reposer le bâtiment sur un radier de bois pour lequel 14 000 m^3 de chêne furent nécessaires. Achevée en 1670, elle se compose d'un bâtiment central de 300 m, et de deux pavillons plus larges qui l'encadrent : le pavillon sud abritait la voilerie, le pavillon nord, le magasin à goudrons. Un troisième pavillon, destiné à abriter la goudronnerie et les étuves, rythme la façade noble sur la Charente, devant laquelle se déroulait toute l'activité de l'arsenal. Le toit «à la Mansart» est percé de lucarnes aux frontons, alternativement triangulaires et semi-circulaires, surmontés d'une boule.

UN RÔLE ESSENTIEL. La Corderie était à la fois un magasin, un atelier et un entrepôt. Après avoir été débarqué, le chanvre était stocké, filé puis commis au rez-de-chaussée dans le corps principal de l'édifice. On obtenait ainsi des cordages d'une encablure, soit 193 m. Une fois toronnés, ceux-ci étaient passés dans des étuves pour les rendre souples et maniables, puis goudronnés pour les rendre imputrescibles. L'importance de la production de la Corderie était considérable :

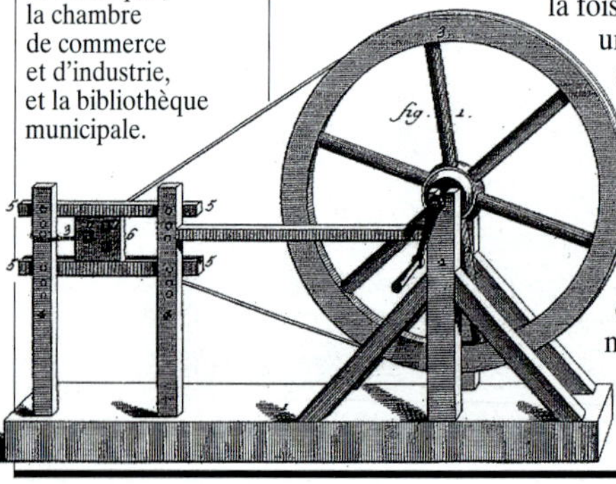

«Rochefort, ville de fleuve et de mer où l'on ne voit pas l'eau»

Jean-Hugues Malineau

49 t de cordages et 2 500 m² de voilure étaient nécessaires pour un vaisseau de 1 000 tonneaux, et Rochefort était le fournisseur de la Marine royale et des colonies d'Amérique !
La rénovation. L'apparition de la vapeur, de même que la généralisation du câble-chaîne, cause le déclin de la Corderie, au milieu du XIXe siècle. En 1944, les Allemands l'incendient et, pendant vingt ans, la Corderie demeure abandonnée. De 1964 à 1966, le contre-amiral Dupont fait dégager l'édifice. Classée monument historique en 1967, la Corderie a été, sur l'initiative de la ville, restaurée entre 1976 et 1988.

Jardin des Retours

Le nom de ce nouveau parc conçu par Bernard Lassus évoque les grandes expéditions scientifiques des XVIIIe et XIXe siècles. En effet, Rochefort est alors le port de départ et de retour de plusieurs de ces grandes aventures auxquelles participèrent au XVIIIe siècle François Vivès sur l'*Étoile*, lors du voyage de Bougainville, et Claret de Fleurieu sur l'*Isis*. Au XIXe siècle, des officiers de santé prennent part, comme médecins naturalistes, à des voyages de circumnavigation : Jean-René Quoy sur l'*Astrolabe* avec Dumont-d'Urville (1826-1829), René-Primevère Lesson avec Duperrey (1822-1825), son frère cadet, Pierre-Adolphe, avec Dumont-d'Urville (1837-1840). Le jardin des Retours est dominé par ce qui subsiste de l'ancien «jardin du Roy», qu'on appelait aussi «jardin de l'Intendant» : Michel Bégon et ses successeurs aimaient s'y promener. Amputé par des lotissements successifs aux XVIIIe et XIXe siècles, ce jardin fut cédé à la ville et appelé «jardin de la Marine». Il a gardé son tracé d'origine avec ses bosquets et ses parterres. Une large rampe plantée de tulipiers descend vers la Corderie, ouvrant la ville sur le fleuve.
Les abords de la Corderie ont été aménagés en espace d'agrément : reconstitution d'un pont de navire, maquettes de navires animées. Les essences végétales sélectionnées pour ce jardin symbolisent l'importance du port de Rochefort, aux XVIIe et XVIIIe siècles, pour le développement de la botanique.

Le jardin botanique
En 1697, l'intendant Bégon fait aménager un jardin botanique à vocation pharmaceutique. Il organise une expédition aux Antilles «pour y faire la recherche de tout ce que la nature y produit de plus rare». Le botaniste Charles Plumier rapporte de ce voyage une plante qu'il baptise bégonia. Après une période d'abandon, le jardin est défintivement établi, en 1748, à l'extrémité du jardin de la marine, aujourd'hui occupé par la gendarmerie nationale. Il devient célèbre pour l'importation et l'acclimatation des plantes exotiques – caféier (ci-dessous), arbre à pain, figuier, papyrus, dattier... –, dont la découverte permit le développement économique des colonies françaises d'Amérique. C'est ainsi que le premier pied de caféier planté aux Antilles partit de Rochefort.

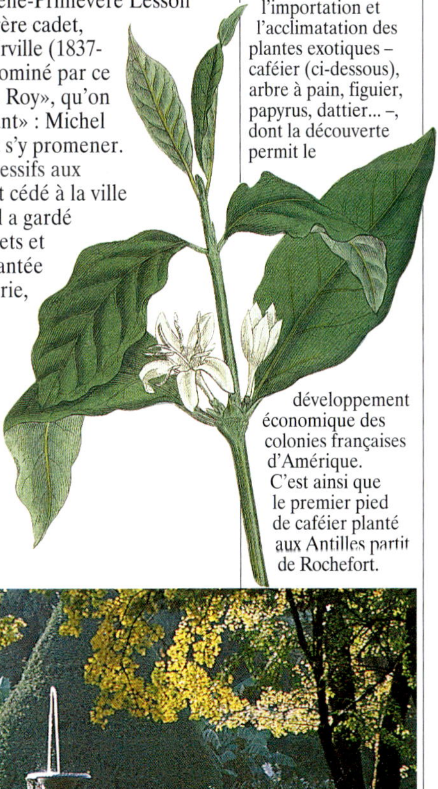

L'INTENDANT BÉGON (1638-1710)
Cousin par alliance du grand Colbert, Michel Bégon est nommé en 1688 intendant de la Marine à Rochefort. Durant vingt-deux années, il transforme la ville ● *78*, obligeant les habitants à construire leurs maisons en pierre, faisant paver et niveler les rues. L'effet de ses prescriptions en urbanisme se voit encore aujourd'hui : à certains angles de rue s'élèvent des maisons à deux étages, donc plus hautes, comme il l'avait ordonné. Il crée, en 1694, un hôpital pour les mousses orphelins et aménage ce qui deviendra le jardin botanique ▲ *221*.

Masque de danse kanake, début XIXe siècle.

Rochefort devient ville avec l'arsenal. Longtemps, elle n'est constituée que de cayennes, petites cabanes de planches où logent les ouvriers de l'immense chantier. Si, dès 1675, la cité est ceinturée de remparts, ce n'est qu'à partir de 1688 que Rochefort devient une vraie ville de pierre ● *78*, grâce à l'intendant Bégon. Trois siècles plus tard, Rochefort sera une des toutes premières villes de France à réhabiliter son centre-ville. Ainsi nous est parvenu un ensemble urbain harmonieux, remarquable par sa grande unité architecturale, y compris les apports en périphérie du XIXe siècle.

PLACE COLBERT

C'est le centre vital de la ville. Elle est embellie, en 1757, d'une belle fontaine de pierre couronnée, par Victor Bourguignon, d'une figure allégorique symbolisant la rencontre de la Charente et de l'Océan. De cette époque datent aussi les balcons rocaille ou néoclassiques qui ornent de simples maisons comme des hôtels particuliers : HÔTEL DES LEMOYNE DE SÉRIGNY, seigneurs de Loire, devant la fontaine, et l'HÔTEL D'AMBLIMONT, l'actuel hôtel de ville, en face.

LE «CAFÉ DE LA PAIX». C'est au *Café de l'Europe*, actuel *Café de la Paix*, qu'en septembre 1843 Victor Hugo ● *117*, en voyage dans la région avec Juliett Drouet, aurait appris par le journal *Le Siècle* la mort de sa fille Léopoldine et de son gendre, Charles Vacquerie, noyés en Seine, à Villequier.

AVENUE DE GAULLE

Un important marché de produits locaux occupe trois fois par semaine toute l'avenue qui s'appela rue Royale puis rue de l'Arsenal avant d'être rebaptisée avenue de Gaulle.

MUSÉE D'ART ET D'HISTOIRE ♥. En 1859, Alexandre Fiocchi lègue à la ville de Rochefort sa collection de tableaux et de dessins, permettant ainsi d'ouvrir le musée des Beaux-Arts dans l'ancien hôtel du négociant Hèbre de Saint-Clément. Aujourd'hui rebaptisé musée d'Art et d'Histoire, il présente un remarquable plan-relief de Rochefort, réalisé en 1835 par Touboulic, qui révèle l'urbanisme de cette «ville nouvelle» du XVIIe siècle et l'activité de son arsenal. Une galerie ethnographique, la galerie Lesson, rend hommage aux grands voyageurs rochefortais. Une galerie de peintures présente, parmi de grandes toiles tel le *Massacre des Janissaires* peint par Champmartin en 1826, des œuvres italiennes et nordiques des XVIe et XVIIe siècles et des paysages du XIXe siècle (Auguin et Morchain, nés à Rochefort). L'esquisse de Rubens, *Lycaon changé en loup*, demeure le chef-d'œuvre du musée.

«JE SUIS À ROCHEFORT POUR REVOIR UN AMI,
UN CERTAIN SIMON DAME ET, À DEUX PAS D'ICI,
JE RENCONTRE UNE FILLE ET J'EN DEVIENS CRAZY»

LES DEMOISELLES DE ROCHEFORT

«LES DEMOISELLES DE ROCHEFORT» Encouragés par le succès des *Parapluies de Cherbourg* (Palme d'or à Cannes en 1964), le réalisateur Jacques Demy et le musicien Michel Legrand récidivent en 1967 avec *Les Demoiselles de Rochefort*. Catherine Deneuve, Françoise Dorléac, Danielle Darrieux, Georges Chakiris, Gene Kelly et Michel Piccoli sont les principaux interprètes de cette comédie musicale qui se déroule presque essentiellement sur la place Colbert, dont certaines façades avaient été repeintes à cette occasion.

MAISON DE PIERRE LOTI ♥

Unique et fantastique, la maison natale de Pierre Loti, sanctuaire de son enfance heureuse et refuge qu'il occupa toute sa vie, est certainement la plus dépaysante, la plus personnalisée et la plus originale des demeures d'écrivains, en tant que témoignage insolite du goût fin de siècle et illustration remarquable de l'orientalisme. Après avoir parcouru les conventionnels salons rouge et bleu, on entre dans l'univers de rêve de l'écrivain : voyage temporel dans la salle-à-manger de style Renaissance ou dans la salle gothique, où fut donnée une célèbre fête médiévale en 1888 ; voyages au long cours du marin passionné d'exotisme qui reconstitua à l'étage une petite chambre arabe, une mosquée et un salon turc. Sa chambre, blanchie à la chaux, presque monacale, contraste avec le chatoiement des autres pièces. À l'aspect éclectique des décors s'ajoute la complexité du circuit dans un logis composé de deux maisons réunies.

«J'avais déjà ce besoin de noter, de fixer des images fugitives, de lutter contre la fragilité des choses et de moi-même, qui m'a fait poursuivre ainsi ce journal jusqu'à ces dernières années... [...] et cela pour essayer de prolonger, au-delà de ma propre durée, tout ce que j'ai été, tout ce que j'ai pleuré, tout ce que j'ai aimé...»

Pierre Loti, pseudonyme de Julien Viaud, est né à Rochefort en 1850. C'est un peu par hasard, pour des raisons matérielles, que l'adolescent va préparer l'École navale. Mais il avait toujours rêvé de voyages, de départs vers les pays exotiques, pour suivre les traces de Gustave, son frère aîné, chirurgien de marine dont le départ pour la Polynésie constitua le grand événement de son enfance.

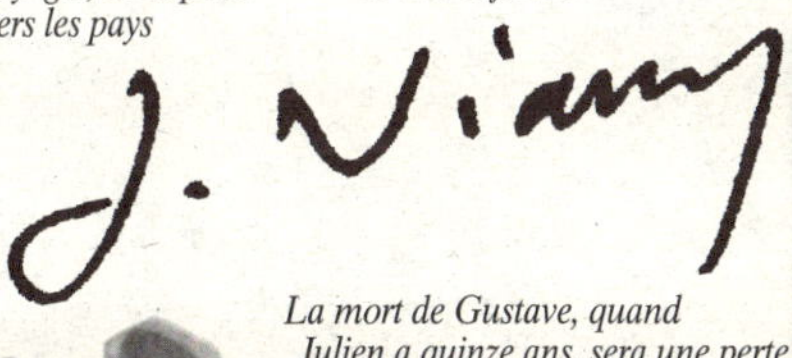

La mort de Gustave, quand Julien a quinze ans, sera une perte irréparable, et Loti, tout au long de sa vie, cherchera dans l'amitié le substitut de cette figure fraternelle. Julien tenait un journal intime, l'aspirant de marine un journal de bord. Le passage au roman se fera lui aussi presque par hasard, sur la sollicitation de ses amis. En 1891, il est élu à l'Académie française.

Il restera officier de marine, tantôt en France, tantôt sur tous les océans du monde, jusqu'à sa retraite, en 1910. Toujours fidèle à sa Charente natale, et à sa mère – qui fut le grand amour de sa vie –, il s'est cependant choisi d'autres terres d'élection. Il meurt en 1923.

AIMER Aimer constitue pour Loti la forme privilégiée de l'exotisme. Lui qui fut adulé des altesses, des duchesses et des actrices ne se sentait attiré que par les êtres simples, d'une grande beauté physique. Ses romans mettent en scène des personnages frustes, dont «mon frère Yves» – marin breton qui accompagne l'officier de longues années – demeure le type le plus accompli. Sensible à la beauté physique de ces êtres, Loti envie leur force instinctive, leur santé, leurs ivresses brutales qui déjà fascinaient l'enfant trop sage qu'il fut.

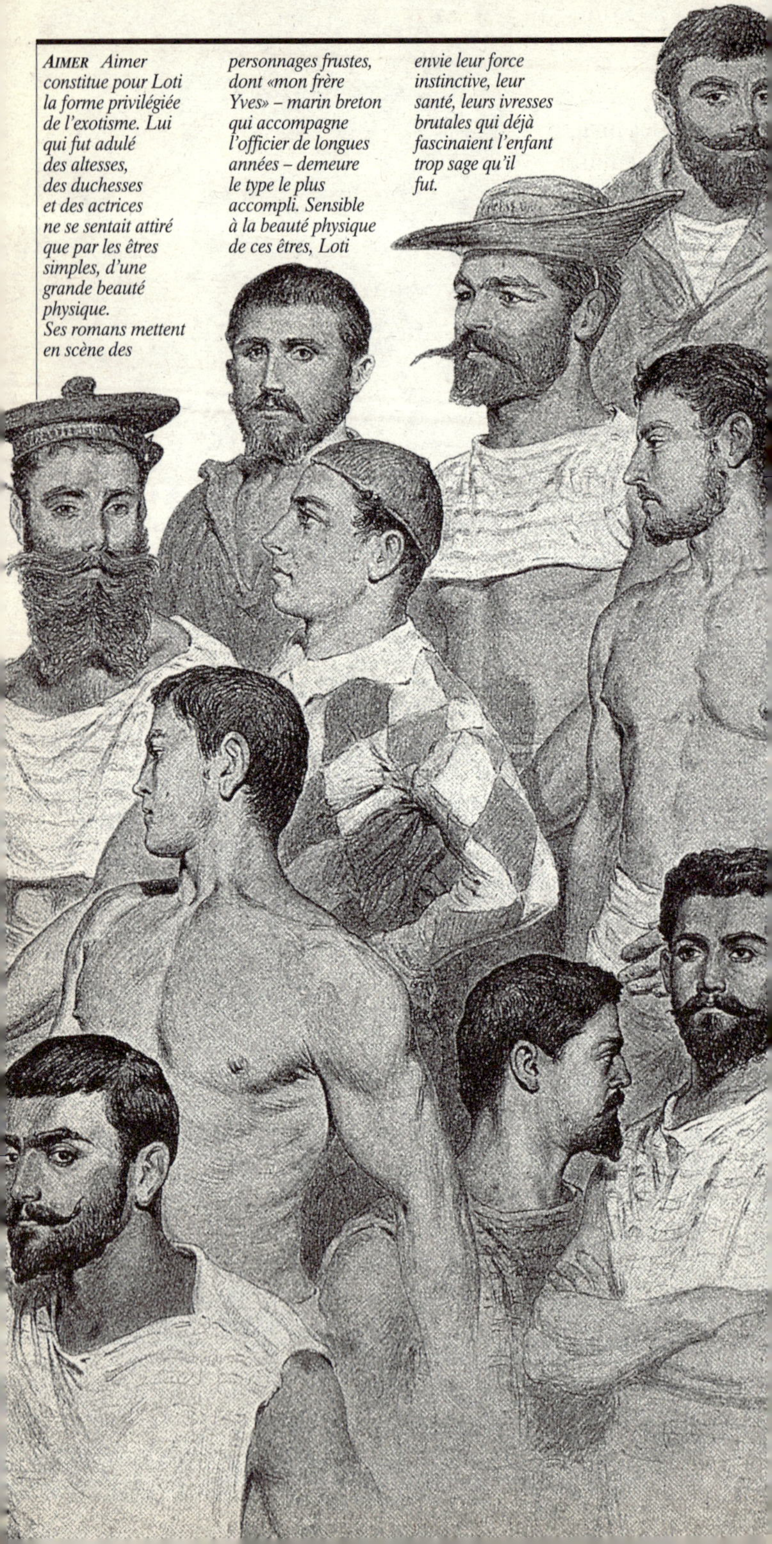

Éprouver l'ailleurs
On connaît le goût de Pierre Loti pour le déguisement, le travestissement. Le costume local permet au voyageur de se fondre dans la foule, de passer inaperçu, de devenir presque comme l'Autre. Perdre son identité, changer de nom, devenir son propre personnage, épouser une femme étrangère, autant de moyens pour éprouver l'ailleurs, et jusque dans les pays, tel le Japon, avec lesquels il se sent le moins d'affinités ; c'est avec l'Islam et la Turquie que Loti entre en communion la plus intime.

La tristesse, le vide, les ruines
L'exotisme de Loti, bien avant celui de Lévi-Strauss, est un exotisme de tristes tropiques. L'exaltation du voyage, du départ, de la découverte, bute le plus souvent sur une détresse inévitable.

Raconter le monde
L'écrivain cherche à dire la vérité des terres étrangères – dont il sait bien que c'est sa vérité, très subjective – ; lui, le voyageur occidental, déplore l'uniformisation du monde contemporain. Grand paysagiste, grand luministe, c'est en peintre et en musicien qu'il note ses impressions et qu'il les transfigure en une prose d'une troublante simplicité.

Écrivain de la mer et des pays lointains
Sa carrière d'officier de marine, qui le mène pendant plus de quarante ans du Japon à l'Océanie, du Tonkin en Afrique, de Turquie en Extrême-Orient, est à l'origine de ses succès littéraires.

Loti
Le mot loti *veut dire «rose» en maori ; l'écrivain raconte son baptême tahitien au début du* Mariage de Loti.

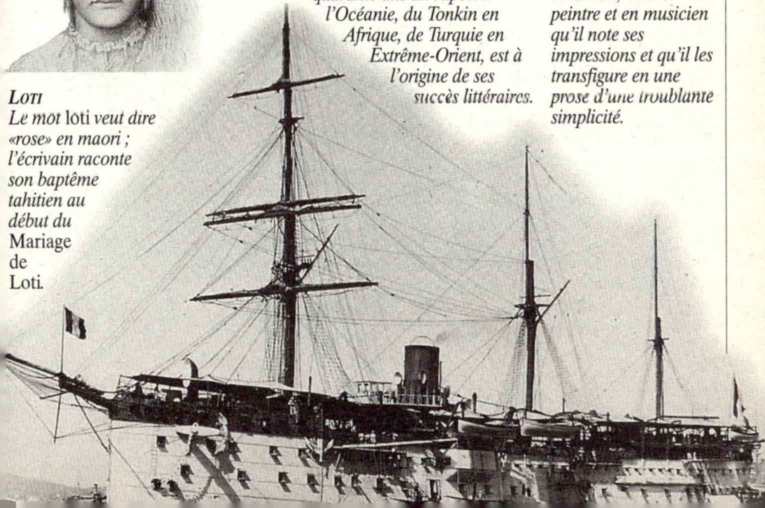

▲ PIERRE LOTI À L'ÎLE DE PÂQUES

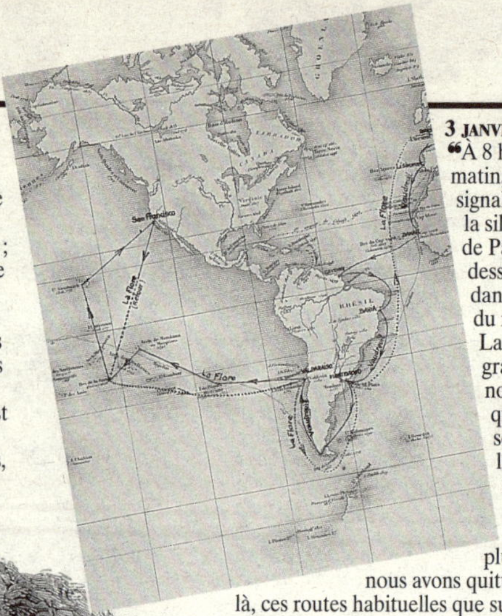

UNE ÎLE ÉTRANGE

❝Il est, au milieu du grand Océan, dans une région où l'on ne passe jamais, une île mystérieuse et isolée ; aucune autre terre ne gît en son voisinage et, à plus de huit cents lieues de toutes parts, des immensités vides et mouvantes l'environnent. Elle est plantée de hautes statues monstrueuses, [...] et son passé demeure une énigme.❞

3 JANVIER 1872

❝À 8 heures du matin, la vigie signale la terre, et la silhouette de l'île de Pâques se dessine légèrement dans la direction du nord-ouest. La distance est grande encore, et nous n'arriverons que dans la soirée, malgré la vitesse que les alizés nous donnent. Depuis plusieurs jours, nous avons quitté, pour venir là, ces routes habituelles que suivent les navires à travers le Pacifique.❞

LES CHEFS PASCUANS

❝[...] Des poitrines et des figures bleuies par les tatouages, de longues chevelures, de singuliers sourires à dents blanches, et des yeux de tristesse dont l'émail est rendu plus blanc encore par les dessins d'un bleu sombre qui les soulignent.❞

RAPA-NUI

❝On n'y trouve rien, pas même une aiguade pour y faire provision d'eau douce, et, de plus, les brisants et les récifs empêchent le plus souvent d'y atterrir. Nous y allons, nous, pour l'explorer, et pour y prendre, si possible, une des antiques statues de pierre, que notre amiral voudrait rapporter en France. [...] Rapa-Nui est le nom donné par les indigènes à l'île de Pâques, – et, rien que dans les consonances de ce mot, il y a, me semble-t-il, de la tristesse, de la sauvagerie et de la nuit... Nuit des temps, nuit des origines ou nuit des ciels, on ne sait trop de quelle obscurité il s'agit ; mais il est certain que ces nuages noirs, dont le pays s'enténèbre pour nous apparaître, répondent bien à l'attente de mon imagination.❞

Dessins et textes parus dans les numéros de l'Illustration *des 17, 24 et 31 août 1872, puis publiés dans* Un jeune officier pauvre, *en 1923.*

Ile de Pâques

LES DERNIERS INDIGÈNES

❝La population, dont la provenance est d'ailleurs entourée d'un inquiétant mystère, s'éteint peu à peu, pour des causes inconnues, et il y reste, nous a-t-on dit, quelques douzaines seulement de sauvages, affamés et craintifs, qui se nourrissent de racines ; au milieu des solitudes de la mer, elle ne sera bientôt qu'une solitude aussi, dont les statues géantes demeureront les seules gardiennes.❞

ENLÈVEMENT D'UNE STATUE

❝L'une, qui paraît moins lourde et moins fruste, est couchée la tête en bas, le nez dans la terre ; on ne connaît pas encore sa figure, et il faut la retourner pour voir. Elle cède aux efforts des leviers manœuvrés à grands cris, pivote autour d'elle-même et retombe sur le dos avec un bruit sourd.❞

▲ Pierre Loti en Perse, au Japon, en Turquie et dans l'Adriatique

Persépolis
“Là, jadis, habitaient les maîtres de la Terre, et, aux abords, veillent depuis plus de deux mille ans des colosses à grandes ailes [...]” *Vers Ispahan*, 1904

Nagasaki
“Voici que je me fais très bien à ce Japon mignard maintenant ; je me rapetisse et je me manière ; je sens mes pensées se rétrécir et mes goût s'incliner vers les choses mignonnes, qui font sourire seulement ; je m'habitue aux petits meubles ingénieux, aux pupitres de poupée pour écrire, aux bols en miniature pour faire la dînette ; à la monotonie immaculée de ces nattes, à la simplicité si finement travaillée de ces boiseries blanches. Je perds même mes préjugés d'Occident [...]. À cette tombée de la nuit, je me sens presque chez moi dans ce coin du Japon.”
Madame Chrysanthème, 1888

Kamakura
“Dans un premier temple latéral, trône un Bouddha géant assis dans son lotus, – idole dorée de quinze à vingt mètres de haut, montée sur un énorme socle de bronze.”
Madame Chrysanthème, 1888

La mer, une fascination depuis l'enfance

"[...] J'avais l'insaisissable pressentiment qu'elle finirait un jour par me prendre [...]. Ce que j'éprouvais en sa présence était non seulement de la frayeur, mais surtout une tristesse sans nom, une impression de solitude désolée, d'abandon, d'exil…"

Le Roman d'un enfant, 1890

Ispahan...

"[...] Qui veut venir avec moi à Ispahan sous le beau ciel de mai, se prépare à de longues marches, au brûlant soleil, dans le vent âpre et froid des altitudes extrêmes, à travers ces plateaux d'Asie, les plus élevés et les plus vastes du monde, qui furent le berceau des humanités, mais sont devenus aujourd'hui des déserts."

Vers Ispahan, 1904

Turquie (1877)

"[...] Dans les quartiers exquis et non profanés encore de la Suléimaneih et de Sultan-Sélim. Tantôt l'obscurité des petites rues funèbres, tantôt les lumières et les foules. Dans les cafés, des musiques d'Orient : violons tristes, qui gémissent des mélodies à fendre l'âme ; cornemuses qui chantent des vieux airs à voix aigre et plaintive et des campagnards, des Asiatiques, dansent entre hommes, en longues chaînes se tenant par la main [...]."

Aziyadé, 1879

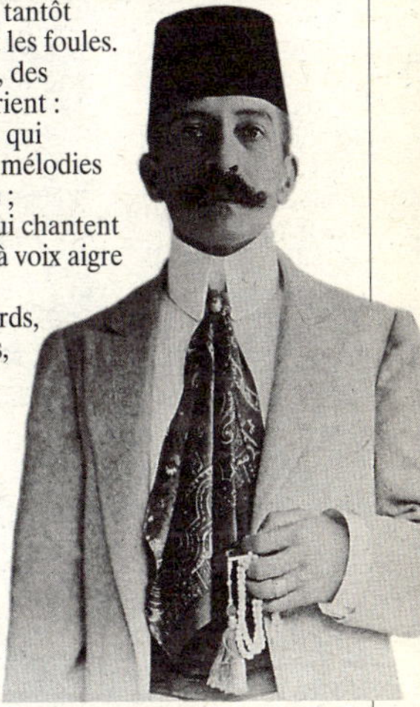

▲ Pierre Loti en Polynésie

❝Non, ceux-là qui ont vécu là-bas, au milieu des filles à demi civilisées de Papeete – qui ont appris avec elles le tahitien facile et bâtard de la plage et les mœurs de la ville colonisée –, qui ne voient dans Tahiti qu'une île où tout est fait pour le plaisir des sens et la satisfaction des appétits matériel – ceux-là ne comprennent rien au charme de ce pays. [...] Le charme de ce pays est ailleurs, et n'est pas saisissable pour tous...❞

Grandiose nature

❝Ecoutez le grand calme de cette nature, le bruissement monotone et éternel des brisants de corail ; – regardez ces sites grandioses, ces mornes de basalte, ces forêts suspendues aux montagnes sombres, et tout cela perdu au milieu de cette solitude majestueuse et sans bornes : le Pacifique.❞

❝Allez loin de Papeete, là où la civilisation n'est pas venue, là où se retrouvent sous les minces cocotiers, [...] les districts tahitiens, les villages aux toits de pandanus. – Voyez ces peuplades immobiles et rêveuses ; – voyez au pied des grands arbres ces groupes silencieux, indolents et oisifs, qui semblent ne vivre que dans la contemplation...❞

Le mariage de Loti, 1880

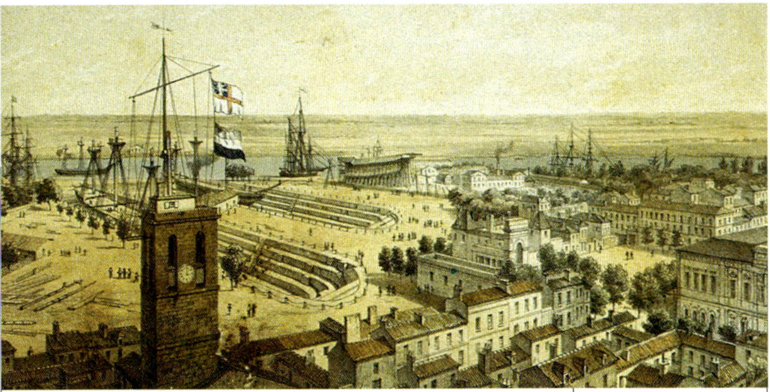

RUE TOUFAIRE

LA TOUR DES SIGNAUX. Ancien prêche des seigneurs protestants de Cheusses, cet édifice religieux devient, en 1687, la première église de la paroisse Saint-Louis. À la Révolution, la Marine récupère l'église et transforme le clocher en tour des signaux. Jusqu'en 1927, la tour des Signaux a servi de caserne aux marins de la Direction du port.

LES CASERNES MARTROU. La première caserne Martrou (rue Jean-Jaurès) est construite de 1668 à 1689 et affectée aux officiers ; elle sert de bagne de 1822 à 1829. C'est l'actuel Cercle mixte de garnison. La seconde caserne (rue du Port) est édifiée en 1865 dans le même enclos et abrite aujourd'hui les Archives et la bibliothèque de la marine.

RUE DE LA RÉPUBLIQUE ET RUE DU DR-PUJOS

HÔTEL MAC-NÉMARA. Né vers 1690 dans une très ancienne famille irlandaise, Jean-Baptiste Mac-Némara est chef d'escadre et commandant de la marine à Rochefort en 1750. C'est sans doute lui qui fit construire ce bel hôtel situé au n° 56 de la rue de la République, en face du théâtre de la Coupe d'Or, et dont on peut admirer la façade classique et les balcons ventrus.

LES FONDERIES. C'est l'un des trois grands bâtiments techniques de l'arsenal (avec la Corderie et le magasin aux vivres). D'après l'intendant Bégon, elles étaient parmi les «plus belles de l'univers». En 1750, l'intendant de Rochefort était chargé d'assurer pour Brest, Rochefort et Toulon la fourniture de plus de quatre mille canons. Les fonderies de Rochefort perdent de leur importance au début du XIXe siècle, lorsque la fonte des canons s'intensifie à Ruelle (Charente). Puis elles passent de l'artillerie aux constructions navales en 1839. Les fourneaux anciens sont démolis et elles deviennent une vaste usine où sont confectionnées les machines à vapeur. Sa façade (rue du Dr-Pujos) est ornée d'un remarquable fronton triangulaire.

L'INSCRIPTION MARITIME. Sur la place Dupuy se trouve l'immeuble de l'ancienne Inscription maritime et, en face, la gendarmerie nationale, construite en 1912 à l'emplacement du jardin botanique. En suivant la rue Toufaire vers la tour des Signaux, on longe, à gauche, la partie restante du mur qui clôturait le jardin de la Marine. Une des portes d'accès est encore visible au nord.

THÉÂTRE DE LA COUPE D'OR ♥
Construit au XVIIIe siècle à l'initiative privée d'un groupe de notables rochefortais sur les plans de l'architecte italien Berinzago, le théâtre (ci-dessous) fut racheté par la ville en 1852. La salle et le foyer furent alors modifiés de même que la façade. À l'intérieur, le plafond de la salle a été peint en 1884 de figures allégoriques, évoquant les arts, par le peintre Constantin. Ce théâtre dynamique est aujourd'hui un pôle culturel de la ville.

FONTE DES CANONS
Cet extrait de planche tirée de l'*Encyclopédie* de Diderot et d'Alembert montre l'opération consistant à sécher un moule de canon avant d'y couler le métal.

LE PORT DE PLAISANCE
Derrière l'hôtel de la Corderie se trouve l'entrée des deux bassins de l'ancien port de commerce qui ont été remis en eau pour la plaisance.

Devenus ports de plaisance Lapérouse et Bougainville, ils sont très fréquentés. À l'extrémité du bassin de Bougainville, le lycée technique régional a été le premier en France à enseigner l'utilisation des matériaux composites.

LES THERMES
Sous Napoléon III, un forage fut effectué en 1866 : on cherchait de l'eau potable, on découvrit une eau chaude, très fortement minéralisée – la plus forte concentration d'Europe – et aseptique. Mais une véritable station thermale ne vit le jour que dans les années 1960. Agrandie, elle connaît une belle expansion, grâce aux excellents résultats obtenus.

Dans la seconde moitié du XIXe siècle, tandis que l'arsenal se transforme, le port de commerce se développe. Installé d'abord dans l'arsenal sud, le port marchand est transféré à la Cabane carrée (actuel quartier de la Libération), et sur le chenal des vivres.

BASSINS À FLOT DU PORT DE COMMERCE. Sous Napoléon III, de 1859 à 1869, est construit un nouveau port de commerce comprenant deux bassins à flot (aujourd'hui bassins de plaisance), complétés, en 1890, par un troisième bassin, l'actuel port de commerce, qui connaît toujours une activité modeste mais régulière.

MAGASIN AUX VIVRES. Pendant plus de trois siècles, le magasin aux vivres, commencé en 1671, a conservé son affectation d'origine. C'est ici que commença la panification industrielle. Les caves de ces magasins pouvaient contenir près de six mille barriques de vin.

CASERNE CHARENTE. Ce que l'on appelle communément la caserne Charente fut d'abord un hôpital maritime, le premier construit à Rochefort et mis en service en 1683. Jean Cochon-Dupuy y crée en 1722 la première école d'anatomie et de chirurgie pour former, pour la première fois en France, des chirurgiens de marine. Après l'inauguration du nouvel hôpital maritime de Toufaire en 1788, l'édifice est transformé en caserne.

LE SECTEUR DE LA VIEILLE-FORME. On peut accéder à ce secteur un peu isolé par les portes fermant l'entrée des bassins 1 et 2. Achevée en 1671, la vieille-forme de radoub est l'œuvre collective de Colbert de Terron, de l'ingénieur François Le Vau, frère de Louis Le Vau, l'architecte de Versailles, et de l'amiral Duquesne, de passage à Rochefort. Après plusieurs tentatives infructueuses, Le Vau, sur un projet de Vauban, construit un dallage très solide pouvant supporter tous les navires à réparer. La première forme maçonnée du monde était née. Remise aux Ponts et Chaussées sous Napoléon III, dans le cadre du port de commerce, elle est allongée à 75 m de longueur utile et approfondie en 1878.

Dynamitée par les Allemands en 1944, puis envasée peu à peu, la vieille-forme est dégagée en 1981 et recreusée. Classée monument historique, elle a servi récemment à construire des chalutiers pour le Maroc.

L'HÔPITAL DE LA MARINE ♥. Il remplaça le premier hôpital, trop petit. Dû à l'ingénieur Pierre Toufaire, attaché au port depuis 1774, le nouvel hôpital de Rochefort (ci-dessus), construit entre 1783 et 1788, est le premier établissement hospitalier de structure pavillonnaire, limitant ainsi les risques de contagion. Il est désaffecté en 1985. L'école de chirurgie, située dans l'un des pavillons, a été conservée dans son état d'origine, avec le musée, la bibliothèque et la salle des actes, où étaient donnés les cours.

LES COURS. Avant même la démolition des remparts, la zone de servitude (actuels «Cours») située en avant de ceux-ci servait aux foires et fêtes foraines. Les revues militaires, qui s'y déroulent encore, ont pendant des décennies fait accourir les Rochefortais et les habitants des environs. L'aménagement actuel relie, dans une perspective agréable, l'hôpital de la Marine, bâtiment majeur de Rochefort, et la Vieille Paroisse, le plus ancien témoin de son passé.

LA VIEILLE PAROISSE. En 1666, lorsque le pouvoir royal s'empare de la seigneurie de Rochefort, il existe là une église médiévale, sans doute les restes d'un prieuré, qui sert d'église paroissiale aux hameaux alentour. Tout à côté, une petite place perpétue le nom de l'un d'eux, Pique-Mouche. Vétuste, l'église romane est fermée au XIXe siècle. Elle est actuellement le siège de la fort active Société de géographie, qui y expose ses intéressantes collections archéologiques : des objets du néolithique et de l'époque gallo-romaine, des mosaïques et des poteries saintongeaises du Moyen Âge au XVIIIe siècle.

LES REMPARTS
Située près de l'office du tourisme, l'échauguette (ci-dessous) demeure l'un des vestiges des remparts. Construits en 1675 par l'intendant Demuin, ils étaient, de l'avis même de Vauban, plus dissuasifs que défensifs. Pendant deux cent cinquante ans, ils donnèrent cependant à Rochefort un cachet de ville fortifiée. Les arbres, plantés tantôt sur le rempart tantôt au pied, assainissaient la ville et faisaient de l'enceinte une promenade appréciée des Rochefortais. Déclassés en 1921, les remparts furent démantelés en 1924, peu de temps après la mort de Pierre Loti, qui avait farouchement défendu leur maintien.

La Vieille Paroisse, le plus ancien témoin de l'histoire de Rochefort.

LE TRANSBORDEUR Ce pont présente un tablier métallique supporté par deux piles fichées sur chacune des rives du fleuve. Tel un téléphérique, la nacelle, transportant voitures, piétons et bétail, est suspendue au tablier par des câbles, et se déplace ainsi d'une rive à l'autre. Classé monument historique, il est désormais le seul en France et fonctionne à nouveau depuis 1994.

DU BAC AU VIADUC

AU TEMPS DES BACS. Pendant des siècles, du fait de la présence en amont des ports maritimes de Rochefort et de Tonnay-Charente, très actifs dans le passé, on ne pouvait passer le fleuve en aval, qu'en barques et en bacs, à Martrou et à Soubise (ci-dessus), ou, en amont, sur le pont de Tonnay-Charente ▲ *247*.

LES PONTS. Ferdinand Arnodin dépose son brevet pour les ponts transbordeurs en 1887. Le premier pont de ce type est construit en 1893 à Portugalete, en aval de Bilbao ; il est toujours en service, comme celui de Newport, en Grande-Bretagne. Inauguré le 19 juillet 1900, le pont transbordeur de Martrou fonctionnera soixante-sept ans. Sa capacité originelle était

«TRÈS CHANGEANTE CETTE RIVIÈRE, SOUMISE AUX MARÉES
ET À TOUS LES CAPRICES DE L'OCÉAN VOISIN.
NOUS LA FRANCHISSIONS DANS UN BAC OU DANS UNE YOLE [...]»
PIERRE LOTI, *LE ROMAN D'UN ENFANT*, 1886

de «cinquante piétons et neuf voitures à collier» ; la traversée durait quatre minutes. Rendu obsolète par le développement de l'automobile, le pont transbordeur échappe de peu à la démolition. Il est remplacé en 1967 par un pont à travée levante (ci-dessus, avant sa destruction). À son tour dépassé par une circulation automobile en continuelle expansion, le pont est également un obstacle important à la circulation des bateaux. Il est dynamité le 25 juillet 1991. Depuis, c'est un viaduc qui franchit la Charente d'une courbe audacieuse.

LES ÉTANGS DE LA CHARENTE. Du haut du viaduc, on découvre le plan du lagunage – l'un des premiers réalisés en France – où s'effectue, sur près de 35 ha de bassins, le traitement des eaux usées de Rochefort, avant leur rejet dans la Charente.

LA PRÉE HORTICOLE. Située de l'autre côté du centre commercial de Martrou, la prée horticole comporte des serres-relais, mises par la municipalité à la disposition d'horticulteurs, et la serre-conservatoire, qui abrite la plus importante collection de bégonias d'Europe. Cette serre pourvue des dernières innovations technologiques est un lieu de recherche, d'échange avec le monde entier. Elle est ouverte au public deux fois par semaine ◆ *265*. En même temps, le conservatoire assure l'assistance technique de la production intensive et la commercialisation d'un grand cru floral, le bégonia de Rochefort, créé ici même.

LE LAGUNAGE
Après avoir subi un prétraitement (dessablage, récupération des déchets...), les eaux usées passent dans plusieurs bassins où elles sont épurées graduellement par des micro-organismes qui se développent sous l'action du soleil, suivant le processus de la photosynthèse. Le grand nombre d'oiseaux présents sur les deux dernières lagunes qui sont gérées par la Ligue de protection pour les oiseaux (LPO), atteste de la qualité du résultat.

LA PRESQU'ÎLE DE FOURAS

1 ROCHEFORT
2 FOURAS
3 ÎLE D'AIX
4 SAINT-LAURENT-DE-LA-PRÉE
5 TONNAY-CHARENTE
6 ÉCHILLAIS
7 SOUBISE
8 SAINT-NAZAIRE-SUR-CHARENTE
9 PORT-DES-BA[RQUES]

UN SITE STRATÉGIQUE
Presqu'île étirée entre la baie d'Yves et l'estuaire de la Charente, Fouras est un site stratégique occupé depuis l'Antiquité. De nombreuses chartes médiévales attestent l'existence d'un seigneur et d'un château, d'un prieuré et de l'église Saint-Gaudens, «située hors du château».

FOURAS ♥

HISTOIRE DE LA FORTERESSE ● *17, 82.* Vers 1480, après les ravages de la guerre de Cent Ans, Jean de Brosse, conseiller du roi de France Charles VIII, construit le donjon. Place forte disputée par les protestants et les catholiques pendant les guerres de Religion, il échappe aux destructions des donjons de l'Aunis ordonnées par Richelieu après le siège de La Rochelle ▲ *129*. Sa position stratégique en fera même, après la création de l'arsenal de Rochefort en 1666 ▲ *210*, une pièce maîtresse de la défense des coureaux ● *82*. Vauban et Ferry renforcent alors le donjon, l'entourent de douves et de fortifications et font édifier le fort de Lapointe ▲ *249*, à l'embouchure de la Charente, et le fort de l'Aiguille, route de la Fumée. En 1810, le fort Enet, à l'extrémité

de la pointe de la Fumée, est construit sur l'ordre de Napoléon Ier alors qu'il donne aussi des instructions pour renforcer les défenses de l'île d'Aix et pour l'édification de fort Boyard.

Le fort. Déclassé par l'autorité militaire à la fin du siècle dernier, le fort Vauban accueille désormais l'office du tourisme, une radio locale et un musée d'ethnologie régionale qui présente des collections hétéroclites : maquettes de bateaux et du fort, tête de femme de facture gallo-romaine, cartes anciennes, affiches de la SNCF, costumes régionaux, etc., ainsi qu'une bibliothèque d'ouvrages sur l'histoire locale. De la terrasse du donjon, le panorama s'étend sur toute la région de La Rochelle à Marennes, les îles et l'arrière-pays.

Vauban (1633-1707)
Commissaire général des fortifications.

LA PRESQU'ÎLE DE FOURAS

À la fin du XIXe siècle, l'arrivée du chemin de fer provoque l'essor de la petite station de Fouras. Entre les deux guerres, elle devient une station familiale.

EMBARQUEMENT DE NAPOLÉON POUR L'ÎLE D'AIX, LE 8 JUILLET 1815
Sur la plage sud, une stèle élevée en 1928 commémore le passage de Napoléon Ier : c'est là qu'il foule le sol du continent pour la dernière fois. Après son abdication, l'empereur arrive à Rochefort le 3 juillet 1815, et, dans la soirée, une voiture à cheval l'emmène à Fouras. La frégate la *Saale* l'attend pour le conduire à l'île d'Aix, dernière étape avant l'exil. La jetée n'existe pas encore et il n'y a pas assez d'eau pour que la baleinière vienne jusqu'à la plage. C'est le marin Baud, dont les descendants vivent encore à Fouras, qui porte Napoléon sur ses épaules. Gaston Roullet (1847-1925) a peint l'événement en faisant une erreur : il a représenté l'embarquement de Napoléon sur la plage nord et non sur la plage sud.

NAISSANCE DE LA STATION BALNÉAIRE. Vers 1850, Fouras est encore une place forte militaire. Mais quelques années plus tard, les servitudes militaires, empêchant le développement des constructions en hauteur et près de la mer, sont levées, et la station balnéaire commence à se développer. Les vertus du sable, de l'eau et de la vase de Fouras vantées, entre autres, par le Dr Boutiron en 1881 et par le journal *La Lune* contribuent à l'urbanisation : les premières villas sont construites le plus loin possible de la forteresse, le long de la plage nord et dans le bois du casino. En 1884, la ligne de chemin de fer arrive jusqu'au centre ostréicole de la Fumée. Une halte à proximité du casino tout neuf permet aux Rochefortais de participer aux soirées élégantes qui s'y déroulent. De la petite gare, qui, jusqu'à la fin des années cinquante, reçut des wagons en provenance directe de Paris, il ne reste qu'une plaque commémorative, sur le bâtiment du centre d'hébergement, place Lamoureux. Avec le déclassement du fort, en 1888, la cité balnéaire se développe rapidement autour de l'église, de la mairie et en front de mer.

DES VILLAS BALNÉAIRES ● *90*. La plage nord est bordée de villas dans des jardins ombragés tel le castel moyenâgeux LES DUNES. Sur les hauteurs, les villas sont insérées dans le tissu urbain : place Bugeaud, LA TOURELLE, MIRAMAR, PAULETTE ; avenue du Général-de-Gaulle, les chalets jumeaux LE VALLON et ENET avec le petit kiosque ; rampe du

Marin-Braud (au-dessus du port sud), CASTEL-HORIZON, avec loggia et échauguette viennoises. Sur la hauteur, juste en face de la gendarmerie, la TOUR DES ROSIERS (1884) est un bel exemple de style médiéval revu par le XIXe siècle !

PLAGE SUD. Bien abritée du vent et ombragée par de beaux acacias, la plage est bordée, à gauche, par les pontons pour la pêche au carrelet ■ *48* et, à droite, par le petit port de la Coue, où les bateaux de plaisance ont remplacé la flottille de pêche de coureauleurs fourasins. C'est d'ici que partent les vedettes des pilotes qui accompagnent les bateaux de commerce entrant ou sortant de la Charente.

POINTE DE LA FUMÉE. Après le bois et la prairie du casino commence la presqu'île de l'Aiguille. À la fin du XVIIe siècle, on y construisit un fort ● *82*, aujourd'hui habité par un ostréiculteur. Baignée par les courants chauds marins, l'extrémité de la presqu'île, appelée pointe de la Fumée, est un haut lieu de l'ostréiculture ■ *42*, le premier centre national de captage de naissains d'huîtres. C'est le point de départ des bateaux réguliers pour l'île d'Aix ▲ *242*, ◆ *265*. Au large, le FORT ENET est une propriété privée mais on peut accéder sur l'îlot à pied à marée basse pour «gratter» le rocher à la recherche d'huîtres sauvages et pour traquer la palourde dans le sable des platains ■ *44*, ● *70*.

SAINT-LAURENT-DE-LA-PRÉE

L'église du village de Saint-Laurent-de-la-Prée a conservé de ses origines romanes la nef, le portail et la chapelle sud.

Au sud de Fouras, l'ancienne route de Saint-Laurent-de-la-Prée serpente au pied du relief de l'ancien littoral et longe de vastes étendues de marais : en empruntant les chemins perpendiculaires à la route, on peut traverser ces marais, découvrir la richesse de la faune et de la flore ■ *36* et atteindre la Charente.

DES VILLAS BALNÉAIRES ● *90*
Somptueuse réminiscence gothique, la villa La Jetée (en haut) domine carrelets, port de plaisance nord et centre nautique. Elle est aussi appelée château Bujaud, du nom de l'avocat qui en fut le premier propriétaire et qui prit une part importante dans la spéculation financière aux origines de la station balnéaire. En bas, le castel Richelieu, situé square des Franches, marie harmonieusement briques, bois et polychromie.

▲ Île d'Aix

1 Port
2 Bourg
3 Hameau de Bois Joly
4 Anse de la Croix
5 Jamblet
6 Pointe Saint-Eulard
7 Fort Liédot
8 Fort de Coudepont
9 Anse du Saillant
10 Fort de la Rade
11 Pointe Sainte-Catherine

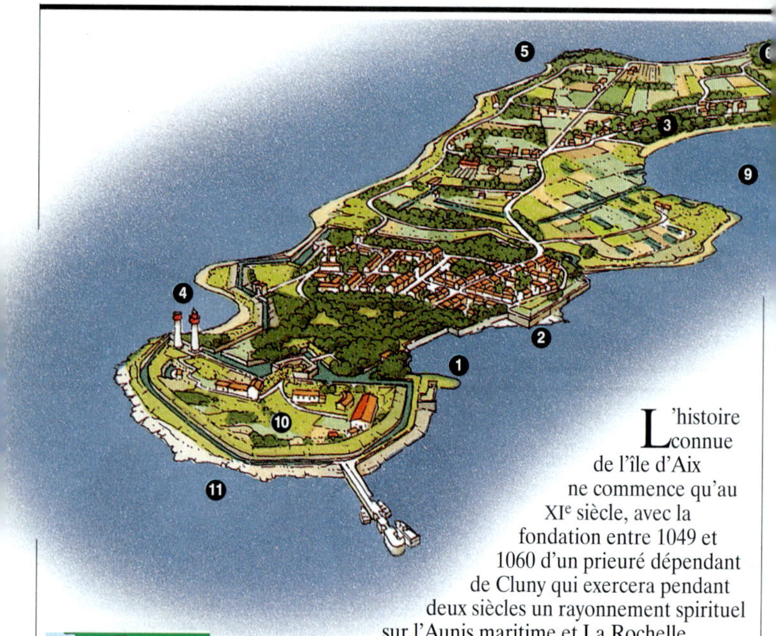

L'histoire connue de l'île d'Aix ne commence qu'au XIe siècle, avec la fondation entre 1049 et 1060 d'un prieuré dépendant de Cluny qui exercera pendant deux siècles un rayonnement spirituel sur l'Aunis maritime et La Rochelle. Clef du pertuis, l'île d'Aix sera l'un des enjeux de la rivalité dynastique des royaumes de France et d'Angleterre ● *17*, occasionnant raids et débarquements anglais dans l'île dès la fin du XIIe siècle et pendant le XIIIe siècle. Durant la guerre de Cent Ans, elle changera de mains plusieurs fois : après la défaite de Poitiers, en 1356, l'île est donnée aux Anglais, pour prix de la libération du roi Jean ; mais, en 1371, puis en 1383, Français et Espagnols en font le blocus et obligent ses habitants à se rendre. L'île en ruine voit alors les moines se réfugier au Vergeroux, sur le continent. Au XVe siècle, convertie à la religion réformée, l'île d'Aix est à nouveau la proie de combats, entre protestants et catholiques. Le prieuré est presque totalement rasé par les protestants. À l'aube du XVIIe siècle, la pauvreté et la misère sont telles qu'en 1691 seules neuf familles demeurent sur l'île.

Une île mal fortifiée. Au XVIIe siècle, Colbert, qui édifie l'arsenal de Rochefort ▲ *210*, établit un système défensif pour protéger les accès de la Charente ● *82*. L'île d'Aix, enfin dotée de forts, en est partie intégrante, aux côtés du fort de Fouras, de l'île Madame, de la citadelle de Saint-Martin-de-Ré et du

La dernière île
L'île d'Aix (3 km de long sur 700 m de large) reste la seule île véritable du département. Les autres îles sont reliées au continent, soit par une chaussée découverte à marée basse (île Madame), soit par un pont (îles de Ré et d'Oléron).

Château-d'Oléron. Malgré les fortifications, l'île est prise le 21 septembre 1757 par l'amiral anglais Hawke, qui y débarque avec trois mille hommes ; le donjon de Vauban, terminé en 1702, est alors détruit. Parmi les différents projets destinés à protéger l'île, celui de Montalembert, en 1780, le plus élaboré, ne mènera qu'à des fortifications de bois, supervisées par un lieutenant du Génie, Choderlos de Laclos, futur auteur des *Liaisons dangereuses*. Il faudra attendre Napoléon Ier pour que l'île soit enfin dotée de défenses côtières durables. Du second Empire à la fin de la Grande Guerre, le fort de la Rade et le fort Liédo sont surtout employés, occasionnellement, comme prisons. Avec la fermeture de l'arsenal de Rochefort, la garnison de l'île est retirée et les forts désaffectés. L'ère du tourisme prendra le relais. Si de nos jours l'île compte moins de deux cents habitants permanents, elle accueille environ cent vingt mille touristes pendant l'été.

NAPOLÉON IER DANS L'ÎLE
En 1815, au lendemain de la bataille de Waterloo, Napoléon se retrouve à l'île d'Aix, pour quelques jours, avant de se livrer aux Anglais et de partir en exil à Sainte-Hélène.

LE BOURG

Une traversée de vingt minutes au départ de la pointe de la Fumée ▲ *241*, ◆ *265* permet de rejoindre l'île, dont l'accès est interdit aux voitures. D'emblée, on est frappé par le caractère de petite ville fortifiée de ce modeste bourg, qui lui est donné par l'enceinte à la Vauban ● *82* l'enserrant. Une fois passé le pont-levis jeté sur les douves, on découvre un village à l'urbanisme militaire. Les rues se croisent à angle droit tandis que la place Austerlitz, grand triangle herbeux planté de cyprès centenaires, rappelle qu'elle fut un lieu de rassemblement de troupes. Napoléon, en personne, y aurait fait manœuvrer, le 9 juillet 1815, une compagnie du 14e régiment de marine. Le bourg, dont presque toutes les rues portent des noms napoléoniens, est essentiellement consacré au souvenir de l'Empereur. À l'exception de quelques bâtiments en pierre de taille à étage qui étaient destinés autrefois aux officiers, les maisons de pêcheurs à toits de tuiles sont basses ● *94*, pour être à l'abri des vents marins et des boulets de canons. Dans cet univers de remparts gris, les roses trémières s'épanouissant au soleil devant les maisons ajoutent leurs nuances aux crépis colorés des murs.

L'AFFAIRE DES BRÛLOTS
En avril 1809, un convoi français de douze bâtiments attend son départ pour les Antilles dans la rade des Basques. Surpris par une escadre britannique de soixante-treize vaisseaux, le convoi est contraint de se réfugier en rade de l'île d'Aix. Les Anglais lancent alors des brûlots, navires sans équipage bourrés d'explosifs, sur la flotte française, provoquant sa destruction. Au lever du jour, seuls deux bâtiments français demeurent à flot. La résistance du *Régulus* et de son équipage, qui réussit après un combat héroïque à se réfugier en Charente, inspira au peintre de marine Charles Fouqueray une immense toile (détail ci-dessus), qui orne aujourd'hui la salle du Conseil de la mairie de Fouras ▲ *238*.

L'ÉGLISE. Du riche monastère des moines de Cluny, détruit lors de la guerre de Cent Ans et lors des guerres de Religion, il ne subsiste que le transept, une absidiole et la crypte. Dans le chœur, quelques marches conduisent à la crypte qui date du XIe siècle. Jadis des ossements s'y trouvaient empilés, notamment ceux des prêtres réfractaires qui, sous la Terreur, furent emprisonnés dans les entreponts de deux navires négriers Le *Washington* et Les *Deux-Associés*, mouillés au large de l'île. Sous-alimentés et sans soins, ils moururent par dizaines. Dans les années soixante-dix, lors de la restauration de l'église, ces ossements ont été rassemblés dans un ossuaire, près de l'autel.

MAISON DE L'EMPEREUR. Consacrée au souvenir de Napoléon Ier, elle occupe l'ancien logis édifié pour le commandant de la place sur ordre de l'Empereur. En 1928, le baron Gourgaud, descendant de l'aide de camp qui avait accompagné Napoléon Ier à Sainte-Hélène, alerté par un journaliste du *Matin*, racheta la maison de l'Empereur, laissée à l'abandon, pour la transformer en musée. La baronne Gourgaud continua l'œuvre de son mari en la faisant classer monument historique et chaque nouvelle année marque un enrichissement du musée. Dans les dix salles sont exposés de nombreux souvenirs : l'épée du général Bonaparte, des reliques venues de Sainte-Hélène (le masque mortuaire, un fragment du cercueil ou le voile de soie violette recouvrant le catafalque à bord de La *Belle Poule* lors du retour des cendres). La chambre où coucha Napoléon Ier et où il écrivit

sa lettre de reddition reste l'endroit le plus envoûtant. Détail émouvant : toutes les pendules de la maison sont arrêtées à 5 h 49, l'heure de la mort de l'Empereur.

MUSÉUM AFRICAIN ♥. Situé en face de la maison de l'Empereur, dans d'anciens bâtiments militaires, le muséum est très représentatif de la muséograpie des années trente. Il expose une collection ethnographique et zoologique réunie par le baron Gourgaud entre 1913 et 1931. De vastes dioramas reconstituent la faune et les paysages africains ; sont également présents des animaux naturalisés – girafes, buffles, oiseaux –, dont le célèbre dromadaire blanc que Bonaparte chevaucha lors de la campagne d'Égypte de 1798-1799.

LE TOUR DE L'ÎLE ♥

Après avoir franchi à nouveau les douves sur un pont-levis, un chemin carrossable conduit au hameau du Bois Joly, d'où part le sentier de douanier qui fait le tour de l'île : une agréable promenade de deux à trois heures à faire à pied.

LA FAÇADE NORD. S'étendant entre le bourg et la pointe de Coudepont, la côte rocheuse est entrecoupée de petites plages. Depuis l'anse de la Croix, l'un des mouillages les plus courus de l'île, le promeneur atteint la plage encaissée entre les batteries de Tridoux et du Jamblet. Estran rocheux ● *44* au nord-ouest de l'île, Jamblet est le paradis des pêcheurs à pied ● *70,* qui peuvent y ramasser crevettes roses, crabes, palourdes et surtout huîtres sauvages, mais seulement deux fois par an, à des dates fixées par les Affaires maritimes. Cette pêche est réservée aux amateurs, car il n'y a plus de pêcheurs professionnels à Aix. À la pointe Saint-Eulard, au nord de l'île, la côte rocheuse se festonne encore de quelques criques de sable, à l'ombre des pins. La vue s'étend sur la rade des Basques, ainsi nommée en souvenir des baleiniers de Saint-Jean-de-Luz qui faisaient escale ici. Le chemin s'enfonce ensuite en sous-bois au milieu des vestiges des anciennes batteries de l'île (Saint-Eulard, la Tente, Fougères, etc.).

LA NACRE
Dans l'île, une seule industrie, celle de la nacre. Depuis 1952, la famille Gallet réalise, à partir de coquillages importés d'Océanie, des objets-souvenirs, des modèles exclusifs et des bijoux. Une aventure commencée dans la salle à manger familiale avec une machine rudimentaire qui faisait rire sous cape les îliens. Mais ces produits nouveaux remportent un vif succès. La boutique-atelier emploiera jusqu'à quinze personnes ; aujourd'hui, ils sont encore trois en hiver pour la fabrication et huit en saison pour la commercialisation, car la vente a depuis longtemps dépassé les frontières de l'île. Désormais personne ne rit plus du «monsieur à la nacre», et les caisses de coquillages venues d'Asie ou d'Océanie sont les bienvenues.

FORT LIÉDOT ● *82.* Posté au milieu des bois, il fut construit sur des plans de Napoléon Ier en 1808. Au cours du XIXe siècle, il servit à plusieurs reprises de prison (soldats russes en 1854, après la guerre de Crimée ; communards, après 1871 ; forçats en partance pour la Guyane en 1886 ; prisonniers allemands, entre 1914 et 1918). Il retrouva cette vocation carcérale entre 1959 et 1961, lorsque des leaders algériens du FLN, dont Ben Bella, y furent emprisonnés. Remis en état, le fort sert aujourd'hui à des manifestations culturelles et devrait abriter prochainement un musée retraçant l'histoire de l'île.

FORT DE COUDEPONT. Le fort de Coudepont a été racheté par un scientifique, M. Pécherat. Correspondant de sociétés botaniques dans le monde entier, il a acclimaté des espèces exotiques, tels l'eucalyptus, le cyprès de Californie, l'arbre à corail ou le très curieux arbre du Brésil aux tiges couvertes de grosses épines. Le fort sert également de station de relevés météorologiques pour la Météorologie nationale.

ANSE DU SAILLANT. Appelée aussi l'anse des Vases, elle forme la côte sud de l'île et abrite des parcs à huîtres ■ *42* qui sont, après le tourisme, l'une des principales ressources de l'île. En sortant de l'anse, le chemin s'élève dans la partie boisée de pins et de chênes verts pour aboutir, entre deux petites falaises, à des criques presque sauvages qui font penser à Porquerolles, et dont certaines, comme Baby Plage, sont le mouillage de rêve des plaisanciers. La promenade s'achève à la pointe Sainte-Catherine, extrémité sud de l'île, et au fort de la Rade.

FORT DE LA RADE. Construit en 1810 sur ordre de Napoléon, il fut terminé en 1837. On aperçoit encore des traces des fortifications originelles de Vauban, dont une citerne voûtée. Restauré, le fort a été transformé en village de vacances (ci-dessous). L'enceinte abrite deux phares jumeaux qui balisent les dangers du haut-fond de Boyard.

OISEAUX DE L'ANSE DU SAILLANT ● *46*
Le rivage de sable et de vase du Saillant abrite de nombreux oiseaux : pluviers argentés, bécasseaux, chevaliers gambettes, courlis, goélands argentés ou mouettes rieuses.

TONNAY-CHARENTE

On arrive à Tonnay-Charente par la «ville haute», bâtie sur le versant d'un coteau dominant la Charente. Une église gothique y a été édifiée à la fin du XVIe siècle ; elle a conservé de ses origines romanes son portail et la base de son clocher.

LE PORT. Dès le Moyen Âge, l'activité portuaire est intense : par Tonnay-Charente transitent le sel des marais de Seudre et de Brouage vers l'arrière-pays, tout comme le vin et les produits artisanaux des vallées de la Boutonne et de la Charente vers le littoral et les pays nordiques. Au XVIIe siècle, grâce à la production d'eau-de-vie, la ville devient l'un des premiers ports d'exportation : les eaux-de-vie de Charente et d'Angoumois y sont stockées avant d'être expédiées à La Rochelle, à Bordeaux ou à l'étranger. Les quais, construits au XIXe siècle, sont bordés de nombreuses maisons et entrepôts du XVIIIe siècle. Aujourd'hui, le port voit son activité essentiellement liée à l'importation. Les exportations, quant à elles, sont surtout constituées de produits agricoles régionaux : depuis 1971, les eaux-de-vie ne transitent plus par Tonnay-Charente.

LE PONT SUSPENDU. Située sur la route royale reliant Bordeaux à Saint-Malo, Tonnay-Charente a toujours été un important point de franchissement de la Charente. Depuis le XIIIe siècle, plusieurs ponts ont enjambé le cours d'eau ; des bases de pile ont été trouvées au fond du fleuve. Au XVIIe siècle, un bac prit le relais. Le pont suspendu, commencé en 1841 et inauguré onze mois plus tard, le 21 avril 1842, a été fermé à la circulation automobile en 1964. Les piétons et les cyclistes continuent de l'emprunter – ce qui leur épargne un grand détour par le pont Saint-Clément, à 2 km en amont. La vue sur le fleuve y est magnifique.

LE CHÂTEAU. Le château fort de Tonnay-Charente était le siège d'une principauté ayant appartenu durant plusieurs siècles à la famille de Rochechouart-Mortemar. Il a fait place au début du XVIIIe siècle, à une demeure dont la terrasse domine la Charente et les quais. Elle est encadrée par deux tours plus anciennes et couverte d'une toiture basse cachée par des balustres.

LE PONT SUSPENDU
Prenant appui sur un haut massif rocheux sur une rive et fiché dans les marais sur l'autre, le pont est dépourvu de piles, ce qui facilite le trafic fluvial, et relativement perché, ce qui autorise le passage de navires ayant un grand tirant d'air. Dominant de 23 m les quais, il permettait aux bateaux, même durant les grandes marées, de passer en calant leur perroquet (voile haute). Son tablier de 90 m se prolonge sur la rive gauche par une rampe de 407 m, supportée par d'élégantes piles en ogives.

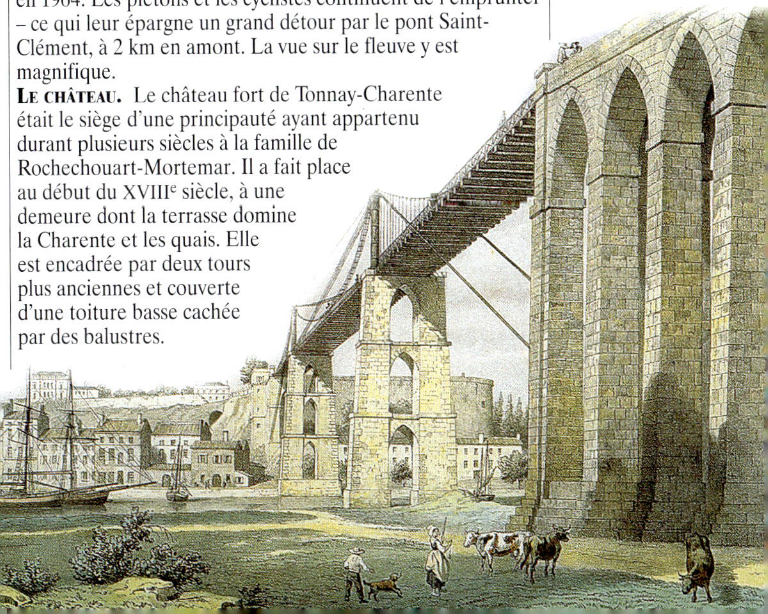

Notre-Dame d'Échillais ● *92*
De superbes motifs géométriques, fleurs et feuillages, animaux et monstres, semblent se perdre dans la paroi ou s'en détacher en fonction de la lumière de la journée.

Il y a à peine plus d'un millénaire, le rivage de l'ancien golfe de Saintonge était baigné par l'Océan, aujourd'hui distant d'une dizaine de kilomètres ■ *34*. Les conditions climatiques exceptionnelles des lieux permirent de produire dès le Moyen Âge un élément essentiel à l'alimentation et à la conservation : le sel ● *25*. Toute cette côte, aujourd'hui paisible, est donc chargée d'histoire, une histoire intimement liée à celle du sel, cet or blanc qui justifia des siècles de complots, d'intrigues et de guerres.

Soubise
Jusqu'à la fin du siècle dernier, le trafic portuaire était intense sur la Charente : gabares convoyant sel, grain et vin, bateaux de pêche, navires de guerre... Aujourd'hui, quelques cargos la sillonnent encore, mais ce sont surtout les bateaux de pêche qui l'animent. Sur la rive opposée à Soubise, l'appontement du bac permettait, jusque dans les années soixante, de franchir le fleuve sans avoir besoin de passer le Martrou ▲ *236*.

Échillais

Église Notre-Dame ♥ ● *92*. L'église Notre-Dame est une des perles de l'art roman saintongeais et la plus occidentale de ces églises, presque sur l'ancienne côte. Il faut voir sa façade en début d'après-midi, lorsque le soleil marin l'illumine et révèle la profusion de ses sculptures : Christ, anges portant des encensoirs, Annonciation, divers saints, joueur de viole, anges portant un petit personnage. Le gros masque engoulant le pilier inférieur gauche de l'église, la «grand-goule», est sans doute la sculpture romane la plus photographiée du département. À côté, une sirène tient un poisson et peut-être un disque timbré d'une croix. Les éléments de corniche (modillons, métopes, chapiteaux) sont intéressants tant à la façade qu'au chevet en abside. L'intérieur a subi des remaniements importants au XVIIe siècle.

Soubise

Saint-Hilaire. À l'entrée de Soubise, on aperçoit un hameau d'où émergent les toitures d'un pigeonnier et d'une tour bâtie vers 1600 ; l'une et l'autre achèvent de se ruiner. L'ancien château, loti, est devenu le centre d'un hameau.
Une ancienne place forte. Le château de Soubise, qui relevait de la seigneurerie de Chatelaillon, a été édifié au IXe siècle pour surveiller la Charente. Ce point fort suivit la destinée de l'Aquitaine et passa alternativement des

LES BAINS DE MER Station balnéaire au début du siècle, Port-des-Barques a conservé des chalets peints de couleurs vives et des villas, telles *Les Tourelles* ● *90*, un castel anglo-saxon de brique et de pierre couronné de créneaux.

Français aux Anglais. Au XVIe siècle, il appartint aux Rohan, ralliés aux idées calvinistes. Du Soubise ancien, il reste bien peu... Le château, plusieurs fois incendié, fut rasé durant les guerres de Religion.

L'ÉGLISE. Détruite en grande partie pendant les guerres de Religion, elle a conservé quelques fenêtres et quelques chapiteaux historiés romans, et une splendide voûte de clocher. Plusieurs fois foudroyé et rebâti, ce dernier, qui servait d'amer pour entrer en rade d'Aix, ne fut jamais remonté après son dernier effondrement, le 31 août 1818. Au XVIIIe siècle, on masqua les ruines avec une façade classique, qui achevait une nef en plein cintre. Une litre rehaussée des armes des Rohan se déroule sur les murs.

LA MAIRIE DE SOUBISE ♥. Cette belle demeure du XVIIe siècle de style Renaissance fut occupée en 1690 par les Filles de la Charité, qui en firent un hospice. Ses qualités architecturales laissent entrevoir avec nostalgie les autres somptueux bâtiments qui entouraient la place des Aires : le prieuré, le chai du prince, celui du prieur, le four banal, ainsi que les maisons des marchands et des bourgeois.

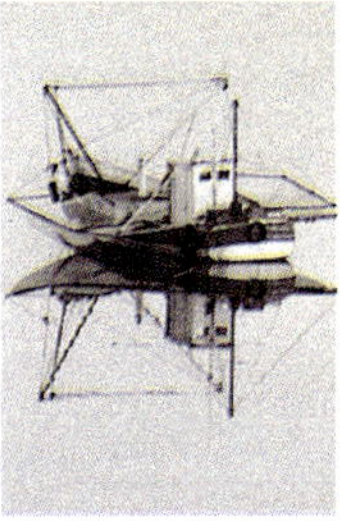

LES «PIBALOUS» Armés de leurs deux filets latéraux, telles des libellules, ces bateaux vont par dizaines, l'hiver, sur la Charente pêcher la pibale (nom local des civelles ou alevins d'anguilles) ■ *48*, ▲ *194*.

SAINT-NAZAIRE-SUR-CHARENTE

FONTAINE DE LUPIN ♥. Construite en 1670 par le chevalier de Clerville, elle assurait le ravitaillement en eau douce des navires de guerre. Située près de l'embouchure, elle leur permettait de descendre lège depuis Rochefort – donc de gagner du temps sur la marée – ou, s'ils mouillaient en rade, leur évitait d'avoir à remonter jusqu'à l'arsenal. Son fronton, démonté, est conservé au musée de la Marine de Rochefort.

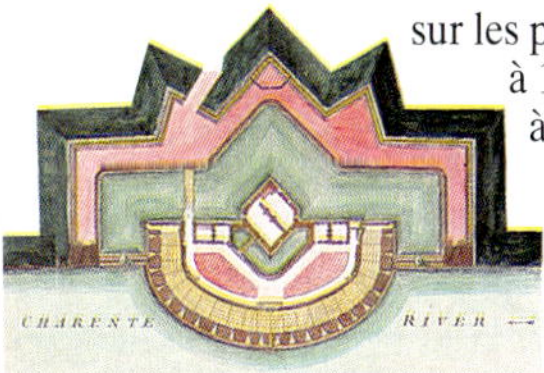

FORT LUPIN ♥ ● *82*. Ce fort fut construit sur les plans de Vauban de 1683 à 1686 pour défendre l'accès à Rochefort et protéger la Fontaine de Lupin. Sa façade semi-circulaire surplombe le fleuve et entoure le donjon, protégé par des fossés éclusés.

ANNE DE ROHAN Avant d'être occupée par les Filles de la Charité, l'actuelle mairie de Soubise, fut la «maison du Roy» : Louis XIV avait fait de la célèbre Anne de Rohan sa maîtresse.

PORT-DES-BARQUES

La station balnéaire de Port-des-Barques s'étire le long de la Charente et y égrène ses bateaux de pêche. Sur la rive oppposée, le FORT DE LA POINTE, dit fort Vasoux ● *82,* est aujourd'hui une propriété privée. Il a été édifié dans sa forme actuelle au XIXe siècle et apparaît comme posé sur la vase, entre roseaux, ajoncs et autres plantes aquatiques ■ *36.*

Le pèlerinage de l'île Madame
Chaque année, le 15 août, un pèlerinage perpétue la mémoire des prêtres réfractaires entassés entre 1792 et 1794 sur de vieux navires désarmés, les fameux pontons, que l'on mouilla au large de l'île d'Aix et dans l'estuaire de la Charente.

Île Madame ♥

On accède à cette petite île (1 km de long sur 600 m de large) après avoir franchi, de préférence à pied, la passe aux Bœufs, qui ne découvre qu'aux basses-mers, et après avoir calculé la marée !

La croix de galets. L'île Madame conserve la trace d'un douloureux moment de notre histoire. Les décrets de décembre 1790, avril 1791 et août 1792, faisaient obligation au clergé de prêter serment à la Constituante. Les prêtres qui ne se soumettaient pas, qualifiés de réfractaires, devaient quitter le territoire national ou étaient déportés en Guyane. De 1792 à 1794, des milliers de prêtres, enchaînés, furent amenés vers Bordeaux, Rochefort et Nantes, dans l'attente d'un départ pour la Guyane qui ne vint jamais. Les deux tiers des cinq mille captifs moururent. Sur l'île, appelée alors Citoyenne, fut établie une infirmerie, puis furent regroupés les ossements retrouvés çà et là, tout particulièrement sur les plages de l'île d'Aix, où l'on avait enfoui les corps.

Le fort ● *82*. Implanté sur la côte nord-ouest de l'île, un fort domine à 18 m au-dessus du niveau de la mer. Cet édifice, protection essentielle de l'arsenal de Rochefort, fut construit en 1704 et sans cesse modernisé et complété de batteries. Ses feux croisent avec ceux de Fouras. Au bout de l'île, la passe aux Filles découvre aux grandes marées, et, bien loin, sur les palles, on peut pêcher des coquillages. Pour joindre Moëze, il faut passer par Piédemont et Font-Renaud : la route longe d'abord la côte, ménageant une vue superbe sur les pertuis, puis serpente dans les marais, regorgeant d'une grande richesse botanique et animale ■ *36*.

Clocher et croix hausannière de Moëze ● *92*.

Moëze

Un clocher gothique pour amer. Moëze se trouvait jadis en front de mer, à la naissance de la presqu'île de Saint-Froult. Son clocher gothique flamboyant ne doit sa survie qu'au fait qu'il servait d'amer. Une monumentale croix hausannière se dresse dans le cimetière, sur un plan de petit temple grec à la sculpture fine et abondante de style corinthien ; elle porte l'inscription *Hosanna in excelsis*. Érigée au milieu du XVIe siècle, elle atteste l'arrivée de la Renaissance en Saintonge.

Le colombier de Montierneuf
Il pouvait accueillir trois mille pigeons ! Sa coupole s'est effondrée en 1965.

Saint-Agnant

Pour atteindre Saint-Agnant, il faut franchir le canal reliant la Charente à la Seudre. Ce dernier, en apportant au bassin ostréicole l'eau douce indispensable à la

bonne croissance des huîtres, remplit un rôle essentiel. Dans l'église de Saint-Agnant, un ex-voto peint du XVIIIe siècle représente un navire dans le fleuve Saint-Laurent.
Abbaye de Montierneuf. (À 1 km de Saint-Agnant, dans la direction de Saint-Hippolyte) L'ancien prieuré, établi en 1068 sur le front de mer d'alors, garde, en témoignage de son passé, un porche fortifié surmonté de machicoulis, un linteau portant la date 1598, et, surtout, un magnifique colombier à lanterne du XVIe siècle. Il était destiné à recueillir la colombine (fiente) ; l'exploitation de cet engrais particulièrement fertilisant est demeurée un monopole seigneurial jusqu'à la Révolution.

Les Comminge
Cette famille s'établit à Saint-Fort au XVIIe siècle. Comme bien d'autres, elle s'installe en Saintonge pour le sel, lequel explique presque à lui seul l'histoire de cette province. De la gloire des Comminge, il ne demeure qu'une crypte cachée dans les sous-sols d'une maison particulière. Leur château fut remplacé en 1784 par une demeure, à son tour détruite...

Trizay

Abbaye Notre-Dame-de-Trizay ♥. Surgissant à la sortie d'un bois, les vestiges de ce prieuré de la Chaise-Dieu fondé par un seigneur de Tonnay-Charente, au début du XIIe siècle, surprennent par leur ampleur. Cet édifice énigmatique présente une abside très large (23 m), à cinq côtés, avec trois absidioles, celle du centre étant la plus grande. Des couloirs obliques, logés dans l'épaisseur du mur, la relient aux chapelles latérales. À l'ouest, la ruine est ouverte, le terrain s'abaisse brusquement. Était-ce un édifice à plan centré ou une église se prolongeant par un transept et une nef ? Le projet initial a-t-il été mené à terme ou arrêté en raison de la nature marécageuse du sol ou pour d'autres raisons ? Comment était couverte la partie qui subsiste aujourd'hui ? La présence d'un escalier au nord-est laisse supposer l'existence d'un clocher mais des fouilles seraient nécessaires pour sortir des hypothèses. La construction est soignée, la sculpture de bonne qualité. On décèle des liens avec l'église haute de Saint-Eutrope de Saintes (oculi, chapiteaux à lions). Au XVe siècle, on réalisa un décor peint. L'ancienne salle capitulaire aux arcades polylobées, le réfectoire du XIIe siècle, l'entrée du XVIIe siècle montrent l'importance ancienne des bâtiments conventuels.
Saint-Fort. Ce petit village est un lieu symbolique, puisque, bâti sur la côte surplombant jadis la mer, il commandait l'entrée d'un golfe maritime, aujourd'hui comblé. Ici s'élevait un petit château dont les occupants étaient bien décidés à défendre l'accès de ce havre privilégié. La route à partir de Saint-Fort longe l'ancienne côte. À droite, s'étendent les marais de Brouage.

Saint-Jean-d'Angle

Dans le bourg, une belle halle, des fenêtres à meneaux et une tourelle dérasée témoignent d'une opulence manifeste : au XIIIe siècle, alors que Rochefort n'était encore qu'une grosse seigneurie, Saint-Jean-d'Angle, comme

CHÂTEAU DE SAINT-JEAN-D'ANGLE ● *74*
Remanié au XVe siècle, il fut la propriété de la famille de Saint-Gelais-Lusignan, d'Alexandre Dupuy, généralissime des troupes de la République de Venise au XVIIe siècle, puis des Verthamon, parlementaires bordelais du siècle suivant. Le château, en ruine, n'est visible que de loin.

LA TOUR DE BROUE
Juchée sur la falaise et dominant un golfe aujourd'hui comblé, elle surveille vainement un horizon d'où n'arrivent plus que des brumes matinales à peine marines. C'est ici que l'on situe, entre autres lieux, le port des Santons cité par Ptolémée, aboutissement de la voie romaine de Lyon à l'Atlantique via Saintes ; à quelques mètres sous le sol gisent peut-être des quais, des anneaux d'ancrage, des épaves.

Marennes, ports maritimes enrichis par le commerce du sel, étaient déjà des cités prospères.

L'ÉGLISE. Cette église est une leçon d'architecture sur cinq siècles : carré du transept roman, avec coupole sur trompe elliptique, sanctuaire et bas-côtés du XIIIe siècle, nef et clocher-porche (dépourvu de sa flèche) gothique flamboyant des XVe et XVIe siècles. À l'intérieur, les clefs de voûtes figurent les armes des Verthamon, une famille du Limousin établie en Saintonge et en Poitou.

LA TOUR DE BROUE ♥

Il faut quitter la route qui longe la falaise surplombant le golfe de Saintonge pour plonger au fond de ce qui était l'Océan ! Une longue ligne droite de 10 km traverse la campagne où nul arbre, hormis les peupliers plantés le long de la route, ne vient interrompre le regard. Nulle habitation, à perte de vue, à l'exception de deux ou trois abris de pierre, aujourd'hui délaissés, puis, sur la gauche, un groupe de bâtiments, une faible pente : c'est l'île Marteau, qui culmine à 3 m. Au pont de la Bergère, qui franchit le canal de Broue à Brouage, tourner à gauche pour s'acheminer vers le fond du golfe et découvrir les vestiges majestueux de la tour de Broue ● *74*. Bâtie au XIe siècle, cette forteresse du golfe protégeait un village et un port de commerce où les navires venaient charger le sel ● *25*. Au XVIe siècle, l'envasement progressif du golfe et la nécessité pour les navires de charger plus près du rivage présidèrent à l'abandon progressif de Broue, générant ainsi Brouage ▲ *258*.

LA GRIPPERIE-SAINT-SYMPHORIEN

Après le village de La Gripperie, sur la droite, un panneau indique le chemin d'une église du XIIe siècle. Bientôt, sous les chênes, apparaît une petite fontaine blanchie à la chaux. La tradition veut que le 22 août, à minuit, la source d'eau douce jaillissant de cette fontaine se mette à bouillonner ; jadis les paralytiques s'y précipitaient, espérant guérir...

«JE SUIS DE CE PAYS DE TRANSHUMANCE
POUR LES OISEAUX ET POUR LES CIELS,
[...] UN PAYS QUI SE PARE DES TULLES DE LA BRUME,
UN PAYS SUSPENDU SUR LES LENTILLES D'EAU» JEAN HUMBERT

VOYAGE AU FOND DE L'OCÉAN
De la tour de Broue, le panorama s'étend sur tout le golfe de Saintonge. Il faut l'imaginer baigné par l'Océan jusqu'à la fin du Moyen Âge : il était alors envahi par des flottes entières de navires marchands venus, à Broue ou à Saint-Symphorien, plus tard à Brouage ▲ *258*, pour prendre livraison de leur précieuse cargaison de sel à destination des ports de la mer du Nord ● *25*. Les habitants des îles du golfe étaient alors agriculteurs, pêcheurs et sauniers. Ils rejoignaient à la voile, lors des foires annuelles, Saint-Jean-d'Angle ou Saint-Symphorien pour y échanger leur récolte contre des marchandises de première nécessité. Et, lorsqu'il y avait gros temps, ils gagnaient hâtivement un havre aujourd'hui occupé par des plantations de tournesol... Le passeur et son navire, qui devaient relier Saint-Just à Saint-Jean-d'Angle ou Saint-Symphorien, ont, eux, été remplacés par une monotone route goudronnée.

Loutres.

ÉGLISE DE SAINT-SYMPHORIEN
À gauche de la fenêtre supérieure, deux personnages, de facture très primitive, s'inclinent l'un devant l'autre. L'interprétation chrétienne en fait une représentation de la Visitation.

SAINT-JUST-LUZAC
Face à l'église gothique de Saint-Just-Luzac ● *92* (ci-dessous), une demeure présente une fenêtre Renaissance au décor richement travaillé (détail ci-dessus).

Un chemin pentu mène ensuite à ce qui fut, jusqu'au XVIIe siècle, le port de Saint-Symphorien ; les deux chemins qui demeurent se perdent vite dans le marais ; ils dessinent comme des digues enserrant un havre. Sur la gauche, le site de l'église est très ancien, comme l'atteste le réemploi, sur la façade du XIIe siècle, de sculptures gallo-romaines, qui ont été insérées à l'intérieur du groupe des vieillards de l'Apocalypse.

SAINT-SORNIN ♥

L'ÉGLISE ● *92*. L'église romane érigée au cœur de ce beau village a été remaniée au fil des siècles. Une remarquable restauration a permis de restituer ses volumes, ses décors et les sols pavés de faïence d'origine. Dans le chœur, des peintures murales du XVIIe siècle ont été mises au jour.

NIEULLE-SUR-SEUDRE

C'est sur cette ancienne île qu'est exploité le dernier marais salant ■ *40*, ● *68* des rives de la Seudre. L'établissement de Nieulle est attesté dès 1228 : le seigneur de Mornac donne aux moines de La Garde un marais pour qu'ils y élèvent des seiches. Pour leur chair, mais surtout pour l'encre qu'elles fournissaient ! Nieulle-sur-Seudre regroupe, en fait, deux villages : le PETIT-NIEULLE, protestant, regroupé autour du temple ; le GRAND-NIEULLE, catholique, blotti autour de son église. Car, si l'on ne s'affronte plus, on ne se mélange pas !
PORT DE PARADIS ♥. Cet appontement, bordé de cabanes ostréicoles ■ *42* où viennent accoster les lasses ● *54* chargées d'huîtres, accueillait jadis les équipages de morutiers à leur retour des campagnes de pêche sur les bancs de Terre-Neuve. Le chenal de Pelard relie ce port à la mer. Il y a un siècle, large de 100 m et profond de 5 m à son embouchure, il conduisait encore des navires de 200 tonneaux jusqu'à Nieulle.

SAINT-JUST-LUZAC

Les moulins à vent, aujourd'hui sans ailes, jalonnent la côte. En 1826, Charles-Esprit Le Terme ▲ *255* en dénombra deux cent cinquante-neuf !
ÉGLISE SAINT-JUST ● *92*. C'est au XVe siècle que Jeanne de Villars puis Anne de Rohan, abbesses de

L'OSTRÉICULTURE ■ *42*
L'ostréiculture est la première activité halieutique du département ; elle occupe 4 300 ha du domaine public maritime.

l'Abbaye-aux-Dames de Saintes, entreprennent la construction de cette vaste église gothique. Le clocher, ébauché vers 1525, n'a jamais été achevé. Le narthex est orné d'une magnifique porte Renaissance, et quelques chapiteaux, à l'entrée à droite, rappellent un édifice du XIVe siècle.

MARENNES ■ *42*

Il ne reste de Marennes que deux chefs-d'œuvre : ses huîtres et son clocher. Cette capitale de la fine de claire a été profondément défigurée au fil des siècles. Le château entouré de douves, tout comme l'église fondée en 1047 qui le jouxtait, fut détruit en 1620 sur ordre de l'abbesse de Saintes.
Le clocher fut préservé. Quelques tourelles polygonales, quelques belles portes et quelques fenêtres ouvragées rappellent les beaux hôtels Renaissance disparus. L'ancien hôtel des Fermes (XVIIe siècle), à deux pas de l'église, est doté de belles façades classiques ordonnées autour d'une cour pavée ; on remarque aussi un superbe hôtel au 82, rue Georges-Clemenceau.
ÉGLISE SAINT-PIERRE ● *92.* Du haut de son clocher de 85 m du plus pur style flamboyant, la vue est extraordinaire. Vauban le qualifiait de plus beau clocher gothique du royaume. La nef a été reconstruite entre 1635 et 1770 dans le goût gothique.
LA CAYENNE ♥. Le petit port de Marennes n'abrite plus désormais que des bateaux de plaisance, mais, au siècle dernier, il accueillait des navires jusqu'à 100 tonneaux, construits sur place. Aujourd'hui un jeu d'écluses chasse la vase du chenal grâce aux eaux douces du canal du Lindron, sur la droite. Ce travail était assuré depuis 1464 par des moulins à marée qui étaient implantés en amont car la mer

LE BASSIN OSTRÉICOLE DE MARENNES-OLÉRON ■ *42*
Le bassin de Marennes-Oléron fournit plus de 80 % de la production départementale d'huîtres, qui atteint une moyenne de 60 000 t par an, soit pratiquement la moitié de la production française.

CHARLES-ESPRIT LE TERME
En 1824, Charles-Esprit Le Terme, sous-préfet de Marennes, constatant la «ruine totale de la magnifique saline de Brouage», rédige son *Règlement général sur les salines*, crée les syndicats de salines et en impose la remise en état intégrale pour permettre à l'eau de mer de circuler à nouveau dans les canaux au rythme des marées. Mais ce n'est pas l'économie du sel qu'il ressuscite – elle est moribonde –, c'est l'ostréiculture qu'il prépare, sans le savoir.

Vous avez dit La Cayenne ?
Le petit port de Marennes doit son nom aux navires désarmés et démâtés, mouillés au large ou «à coste» d'un quai éloigné du port, que l'on utilisait comme cuisines, réfectoires et dortoirs : les cayennes.

Ainsi respectait-on les règlements de la marine qui interdisaient, pour des raisons de sécurité, d'allumer des foyers dans l'enceinte des arsenaux ou à proximité des navires armés.

montait quasiment jusqu'au pont de l'écluse. Le chenal de La Cayenne est très pittoresque et l'activité y est intense, tant dans les cabanes bigarrées que sur les petits chalutiers et les lasses. C'est du port de La Cayenne, tout au bout, que l'on embarquait pour La Tremblade, à travers la Seudre.

La plage. Elle est devenue bien vaseuse et abrite l'hiver des milliers d'oies bernaches ■ *46*. En face se trouve le dangereux pertuis de Maumusson ◆ *265*. La route de la côte, ponctuée de cabanes ostréicoles ■ *42*, offre une vue magnifique sur les pertuis et les îles.

Bourcefranc-le-Chapus ♥

Bourcefranc est probablement le plus beau site ostréicole du bassin ■ *42* : le port «moderne» et sa multitude de petits bâteaux, le village avec ses maisons basses, ses ruelles aux noms évocateurs, son vieux port, ses innombrables cabanes de bois sur pilotis, peintes ou tout simplement passées au coaltar, sont pleins de charme. Avant la construction du pont (1966), le bateau pour Oléron – dont on aperçoit, au loin, les murailles de la citadelle plongeant dans l'Océan – partait de la Pointe du Chapus.

Fort Louvois, embarquement pour l'île d'Oléron, au début du siècle.

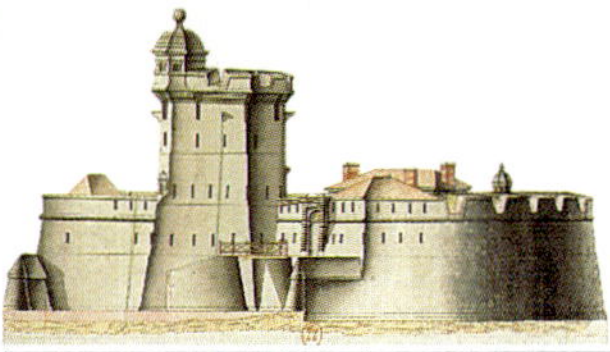

Le fort Louvois se dresse en pleine mer, au milieu des parcs à huîtres, dans le prolongement de la pointe du Chapus... Il est relié au continent par une chaussée submersible découverte deux heures avant et après la marée basse.

Fort Louvois ● *82.* C'est en 1691 que Louvois ordonne la construction de ce fort à 400 m du rivage, afin que ses canons, croisant avec ceux du Château-d'Oléron, couvrent parfaitement le coureau, alors infesté de corsaires espagnols. Il a la forme d'un fer à cheval, de manière à contrôler l'espace sur 180° et est doté d'un donjon central surmonté d'une guette. Il se visite et abrite l'été des expositions.

Château de La Gataudière ♥ ● *76*

Le corps de logis est isolé de presque toutes ses dépendances, et il suffit de franchir une petite grille moderne pour accéder à la cour d'honneur. Cette disposition est le résultat de remaniements remontant au second Empire. On parvenait autrefois au château par une longue avenue bordée d'arbres.

La demeure d'un ingénieur du roi. Le château de La Gataudière fut érigée vers 1750, sur un fief connu dès le XIVe siècle, pour François Fresneau (1703-1770), ingénieur du roi à Cayenne de 1732 à 1748, auquel on doit la découverte, en 1747, de l'arbre à caoutchouc, l'hévéa. L'ingénieur, disciple de Vauban, dota l'édifice d'un fort soubassement, qui rappelle l'architecture militaire. La Gataudière est le résultat d'un savant amalgame de styles Louis XIV, Régence et Louis XV, qui répond à des proportions rigoureuses, empreintes de l'esprit du mathématicien et de celui de l'ingénieur militaire. Côté jardin, une vaste terrasse, peut-être ajoutée quelques années après l'édification du corps de logis, comme le fut la chapelle, possède de belles rampes en fer forgé.

L'intérieur. Dans la salle à manger boisée et ornée d'une fontaine, les dessus de porte représentent des scènes de chasse. Le salon Bleu, aux murs tapissés d'une brocatelle d'époque Louis XV, s'oppose au salon de pierre à pilastres cannelés alternant avec des trophées figurant les Arts et les Sciences et les Saisons.

Les Chasseloup-Laubat. En 1794, la petite-fille de François Fresneau épouse François Chasseloup de Laubat, futur commandant en chef de la Grande Armée de Napoléon Ier. Sous Napoléon III, le château appartient au marquis de Chasseloup-Laubat, ministre de la Marine et des Colonies. Depuis, la propriété est restée aux mains de cette famille.

Découvrir l'arbre à caoutchouc

La tradition familiale assure que François Fresneau – botaniste, mathématicien et explorateur – fournit lui-même les plans de sa future demeure. Dans ses *Mémoires*, il raconte les difficultés qu'il rencontra pour découvrir l'hévéa. «Ayant resté plus de quatorze ans ingénieur pour le roy à Cayenne [...], je m'adressé aux Indiens ou Sauvages de l'endroit où j'estois, me flatant qu'estant toujours dans les bois, ils pourroient avoir connoissance de ce que j'estois curieux de découvrir ; mais ce fut en vain. [...] je formé la résolution de faire par moi même des essais de sucs laicteux que la plus grande partie des arbres donnent dans la Guianne.»

Dès l'Antiquité, ce qui était alors le golfe de Saintonge fut un des principaux lieux de production de sel de l'Atlantique. Ici, par flottes impressionnantes, des navires de l'Europe entière venaient charger «l'or blanc» pour la mer du Nord et la Baltique. Au gré de l'envasement, mais aussi pour s'adapter aux contraintes économiques, Brouage remplace Broue et devient une place de commerce de toute première importance. Convoité, jalousé, le «plus beau havre de France», après avoir été place forte royale, sombrera dans la vase et l'oubli.

PLACE DE COMMERCE
En 1555, Jacques de Pons crée Jacopolis sur un amas de galets de lest déposé à l'entrée du Golfe par les navires. Et puisqu'il ne peut être de fortification qu'italienne, c'est Bellamarto qui érigera les premiers remparts faits de terre et de bois. Enviée et redoutée par La Rochelle, alternativement catholique ou protestante, Brouage se dote, dès 1571, de véritables fortifications dessinées par l'ingénieur Robert de Chinon avant d'être incorporée, en 1578, au domaine royal.

PLACE MILITAIRE
Il faudra à Brouage la catholique un gouverneur puissant pour contraindre puis éteindre La Rochelle la protestante. Ce sera Richelieu. Dès 1622, le cardinal confiera à Pierre d'Argencourt, à la fois l'érection des fortifications de Château-d'Oléron et de Brouage d'où il commandera le grand siège de 1627 ▲ *129*. Vauban, en 1685, jugeant la place uniquement conçue pour la seule protection du pouvoir du Cardinal, ordonne la destruction de tous les dehors ; et, puisqu'il faut protéger la porte d'Hiers, érige l'avancée actuelle.

ANNEXES

◆ Bibliographie

◆ Généralités ◆

◆ Coll. : *Aunis et Saintonge* (Christine Bonneton, Paris, 1987)
◆ Coll. : *Poitou-Charentes* (Hachette, «Guides Bleus», Paris, 1980)
◆ Combes (J.) et Fortin (J.) : *La Charente-Maritime autrefois. Images retrouvées de la vie quotidienne* (Horvath, Lyon, 1990)
◆ Jouannet (G., sous la direction de) : *Charente, fleuve et symbole* (Le Croît vif, Paris, 1992)
◆ Luc (J.-N., sous la direction de) : *L'Aunis et la Saintonge des origines à nos jours* (Bordessoules, Saint-Jean d'Angély, 1981)
◆ Julien-Labruyère (F.) : *À la recherche de la Saintonge maritime* (Rupella, La Rochelle, 1980)

◆ Nature ◆

◆ Boucard (J.) : *Les Écluses à poissons dans l'île de Ré* (Rupella, La Rochelle, 1984)
◆ Bournérias (M.), Pomerol (C.) et Turquier (Y.) : *Guide naturaliste des côtes de France*, vol. 4 (Delachaux et Niestlé, Lausanne, 1987)
◆ Dubois (J. P., sous la direction de) : *Où voir les oiseaux en France* (Nathan, Paris, 1989)
◆ Duguy (R.) et Robineau (D.) : *Cétacés et Phoques des côtes de France, guide d'identification* (Annales de la Société des sciences naturelles de la Charente-Maritime, La Rochelle, 1973)
◆ Tardy (P.) : *Sel et sauniers d'hier et d'aujourd'hui* (Groupement d'études rétaises, Sainte-Marie-de-Ré, 1987)

◆ Histoire ◆

Brouage

◆ Vigé (E. et J.) : *Brouage*, 2 vol. (J. et E. Vigé, Marennes, 1989)

Fouras

◆ Duplais des Touches (A.) : *Fouras et ses environs* (Rupella, La Rochelle, 1993)

Île de Ré

◆ Boucard (J., sous la direction de) : *Ré, d'île en presqu'île* (Geste La Boulite, Vouillé, 1990) ; *Ré, une terre à fleur d'eau* (Geste / La Boulite, Vouillé, 1992)
◆ Delafosse (M.) : *Petite Histoire de l'île de Ré* (Rupella, La Rochelle, 1991)
◆ *Île de Ré, inventaire topographique* (Imprimerie nationale, Paris, 1980)

La Rochelle

◆ Béraud (R.) : *La Rochelle à cœur ouvert* (Grain d'argent, La Rochelle, 1984) ; *Petite Encyclopédie monumentale et historique de La Rochelle* (Rupella, La Rochelle, 1981)
◆ Callot (P.-S.) : *Jean Guiton : dernier maire de l'ancienne commune de La Rochelle : 1628* (Quartier Latin, La Rochelle, 1967)
◆ Cauna (J.) : *Au temps des isles à sucres : histoire d'une plantation de Saint-Domingue au XVIIIe siècle* (Karthala, Paris, 1987)
◆ Delafosse (M., sous la direction de) : *Histoire de La Rochelle* (Privat, Toulouse, 1991)
◆ Flouret (J.) : *Nicolas Venette, médecin rochelais (1633-1698), étude biographique et bibliographique* (Rupella, La Rochelle, 1992)
◆ Genet (C.) : *La Vie mondaine aux bains de mer : 1885-1914. La Rochelle et Royan à la Belle Époque* (C. Genet, Gémozac, 1979)
◆ Jourdan (J.-B.) : *La Rochelle historique et monumentale* (Rumeur des âges, La Rochelle, 1982)
◆ Labodinière (G.) : *La Vie rochelaise à la Belle Époque* (Rupella, La Rochelle, 1975)
◆ Mailles (D.) : *La Cathédrale de La Rochelle* (CPPPC, Poitiers, 1985)
◆ Meyer (J.) : *Esclaves et Négriers* (Gallimard «Découvertes», Paris, 1986)
◆ Musset (G.) : *Au pays d'Ouest* (Quartier Latin, La Rochelle, 1979)
◆ Rocheau (A.) et Lamandé (E.) : *La Rochelle et ses environs* (Michel Fontaine, Poitiers, 1993)
◆ Vaux de Foletier (F.) : *Le Siège de La Rochelle* (Quartier Latin, La Rochelle, 1978)

Marennes

◆ Le Terme (C. E.) : *Règlement général et notice sur les marais de l'arrondissement de Marennes*, 1826 (LOCAL, Saint-Pierre-d'Oléron, 1987)

Rochefort

◆ Acerra (M.) : *Rochefort et la construction navale française : 1661-1815*, 4 vol. (Librairie de l'Inde, Paris, 1993)
◆ Bitaubé (P.) : *Les Grandes Expéditions et le Jardin botanique du port de Rochefort* (Centre international de la mer, Rochefort, 1988)
◆ Blomme (Y.) : *Les Prêtres déportés sur les pontons de Rochefort* (Bordessoules, Saint-Jean-d'Angély, 1994)
◆ *Charte architecturale de Rochefort* (Ville de Rochefort, La Rochelle, 1981)
◆ Duprat (G.-L.) : *Histoire de Rochefort-sur-Mer* (Res Universis, Paris, 1992)
◆ Dupont (amiral) et Fardet (M.) : *L'Arsenal de Colbert. Rochefort* (Centre international de la mer, Rochefort, 1986)
◆ Escudier (D.) : *L'Affreuse vérité de M. Savigny, second chirurgien de la frégate la «Méduse»* (Bordessoules, Saint-Jean-d'Angély, 1991)
◆ Fardet (M.) : *Le Pont de Martrou, dernier transbordeur de France* (Centre international de la mer, Rochefort, 1988)
◆ Gabet (C.) : *La Naissance de Rochefort sous Louis XIV, 1666-1715. Une ville nouvelle et ses habitants au Grand Siècle* (Centre d'animation lyrique et culturel de Rochefort, Rochefort, 1985)
◆ *La Légende noire du bagne. Le journal du forçat Clémens* (Gallimard «Albums Découvertes», Paris, 1992)
◆ Pierre (M.) : *Le Dernier Exil, histoire des bagnes et des forçats* (Gallimard «Découvertes», Paris, 1990)
◆ *Rochefort, trois siècles en images*, 2 vol. (Centre d'animation lyrique et culturel de Rochefort, Rochefort, 1981-1983)
◆ Taillemite (É) : *Sur des mers inconnues. Bougainville, Cook, La Pérouse* (Gallimard «Découvertes», Paris, 1987)
◆ Viaud (J. T.) et Fleury (E. J.) : *Histoire de la ville et du port de Rochefort* (Lafitte Reprints, Marseille, 1977)

◆ Tradition ◆

◆ Baudouin (F.) : *Bateaux des côtes de France* (Glénat, Grenoble, 1990)
◆ Coussie (J.-V.) : *Le Cognac, sa distillation, son vieillissement, ses marchés, son histoire. Le Pineau des charentes* (Le Temps qu'il fait, Cognac, 1993)
◆ Dunoyer de Segonzac (G.) : *Les Chemins du sel* (Gallimard «Découvertes», Paris, 1991)
◆ Genet (C.) : *Coiffes et Bonnets des Charentes* (C. Genet, Gémozac, 1989)
◆ Joanne (F.) et Neveu (J.L.) : *Coutumes en Charente-Maritime* (Geste / La Boulite, Vouillé, 1991)
◆ Piot (M.) et Lavault (K.) : *Coiffes et Bonnets en Charentes, Poitou, Vendée* (Brissaud, Poitiers, 1989)

◆ Religion ◆

◆ Canet (L.) : *Textes et Récits d'histoire locale. L'Aunis et la Saintonge*, vol. 2 et 3 (Pijollet, La Rochelle, 1933-1934)
◆ Touroude (G.) : *De l'oppression à la liberté* (Éditions de la Langrotte, Bassac, 1992)
◆ Dez (P.) : *Histoire des protestants et de l'église réformée de l'île de Ré* (Pijollet, La Rochelle, 1926)

◆ ARCHITECTURE ◆

◆ ASSOCIATION PROMOTION PATRIMOINE : Châteaux, manoirs et logis : la Charente-Maritime (Patrimoines & Médias, Chauray, 1993)
◆ BAZERBES (J.-J.) : *La défense des pertuis* in *Forts du littoral* (catalogue d'exposition Château-d'Oléron, musée des Plans-Reliefs, 1989)
◆ BLOMME (Y.) : *L'Architecture gothique en Saintonge et en Aunis* (Bordessoules, Saint-Jean-d'Angély, 1988) ; *Les Églises d'Aunis* (Bordessoules, Saint-Jean-d'Angély, 1994)
◆ BUCHERIE (L.) : *Les Graffitis de la tour de la Lanterne à La Rochelle : essai d'inventaire de La Rochelle* (Quartier Latin, La Rochelle, 1978)
◆ *Cent Ans d'architecture balnéaire en Charente-Maritime*, 2 vol. (Décisions n°s 2 et 9, Éditions CAUE 17, La Rochelle, 1988-1989)
◆ COLL. : *Les Fortifications du littoral : la Charente-Maritime* (Patrimoines & Médias, Chauray, 1993)
◆ COLLE (R.) : *Châteaux, manoirs et forteresses d'Aunis et de Saintonge*, 3 vol. (Rupella, La Rochelle, 1994)
◆ DELAFOSSE (M.) : *Évolution de la maison rochelaise XVI-XVIIe* (Quartier Latin, La Rochelle, 1990)
◆ FAILLE (R.) : *Cordouan, les Baleines, Chassiron : les trois plus anciens phares de France* (Patrimoines & Médias, Chauray, 1993) ; *Vauban en Aunis et Saintonge* (Les Cahiers du Vitrezais n° 51, 1985)
◆ FAUCHERRE (N.) : *Bastions de la mer* (Les Cahiers de la ligue urbaine et rurale n°s 116-117, 1992)
◆ FIQUET (N.) et LE BLANC (F.-Y.) : *Brouage* (Patrimoines & Médias, Chauray, 1994)
◆ FLOURET (J.) : *Vestiges gallo-romains à La Rochelle* (Quartier Latin, La Rochelle, 1978)
◆ JEAN (S.) : *L'Architecture rurale française Poitou-Pays charentais* (Berger-Levrault, Nancy, 1981)
◆ JOANNE (F.) : *Églises de Charente-Maritime* (Nouvelles Éditions Latines, Paris, 1987)
◆ *Le Bâti ancien en Angoumois, Aunis et Saintonge* (EDF/ARIM Poitou-Charentes, Paris, 1982)
◆ MESQUI (J.) : *Une double révolution à La Rochelle : la tour Saint-Nicolas* (Bulletin Monumental E.148-II, 1990)
◆ MOULIN (M.) : *L'Architecture civile et militaire au XVIIIe siècle en Aunis et Saintonge* (Quartier Latin, La Rochelle, 1972)
◆ ROUILLARD (D.) : *Le Site balnéaire* (Mardaga, Liège, 1984)
◆ SÉPULCHRE (B.) : *Châteaux, villes et villages de l'Angoumois, Aunis, Saintonge et Poitou au XVIIIe siècle par Claude Chastillon, ingénieur du roi (1560-1616)* (B. Sépulchre, Bassac, 1992)
◆ VIEILLOT (T.) : *La Ville blanche* (Rupella, La Rochelle, 1992)

◆ PEINTURE ◆

◆ *Cent Dessins de Pierre Loti* (Musée de la Marine, catalogue de l'exposition, 1982-1983)
◆ HUYGHES DES ÉTAGES (M.-F.) : *Le Poitou-Charente à travers les peintres* (Conti, Lausanne, 1991)
◆ LEFRANÇOIS (T.) : *Musée du Nouveau Monde : manuel du visiteur et de l'amateur* (Éditions des musées d'art et d'histoire, La Rochelle, 1990) ; *Peinture et Mécénat, 150 ans d'acquisitions par la Société des amis des arts de La Rochelle* (Éditions des musées d'art et d'histoire, La Rochelle, 1993) ; *Gabriel Charlopeau 1889-1967* (Éditions des musées d'art et d'histoire, La Rochelle, 1989)
◆ LEFRANÇOIS (T.), THOMPSON (J.), WRIGHT (B.) : *Eugène Fromentin au musée des Beaux-Arts de La Rochelle, suivi d'une évocation des œuvres de son père* (Éditions des musées d'art et d'histoire, La Rochelle, 1988)
◆ THOMPSON (J.), WRIGHT (B.) : *Eugène Fromentin* (A.C.R., Paris, 1987)

◆ LITTÉRATURE ◆

◆ AVRIL (N.) : *La Disgrâce* (Flammarion «J'ai lu», Paris, 1982)
◆ CAVIGLIOLI (F.) : *Un voyage en France* (Le Seuil, Paris, 1981)
◆ CHAILLOU (M.) : *Rochefort, Loti et alentours* in *Voyage en douce France* (Albin Michel, Paris, 1993)
◆ CHARDONNE (J.) : *Chronique privée de l'an 1940* (Stock, Paris, 1941)
◆ COLLE (R.) : *Légendes et contes d'Aunis et Saintonge* (Rupella, La Rochelle, 1979)
◆ DUFOUR (H.) : *La Fille du saulnier* (Grasset, Paris, 1992)
◆ FROMENTIN (E.) : *Dominique* (Flammarion «GF», Paris, 1987)
◆ GENET (C.) et HERVÉ (D.) : *Pierre Loti l'enchanteur* (Christian Genet, Gémozac, 1988)
◆ GRACQ (J.) : *Lettrines 2* (José Corti, Paris, 1989)
◆ GUINHUT (T.) : *Ré entre terre et mer* (Rupella, La Rochelle, 1988) ; *Voyages en archipel* (Noël Blandin, Paris, 1988)
◆ HUGO (V.) : *Œuvres complètes; Voyages* (Robert Laffont «Bouquins», Paris, 1987)
◆ HUMBERT (J.) : *De sel, de terre et d'eau* (Quartier Latin, La Rochelle, 1974) ; *Ile de Ré, d'ombres et de lumières* (Mélusine, La Rochelle, 1974)
◆ JACQUIN (D. et P.) : *Récits et Contes populaires d'Aunis et de Saintonge. Dans le pays des îles* (Gallimard, Paris, 1979)
◆ LOTI (P.) : *Le Roman d'un enfant* (Flammarion, Paris, 1988) ; *Azyadé* (Presses-Pocket, Paris, 1992) ; *Madame Chrysanthème* (Kailiash, Paris, 1993) ; *Le Mariage de Loti* (Flammarion, Paris, 1991) ; *Mon Frère Yves* (C. Pirot, Saint-Cyr-sur-Loire, 1990) ; *Vers Ispahan* (C. Pirot, Saint-Cyr-sur-Loire, 1988) ; *L'Île de Pâques* (P.O. Combelles, 1988)
◆ MAUPASSANT (G. DE) : *L'Épave* in *Contes et Nouvelles des années 1884-1900* (Gallimard «Bibliothèque de la Pléiade», Paris, 1987)
◆ QUELLA-VILLÉGER (A.) : *Pierre Loti l'incompris* (Paris, Presses de la Renaissance, 1986)
◆ SIMENON (G.) : *Le Coup de vague* (Gallimard «Folio», Paris, 1992) ; *La Maison du juge* (Presses de la Cité «Omnibus», Paris, 1992) ; *Le Haut Mal* (Presses-Pocket, Paris, 1983) ; *Le Voyageur de la Toussaint* (Gallimard «Folio», Paris, 1977)
◆ SIMON (P.-H.) : *Le Somnambule* (Le Seuil, Paris, 1960)
◆ *Voyages en France de François de La Rochefoucauld* (Champion, Paris, 1938)

◆ REVUES ◆

◆ *Bulletin de la Société des archives historiques de la Saintonge et de l'Aunis*
◆ *Cahiers de la mémoire* (Groupement d'études rétaises, Sainte-Marie-de-Ré)
◆ *Publications de l'université francophone d'été* (Jonzac)
◆ *Revue de la Saintonge et de l'Aunis*

◆ ÉCONOMIE ◆

◆ COLL. : *La Charente-maritime aujourd'hui, Milieu, économie, aménagement* (Publications de l'université francophone d'été, Jonzac, 1987)
◆ DELAFOSSE (M.), LAVEAU (C.) : *Le Commerce du sel de Brouage aux XVIIe et XVIIIe siècles* (Armand Colin, Paris, 1960)
◆ HOCQUET (J.-C.) : *Le Sel et le Pouvoir de l'An mil à la Révolution française* (Albin Michel, Paris, 1985)

◆ TABLE DES ILLUSTRATIONS

Nous tenons à remercier les personnes et les institutions suivantes pour leur aide :
-Les Archives Départementales de Charente Maritime
-Les Archives Municipales de La Rochelle
-L'Association Centrale des Laiteries de Charente et Poitou
-La Bibliothèque Municipale de Rochefort
-La Bibliothèque Municipale de La Rochelle
-M. Brisset Guibert Hervé
-M. Boucard Jacques
-M. Bureau Jacques
-Mme. Camus Marie Thérèse
-M. Caillaud Jacques
-M. Caunant Roger
-Le Centre d'étude supérieur médiéval, Poitiers.
-M. Chauvet d'Arcizas Jean Marie
-La collection Aubineau
-M. Daniol Jacques
-M. Genet Christian
-M. Glénisson Jean
-Mme. Fiquet Nathalie
-M. Le François Thierry
-M. Marin Pierre Henri
-M. Poitevin Benoît

Nous avons par ailleurs recherché en vain les héritiers ou éditeurs de certains documents. Un compte leur est ouvert à nos éditions.

◆ A ◆

◆ B ◆

◆ C ◆

◆ D ◆

◆ E ◆